教育部哲学社会科学研究 2020 年重大课题攻关项目
"高校考试招生改革引导学生德智体美劳全面发展研究"（项目编号：20JZD050）

厦大教育研究院
学术精品文丛

在教育与法律之间

覃红霞◎著

厦门大学出版社
XIAMEN UNIVERSITY PRESS

国家一级出版社
全国百佳图书出版单位

图书在版编目(CIP)数据

在教育与法律之间/覃红霞著.—厦门:厦门大学出版社,2021.6
(厦大教育研究院学术精品文丛)
ISBN 978-7-5615-8189-6

Ⅰ.①在… Ⅱ.①覃… Ⅲ.①教育—中国—文集②教育法—中国—文集
Ⅳ.①G52-53②D922.164-53

中国版本图书馆 CIP 数据核字(2021)第 066172 号

出 版 人	郑文礼
责任编辑	曾妍妍
出版发行	厦门大学出版社
社　　址	厦门市软件园二期望海路 39 号
邮政编码	361008
总　　机	0592-2181111　0592-2181406(传真)
营销中心	0592-2184458　0592-2181365
网　　址	http://www.xmupress.com
邮　　箱	xmup@xmupress.com
印　　刷	厦门市明亮彩印有限公司

开本	720 mm×1 000 mm　1/16
印张	17
插页	1
字数	256 千字
版次	2021 年 6 月第 1 版
印次	2021 年 6 月第 1 次印刷
定价	69.00 元

厦门大学出版社
微信二维码

厦门大学出版社
微博二维码

本书如有印装质量问题请直接寄承印厂调换

总　序

　　为了迎接学校 100 年校庆,教育研究院领导研究决定组织教师编辑出版"厦大教育研究院学术精品文丛",由教授们自愿从个人学术论文中精选部分论文编辑成册出版,同时继续资助年轻教师出版"自强书系"中的个人专著。院里的决定得到了教师们的积极响应,预计"厦大教育研究院学术精品文丛"将出版 10 多本。

　　2016 年,我为研究院出版的"自强书系"写序,认为我们教育研究院之所以能居于全国高等教育研究领域前列,并有一定的国际影响,是因为拥有一批"60 后"和"70 后"的中年教育理论工作者孜孜地从事人才培养和学术研究,并在一些学科领域,处于理论前沿,不断地有所创新、有所开拓。但是,十年、二十年之后,是否后继有人并能青出于蓝,是我们当前不能预为之谋的发展战略问题。今天,我为"厦大教育研究院学术精品文丛"写序,欣喜地发现我们不仅有一批学有所成、享誉高等教育理论界的"60 后"和"70 后"的学者,还有一批"80 后"的青年学者,他们不仅有深厚的理论功底和良好的科研素养,更有强烈的学术上进心,值得赞许,值得期待。

　　春秋代序,岁月峥嵘。说我校教育学科是百年学科,一点也不夸张。厦门大学 1921 年春季创办之初,即设立师范部,以培养师资及教育行政人员。同年秋季,办学规模扩大,改师范部为教育学部,内分教育学说、教育史、教育行政、中等教育、小学教育、乡村教育及心理学等七组。1930 年,按照当时的大学规程,成立教育学院,分教育原理、教育心理、教育行政及教育方法等 4 个学系。解放后,1950 年全国高等学校进行院系调整,研究型综合大学不再培养中小学教师,教育学科于 1954 年调整到福建师范大学,但由于中文、历史、数学等系仍有培养高中教师任务,可以还留下几位教师为这三个系开设教育系课程,并指导教学实习,我当时就是留下的教师之一。

但是,大学面临的是高等学校的领导与管理工作,所培养的是各种学科与专业的专门人才。以中小学教育为研究对象的普通师范教育已不适应,必须开展高等教育的研究。我本人就是在院系调整后萌发这种理念并孜孜以求,直到改革开放之后,科学的春天也迎来高等教育的春天,厦门大学在全国率先成立了高等教育研究室,发展到今天的教育研究院,培养了一千多名硕士生和博士生,他们在全国高教界发挥了重要作用。研究院也从小到大,建立一支数量适中、结构比较合理的专业教师队伍,他们中的一些人成为中国高等教育学科的中坚力量。

这次辑录出版的著作尽管不能完全反映40余年来研究院取得的学术成就全貌,无疑代表了教师们的重要学术成就。这是一份献给百年校庆的厚礼!

祝研究院更上层楼,高等教育研究事业兴旺发达!

祝学校百岁生日光耀中华,新百年再创辉煌!

潘懋元

2020 年 11 月

目 录

第一编 教育问题研究

第二编 教育史研究

第三编　教育法研究

第四编　高考与科举研究

第一编　教育问题研究

高校校园安全共同治理：美国的经验与启示*

校园安全是世界性的重要议题。越来越多的研究集中在中小学校园安全与校园暴力问题上，但高校校园安全问题同样值得关注。作为安全港湾的大学校园正面临挑战，特别是大学枪击案、校园暴力等问题日益成为社会关注的话题，从而对大学的管理、大学的质量与发展、大学的责任产生重要影响。高校校园安全有其特殊性：第一，开放与半开放的大学校园，复杂的社区、城市以及国际环境使得大学校园安全问题呈现高发态势；第二，庞大而多样化的学生组成、发达的虚拟社区与最新科学技术的应用，相对自由的学习与生活使得大学校园安全更加脆弱。美国是校园安全问题较为严重的国家，同时也是最早探索如何有效保障校园安全的国家之一。逐步建立富有特色的校园安全共治机制，是其重要经验，值得我们学习与借鉴。

一、联邦与州高校校园安全共治方式与政策

美国高校校园安全属于公共安全的一部分，包括高校校园及其周边的安全环境秩序以及师生的生命和财产安全。当前美国高校校园安全事件中，人为伤害引发的社会安全事件是美国校园安全事件的主体，校园枪击案是美国校园安全事件中最严重的危机事件。同自然灾害、事故灾难和卫生事件相比，美国大学校园安全事件的主因是人为伤害，尤其是渗透到校园里的暴力和犯罪事件。[①] 2013 年以来，

---

* 原文发表于《教育研究》2017 年第 7 期（合作作者：林冰冰）。

① Duplechain Rosalind，Morris Robert. School Violence：Reported School Shootings and Making Schools Safer[J].Education，2014(135).

美国至少发生了大约 196 起校园枪击案,[1]枪支泛滥成为引发校园安全和危机事件的重要原因。侵犯财产和暴力事件成为高校发生频率最高的安全事件,各类性侵事件呈逐年增长趋势。

而从统计数据来看,自 2006 年以来美国高校校园安全事件发生频率总体呈下降趋势,特别是抢劫、暴力袭击、盗窃、纵火等案件下降明显。这与美国联邦、州加强高校校园安全治理体系建设密切相关。事实上,联邦与各州越来越意识到大学校园并不是安全的地点,需要摆脱过去依靠政府与高校的传统应对思路,实现"全民参与"的战略。为了保障校园安全,美国联邦、州与社区、非政府组织、企业等密切合作,加强顶层培育协同安全治理环境建设,从立法、财政拨款、信息管理和治理体系建设等多方面促成共同治理。

(一)制定高校校园安全管理方面的法律

校园安全问题最早可以追溯到 19 世纪哈佛等著名高校的骚乱事件,但当时这些骚乱事件一般由学校处理而不交给司法机关处理。1986 年的"珍妮案"为制定第一部联邦校园安全法案提供了契机。1990 年布什总统签署《学生知情权和校园安全法案》(又名克莱瑞法案)。1992 年《校园性侵被害人权利法案》通过,作为克莱瑞法案的重要补充,该法案进一步要求学校制定预防政策,为受害者提供权利保护。克莱瑞法案历经 1999 年、2002 年、2008 年三次修改,其核心内容是要求高校制定政策和措施,编写犯罪日志、预警以及提交年度校园安全报告以加强高校校园安全数据的科学分析,预防高校校园犯罪。2008 年《高等教育机会法案》要求大学增加校园安全相关信息,执行和披露学校所有机构的紧急通知和疏散程序,明确学生失踪、纵火、暴力与非暴力性犯罪的程序和处理结果,确定校园安全人员与当地和州执法部门的协调关系等。[2] 各州也加强了学校安全立法,如《学校安全综合规

---

① How Many School Shooting Have There Been in 2016? [EB/OL]. (2016-04-25) [2018-06-13]. http://linkis.com/Op846.

② U. S. Department of Education. The Handbook for Campus Safety and Security Reporting [EB/OL]. (2016-06-12) [2018-06-30]. https://www2. ed. gov/admins/lead/safety/handbook. pdf.

划法案》《俄克拉荷马校园安全法》《迈克尔明格法案》《佐治亚州校园安全法》等。[①]
随着校园枪击案的频发，美国目前有18个州制定相关法规禁止携枪进入校园，23
个州允许大学可以自主决定校园枪支管理政策，但这些州的大学大都明确了禁枪
的基本原则。

（二）加大对教育机构的财政拨款与投入

高校校园安全问题涉及教育与公共安全，因而一直是政府财政拨款的重要领
域。法律明确了联邦为不同部门和机构提供资助支持校园安全建设的责任。教育
部下设的高等教育应急管理资助项目专门负责支持高校建立和完善应急系统建
设、校园职员、教工和学生的危机程序训练以及演习、协调与统合高校所在地州应
急管理机构、创建网络应急管理门户、完善校园机构综合评估等事务。同时，在公
共安全部分，学校安全拨款在其中占有重要份额。2011年联邦政府投资4.1亿美
元资助6所教育权威机构设计开发新项目，改善学校氛围和营造安全环境。2013
年美国联邦教育部推出"希望社区"项目，为符合条件的非营利性组织、高等教育机
构以及印第安人部落提供1亿美元的专项资金，帮助社区贫困学生，加强社区间以
及社区和学校间的联系，从而减少校园暴力发生的风险。[②] 此外，许多州也针对校
园安全提供专项拨款，如马萨诸塞州拨款100万美元用于校园暴力事件的解
决等。[③]

（三）搜集与发布校园安全信息及其监督管理

校园安全信息是校园安全治理的基础，也是法律法规最为关注的问题之一。
联邦和州都要求高等学校搜集、整理、统计与报告一定范围内的安全事件、安全政
策及年度报告等，以教育学生、父母及教职员工意识到校园安全的重要性，确立危
机意识，同时也推动美国家庭和学生将校园安全作为选择大学的重要因素。根据

---

① Oren R. Griffin. Constructing a Legal and Managerial Paradigm Applicable to the Modern-Day Safety and Security Challenge at Colleges and Universities[J].Saint Louis University Law,2009(54).

② U. S. Department of Education. The Handbook for Campus Safety and Security Reporting[EB/OL].https://www2.ed.gov/admins/lead/safety/handbook.pdf.

③ 荣利颖,何颖.美国学校安全问题研究[J].首都师范大学学报(社会科学版),2011(3).

法律,所有接受联邦资金的高等教育机构每年必须发布关于谋杀、强奸、抢劫、暴力袭击、入室抢劫、纵火、交通工具失窃、火灾以及携带武器、毒品与酒精滥用导致的各类行为(含纪律处分行为)等的年度统计报告,并向官方机构和当地警察机构报道学校近两年的统计数据。[①] 为确保学校数据的客观性与真实性,美国联邦政府加大了对违规瞒报的惩治力度。2007年,东密歇根大学将校内一起学生被谋杀案件假报为自然死亡,曝光后被联邦教育部处以35.75万美元的罚金,创下校园安全违规罚款的最高纪录,并直接导致其校长被解聘。[②] 此外,其他部门和组织也会公布和调查相关专项数据,如2007年、2008年美国司法部与"全美校园安全与治安工程委员会"分别发布调查报告,从官方和民间两个渠道提供了高校安全管理的数据。司法统计研究与发展局也发布《校园环境调查验证最终研究报告》等。而全美高校经营管理者协会指导下的全国校园安全项目也通过校园现场采访搜集详细信息等。[③]

(四)统合协调相关部门,扩大合作伙伴,加强校园安全共同治理政策指导

随着政策的逐步完善,美国教育部、国土安全部、司法部、国家健康研究院、联邦调查局与各州相关部门以及许多非政府组织、公司、社团与个人都成为校园安全治理体系的重要组成部分,在各州、城市、社区和学区也设有相应的校园安全机构,负责整合各类安全资源,为校园安全提供保障。大学通过签订合同的方式与这些部门和社团建立联系,确定校园安全的共同目标与主题,同时通过不同的项目实现大学与各部门的合作与协作。但各部门关注的重点不同,教育部是高校校园安全的核心部门,对高校的校园安全提供具体指导和管理,负责校园安全的多方面内容。司法部则更为关注高校校园内发生的犯罪行为、药物滥用等问题及其预防;国土安全部下设的联邦应急管理局关注的重点是自然灾害和火灾等多种灾害造成的应急管理。各部门往往相互配合,联合开展指导与行动。在长期的实践中,美国逐

---

① Bonnie S,Fisher.Crime and Fear on Campus[J].Annals of the American Academy of Political and Social Science,1995(539).

② 程序,刘剑青.美国高校警察制度分析[J].中国大学教学,2013(10).

③ Hyatt,James A.Ready to Respond:Case Studies in Campus Safety and Security[EB/OL].(2010-05-24)[2018-06-30].http://eric.ed.gov/? id=ED524524.

渐组建了联邦—州—城市—高校的管理体系，确立了地方与高校的主体地位，明确了各部门的基本职责与程序。

二、高校校园安全管理与共治机制建设

早期美国大学校园相对安全，[①]对高校校园安全问题的讨论也较少。随着"民权"时代的来临以及学生人数的增加，因学生安全事件导致的法律诉讼大幅增长，从而引发了高校校园安全责任的讨论。法院虽然认为高校有责任采取行动防止安全事件的发生，但是在"布莱德肖诉罗林斯"等四个因大学疏于管理导致学生受伤害的诉讼案件中，无一例外地赦免了大学的责任，并宣称"现代美国大学不再是负责学生安全的保障人"。[②]法院在大学校园安全问题上坚持"大学旁观者"理论以及"大学无责任或免责说"，使得这一时期美国大学在校园安全建设上呈现消极、保守与被动的特征。近年来，大学深刻地意识到单纯依靠自己的力量无法真正应对校园风险行为与危机事件，为了进一步节约管理成本，整合校园安全系统与救助资源，大学与所在地政府、社区、企业、公众等形成了更加强大的社会网络，实现校园安全多元主体共治。

（一）建立和完善学校安全制度，构建多重安全预防体系

加强大学核心能力建设是美国高校校园安全治理的指导思想。无论是私立还是公立大学都设有校园警察部门或安全部门，两者的差别是校园警察拥有执法权，而安全部门的工作人员并不拥有执法权，需要依靠联邦、州、地方或社区的执法机构及其人员处理相关案件。即使少数大学不由学校直接提供安全服务，也会与相关保安公司或市、镇、州的执法机构通过签订合同的方式实现校园安全管理。校园

[①] Gerard A.Fowler.The Legal Relationship Between the American College Student and the College：An Historical Perspective and the Renewal of a Proposal[J].Journal of Law&Education，1984(3).

[②] Gerard A.Fowler.The Legal Relationship Between the American College Student and the College：An Historical Perspective and the Renewal of a Proposal[J].Journal of Law&Education，1984(3).

警察部门是高校校园安全工作的核心部门,其职责除了和地方警察一样执行联邦、各州的法律法规并拥有一定的执法权外,还执行高校制定的各项规章制度,预防和制止威胁高校校园安全的行为,并为师生提供各种服务。各高校积极引进最新信息科技与技术,建立比较完善的电子监控系统、电子门禁系统、通信技术系统、交通及各类警报系统,实现监控、报警、调度保安人员、救助等职能一体化。[①]

（二）加强安全教育与宣传

美国学生从中小学开始就接受校园安全教育,学习相关课程,并一直延续到大学。从 2005 年开始,美国所有大学将 9 月定为国家校园安全月。新生接受入学教育时,除了学校管理人员开展安全信息介绍外,学校还专门安排职业校警以及当地警察开设安全教育专题讲座或课程,内容包括校园安全部门介绍、校园突发事件报警流程、常见各类校园安全案件及其预防等。新生安全教育结束后,学校会为其发放新生手册等教育资料,并要求学生签字领取。此外,校警在每学期的期中还会专门开展安全驾驶讲座。学校将各类安全教育内容制作成宣传手册,放置于校园的各个角落。美国高校把营造良好的校园安全氛围作为加强安全教育的重要手段,将安全教育的理念渗透到学校的方方面面。如普林斯顿大学设立警报热线、危机支援热线,在学校出现紧急情况下,会有专人接听危机支援热线,提供有关紧急情况和有效支援服务的信息,在没有紧急情况下,此线路保持留言状态。学校的餐厅和电话亭也都张贴了有关安全信息的海报。[②]

（三）建立、完善与实施应急管理政策,建立州、地方、社区共治机制

发展与实践高质量的紧急行动计划是美国大学校园安全管理的核心工作。学校有权根据自身独特的自然地理与社会文化环境,考虑成本的因素,确定应对大学可能遭遇所有威胁的计划行动方案。为实现这一目标,大学与地方官员、执法部门、消防部门、公共卫生部门、应急管理和紧急医疗服务部门以及社区伙伴充分合

[①] Sells Debra. Parents and Campus Safety[J]. New Directions for Student Services,2002(99).

[②] Sells Debra. Parents and Campus Safety[J]. New Directions for Student Services,2002(99).

作以便建立与完善应急行动计划模型，并积极建立以国家事故管理系统为基础的管理系统，明确事故指挥、第一责任人以及各部门的相应责任与应对程序。在大学内部，大学往往成立包括学术部、学生服务部、心理健康与顾问服务部、环境卫生与安全部、设施与运营部、食品服务部、信息部等近二十个组织机构在内的应急行动计划核心小组，评估大学自身的复杂情境，理解与评估学校面临的风险与潜在威胁，确定学校优先应对的危险与灾害，并在此基础上确定行动目标、第一响应人、响应策略及程序。大学需要执行与维护计划方案、组织定期安全会议、检查疏散点、加强专业人员的培训，有计划地针对应急事件进行桌面演习、功能演习或者全面演习，并与联邦、州和地方政府机构、社区、非营利组织、企业以及个人建立有效的合作关系，以实现预防、评估、减轻威胁和危害、确保有效回应、迅速重建和恢复的多方合作能力。①

三、美国校园安全共同治理对我国的启示

近年来，我国高校校园安全越来越成为社会关注的热点。总体而言，我国高校校园安全管理形成了自己的优势与特点，特别是统一领导与行动机制在处理突发事件中发挥了重要作用，但仍有必要借鉴国外高校校园安全的治理经验，构建多层次的校园安全共治模式。

（一）加强我国校园安全信息的数据分类、共享与研究

美国高校校园安全信息统计与研究打破了过去人们对校园安全问题的一般认识。以此为依据，美国建立了全国校园安全信息发布中心，对大学校园安全事件进行详细统计与科学研究，确定美国高校校园安全的基本主题与发展战略，为校园安全共同治理提供基础。对于安全信息数据公开，美国大学的部分管理者始终持反对态度，其理由是数据公开会诱发更多的犯罪行为，并让管理者无所适从。但主流

---

① U. S. Department of Education, etc. Guide for Developing High-Quality Emergency Operations Plans for Institutions of Higher Education[EB/OL]. (2013-08-19)[2018-06-30]. http://rems.ed.gov/docs.

观点认为学生以及其他利益相关者是校园安全管理的重要组成部分,他们有权了解发生在校园内部及其周边地区的安全信息,从而提高安全意识、加强安全教育与学习,督促学校改进校园安全建设。法律明确了校园安全信息的分类、共享与限制,以平衡隐私权与公共利益之间的矛盾。根据《家庭教育与隐私权法案》,教育记录属于受法律保护的范畴,但学校执法部门获得的记录信息以及部分大学生治疗的相关记录则不属于此。部分学校官员(含部分咨询者、志愿者等)、父母经授权可以获得受法律保护的"教育记录"。在紧急情况下法律也允许学校官员在未经授权的情况下披露部分个人的身份信息。① 比较而言,我国高校校园安全信息的收集、研究与战略设计等工作还有待进一步加强。虽然有部分媒体与研究者也开展相关调查与统计,但缺乏完整性、长期性、系统性与权威性。我国有必要在教育部及其相关部门的指导下形成高校校园安全信息的分类收集与管理制度,明确校园安全信息的范围、逐步建立学校校园安全日志与年度报告制度,并通过法律的方式进行规范和共享。在此基础上,也有必要加大校园安全的预测与评估分析,鼓励学校建立符合自身发展需求并具有学校特色的安全管理系统,健全校园安全预防的长效机制。

(二)制定《校园安全法》,完善校园安全管理法律体系

通过法律规范校园安全与应急管理是美国校园安全治理的重要经验。《中华人民共和国教育法》《学生伤害事故处理办法》《治安管理处罚条例》虽然都涉及校园安全管理方面的规定,但缺乏整体性、权威性和统一性。《中华人民共和国紧急状态法》《突发公共卫生事件应急条例》《学校食堂与学生集体用餐卫生管理规定》《食物中毒事故处理办法》等法律法规也适用学校部分安全事件的处理,但比较分散,缺乏针对性。现有法律法规还存在主体职责与法律责任不明确、部分法律条款相互冲突、忽略学生和教师权利的情况,导致法律与政策难以真正落实与执行。近年来,制定《校园安全法》的呼声得到了广泛响应,却难以实现,反映了我国校园安

---

① U. S. Department of Education, etc. Guide for Developing High-Quality Emergency Operations Plans for Institutions of Higher Education[EB/OL].(2013-08-19)[2018-06-30].http://rems.ed.gov/docs.

全法律建设的缺失与不足。笔者认为，目前推动出台维护大学校园及其周边地区、应对校园危机与风险的《校园安全法》仍有其必要性。首先，设立校园安全管理职能部门，明确各主体的权力与责任，加大政府拨款与管理的力度，赋予学校从自身出发，兼顾成本效益原则自主确定符合法律要求的校园安全政策与体系，平衡高校与学生之间的权利与义务关系。其次，建立校园安全的利益相关人共同治理机制，确定校园安全整体治理的基本类型、管理原则、预案机制与处理程序，确立校园安全管理的基本制度如校园安全信息管理制度、学校安全教育制度、分类预警制度、危机事件第一响应人制度、演习制度、校园安全行动方案审批制度等，实现多方主体共同参与，各部门协调配合的校园安全多元治理模式。最后，加强其他法律法规建设，如针对校园暴力、性骚扰、校园诈骗等行为的专项法案，完善校园安全法律体系。

（三）建立完善的安全管理共治机制，形成一体化的校园安全与应急管理体系

我国自 2003 年"非典"事件之后，加强了对突发事件的应急管理，初步形成了突发事件应急管理系统，并针对学校应急管理出台了《教育系统突发公共事件应急预案》等文件，但我国被动式的"事后动员型"安全事件处理模式没有得到根本性改变，高校的安全应急预案内容陈旧、操作性不强，监测与预防体系建设薄弱，平时的宣传与演习更是少之又少；师生危机意识淡薄，自救能力缺失；管理组织职能模糊，定位不清，专业化水平不足；心理危机干预与预防体系作用有限；与其他机构的合作联动机制和管理机制有待进一步完善。就此而言，我们应逐步将大学校园安全纳入应急管理体系，并进行分类管理，提高高校突发事件应急管理能力建设，重视校园安全的宣传，培养学生的安全意识，加强师生的风险意识与教育培训和演习，完善高校校园安全预防、预警、评估、决策与应对、沟通与协调以及恢复机制，强化校园信息网络建设，促进信息一体化及新技术的应用等。其中大学与社区、政府的合作联动机制尤为重要，改变了我国过去单纯依靠行政进行校园管理的基本模式，深化"全民参与"的校园安全建设思想，充分吸收社区、政府以及企业和非营利组织进入大学校园安全政策的制定与决策、信息共享以及人员培训演习中，达成大学与社区、政府之间的合作框架与联动机制应成为我国高校校园安全建设的重要内容。

民办高校与政府关系的反思与重构[*]

    自 1982 年以来,我国民办高校经历了数量扩张、规范发展的高潮后,招生危机、倒闭危机以及生存危机此起彼伏,"至今尚未得到广泛的社会认同"。[①] 一方面,民办高校的数量以及招生数量都大幅度减少,有关民办高校兼并与重组的信息不绝于耳,民办高校内部分化严重;另一方面,由于招生、文凭等问题,民办高校被频频告上法庭,因招生欺诈、虚假宣传以及违规收费等问题被推上了舆论口诛笔伐的风口浪尖。[②] 笔者认为,民办高校的危机是政府对民办高校定位的必然"产物",是导致民办高校发展的瓶颈。

一、政府对民办高校的定位:补充性

    我国民办高校的创办与兴起源于"穷国办大教育"、教育供给远低于需求的基本现实,一开始就带有补充"公办教育"之不足的色彩,其后一直延续"补充性"的基本定位,成为政府制定民办教育相关政策的基础。

    1987 年,原国家教育委员会发布《社会力量办学若干暂行规定》明确规定"社会力量办学是我国教育事业的组成部分,是国家办学的补充",从而确定了民办高校"补充性"的基本定位,这也是民办高校与政府关系的浓缩。1993 年《中国教育改革和发展纲要》延续了这一基本定位。《国务院关于〈中国教育改革和发展纲要〉的实施意见》允许某些科类的民办高校试行试办,其基本模式为"学生缴费和社会集资为主,辅以国家财政补助",但同时规定社会各界办学应以职业学校为主,将民

---

  * 原文发表于《江苏高教》2015 年第 6 期。

  ① 宋秋蓉.论一流私立大学与办学者的公共精神[J].徐州工程学院学报(社会科学版),2013,28(1).

  ② 民办教育路在何方[EB/OL].(2006-12-05)[2015-10-12].http://www.sina.com.cn.

办高校的发展定位于职业与补充,成为民办高校发展的基础。1993 年《中共中央关于建立社会主义市场经济体制的决定》中提出改变政府包揽办学,形成政府办学为主、社会各界参与办学相结合的新体制,仍将民办学校的地位定位于"为辅"。后来相继出台的重要政策与法律仍坚持"政府办学为主体、公办学校和民办学校共同发展的"的基本思路。民办教育最重要的政策与法规《中华人民共和国民办教育促进法》(以下简称《促进法》)和《中华人民共和国民办教育促进法实施条例》选择了"民办教育事业是社会主义教育事业的组成部分"以及"民办学校与公办学校具有同等法律地位"的文字表述,但如果我们仔细阅读法律法规的具体条文,就可以看出,具有同等法律地位并没有改变政府对民办高校的基本定位。

二、定位带来法律与管理实践的冲突

政府对于民办高校的基本定位,在不同层面反映出政府对于民办高校发展的疑虑与困惑,也导致了法律与管理层面上相互矛盾与相互抵牾的问题。

首先,民办高校产权归属的矛盾。《促进法》第九条规定民办学校应当具备法人条件。法人的意义在于要求民办高校能够以自己独立的名义承担民事责任,与举办者的财产相分离,产权清晰。但《促进法》在确立民办高校的法人地位的同时,事实上也部分承认举办者个人财产的合理性。产权是民办教育中的症结性问题。《促进法》第三十五条规定,"民办学校对举办者投入民办学校的资产、国有资产、受赠的财产以及办学积累,享有法人财产权"。因此出资人在建立法人(民办高校)后,不再对出资人投资的资产享有所有权,但第五十一条则规定,作为独立法人的民办高校在扣除办学成本、预留发展基金以及其他必需费用后,出资人仍可在办学结余中享有一定比例的合理回报。这样的规定事实上又肯定了个人财产所有权的价值,与法人财产权相矛盾。《促进法》第五十九条规定民办学校清偿债务后的剩余财产,按照有关法律、行政法规的规定处理,似乎也为个人收回投入的财产留下了法律空间。这种折中的办法,固然试图体现政府对于民办高校的政策支持,但也为产权模糊而导致的营利性问题以及个人操纵学校埋下了隐患。

其次,产权的模糊导致了法律定位中的"公益"取向与实践中民办高校的"私意"取向的矛盾。《促进法》第三条确定了民办教育的公益性,按照法律的本义旨在将捐资办学的民办高校与投资办学的民办高校纳入该法调整的范围之内,排除了营利性的民办教育机构。在实践中,由于我国的民办高校往往以投资办学为主体,存在学校资产来源多元与投资多元的倾向,如何理解投资办学所带来的营利行为与民办高校的非营利性并没有得到法律上清晰的揭示。其中合理回报就是一个关键性问题。有研究者认为,通过立法的形式承认合理回报的合法性,意味着民办高校可以合法地将过去暗箱操作的营利行为变成公开的"阳光下"行为。① 但合理回报的提法本身值得商榷。按照《促进法》的解释,合理回报本是一种奖励,并不涉及投资分配的问题。不可否认,合理回报的提法一方面暗含了投资可以获得回报的逻辑,从而使民办高校的法人产权面临个人所有权的挑战,破坏了法人产权的完整性,另一方面,民办高校投资人可按照规定从办学结余中获得一定回报,又隐含了民办学校如果能够获得更多利润则可获得更多回报的奖励,将奖励与利润相挂钩也违反了教育公益性的原则。

从国外的情况看,能够按照法律规定登记为非营利组织的机构,必须满足不以任何形式对利润进行分配(包括分配给投资者)或者不以营利为目的的条件,只要以营利为目的或者允许利润分配的机构都必须注册为企业法人或者营利性法人。② 在我国,法律并没有明确民办高校究竟属于哪种类型的法人。但从实践看,民办高校在登记取得法人资格的过程中,往往根据《民办非企业单位登记管理暂行条例》登记为民办非企业。根据《民办非企业单位登记暂行办法》,民办非企业单位须在其章程草案或协议中载明该单位的盈利不得分配,解体时财产不得私分。为了适应我国民办教育发展的特殊性,民办教育相关法律法规将两种完全不同类型的民办高校纳入统一的法律调整范畴,具体条款只对民办高校的非营利性进行原则性规定,而没有明确区分的标准,因此在立法中往往在公益性与营利性之间徘徊、摇摆,其结果必然是既无法对投资办学的民办高校进行有效监管又使相关的真

---

① 王文源.民办学校的合理回报与财产权制度构建[EB/OL].(2007-01-31)[2013-08-06]. http://www.bpedu.org.cn/XXLR1.ASP? ID=424.

② 何隽.非营利公益组织发展的法律问题[J].清华法治论衡,2008(1):230-249.

正有效的鼓励措施无法实施,出现了实践中无法区分营利性与非营利性民办高校,无法厘清投资行为与捐资行为、营利性运作与非营利运作的问题。

最后,一般而言,民办学校与公办学校的差别主要体现在举办人、资金来源以及服务对象上。① 从法律意义而言,民办高校与公办高校都属于国家教育事业的一部分,享有同等的法律地位,代表着民办学校享有《中华人民共和国教育法》《中华人民共和国高等教育法》等法律所规定的权利、承担同等的法律义务、享受相应的优惠政策等,但在实践中却衍生出学生、教师以及学校的差别性待遇,从而出现了公办学校与民办学校之间的等级差别。

在税收优惠政策上,《中华人民共和国民办教育促进法实施条例》第三十八条规定,捐资举办的民办学校和出资人不要求取得合理回报的民办学校,依法享有与公办学校同等的税收及其他优惠政策。出资人要求取得合理回报的民办学校享受的税收优惠政策,由国务院财政部门、税务主管部门会同国务院有关行政部门制定。根据国家的相关规定,公立高校和民办高校取得的生产、经营所得和其他所得,应当缴纳企业所得税。但由于民办高校往往集营利行为与非营利行为、学历教育与非学历教育、教学行为与培训行为于一体,使得民办高校作为教育机构的法律性质充满了复杂性与矛盾性,很难有清晰的区分标准。一般而言,公办非学历教育要交 3.3% 的营业税;而民办非学历教育,要交纳 17% 增值税和附加税。而法律条款以"不要求取得合理回报"作为是否享受税收与其他优惠政策的标准,事实上也面临着无法操作的尴尬局面。

三、定位折射出民办高校自身发展中的问题

政府将民办高校定位在补充与职业,反映出社会与政府对民办高校发展的疑惑与顾虑,从某种程度上说,这种信任危机反映出民办高校近三十年发展历程的问题、矛盾与冲突,也是社会、学生以及政府与民办高校关系的一个缩影。

首先是制度问题。《促进法》的多项条款规定,民办高校应建立相应的董事会

---

① 张春生.中华人民共和国民办教育促进法释义[M].北京:法律出版社,2003:5.

或理事会制度、会计制度以及资产管理制度,但如何具体建立相应的制度没有严格的规定。在实践中,民办高校的董事会构成主要由配偶、血亲、姻亲构成,使得董事会的决策功能异化为个人或家族决策,而所谓的三分之一的教职工代表以及其他代表形同虚设,更有董事长与校长集一身、董事会成员与学校行政职务于一身、会计由亲属担任的事例,使得法律明令禁止的转手买卖、借壳上市、资金挪用等行为时有发生。在"以生养校"的基本模式下,虚假招生宣传、频繁发生的因文凭问题产生的法律诉讼和集体退学都加深了学生及其家长,乃至社会与政府对民办高校发展的忧虑。与此相关的民办高校的产权归属与法人问题,合理回报的程序与标准问题以及政府管理民办高校的权限和与边界问题也表现突出。

其次是质量问题。我国民办高校从一开始就走上了一条"补充"公办教育制度的发展道路,呈现出单一化的趋势。如何从数量发展转向内涵式发展模式、突出民办高校的办学特色一直是民办教育中的突出问题。民办高校设置的专业以文科为主、以热门专业为主。所谓的特色专业事实上只占非常小的比例,民办高校内部外语、计算机、文秘、旅游、工商管理、会计等专业设置重复率非常高,更不用说摆脱公立高校专业设置的樊篱。从办学模式、培养目标、专业设置到课程体系等方面全方位地复制公办高校,直接导致了民办高校发展缺乏竞争力,也使得民办高校不断遭遇生存危机。为了生存,民办高校必须花费更多的资金在招生环节上,导致内涵质量发展和特色建设往往成为空谈,也导致社会与政府期许的"应用型""技术型"人才培养目标的落空。这种循环式的危机使得民办高校陷入发展的怪圈,也进一步加深了政府与社会对民办高校的信任危机。

四、重构民办高校与政府的关系及其路径

政府与民办高校之间的关系是当前民办教育发展中的重大理论问题。这一问题不仅关系到未来民办高校的发展与定位,也关系到民办高校与政府、社会之间的互动与理解。要使民办高校具有竞争力,各类高校形成有序发展的良好局面符合政府与社会的利益选择与目标,首先需要革新的是政府对未来民办高校发展的价值、目标、定位与路径等一系列观念,进而通过政策与法律的变革,运用拨款、税收、

奖励与惩罚等手段对民办高校进行引导、分类与管理;而民办高校则主动通过与政府、社会沟通、调整与适应,合作与互动来实现自身的价值、自治、自主与自律达到权利与义务相统一,进而实现民办高校的发展、特色的形成以及质量的提升的目标。

首先,政府应该重新反思民办大学的基本功能与法律定位。高校不同的定位意味着不同的政策与资助措施。我国的民办高校虽然在法律上获得了与公立高校同等的法律地位,但在实践中却延续着公立高校优于民办高校、民办高校处于补充地位的老路。民办高校的未来发展方向属于补充型还是代替型甚至竞争型,需要政府用更加开放、更加务实的态度来衡量民办教育的价值与意义,在民办教育举办者与民办教育学生权利之间,通过试点的方式进行多方位、多层次的改革应该成为民办教育进一步发展的基础与依据。

其次,修改《促进法》,坚持进行分类管理的制度建设。虽然分类管理的原则已经取得相当的共识,对民办教育的资助政策也陆续在部分省市实施,但如何理解民办教育的公益性及如何对民办高校进行分类管理仍然是悬而未决的问题。

教育事业属于公益事业,因为它提供的是社会公共教育服务,关涉到社会公共利益和公共福祉。因此,无论是民办高校还是公办高校,无论是营利性的民办高等教育机构还是非营利性的民办高校所从事的教育服务、教育活动及教育事务都具有公益性。但教育事业的公益性并不天然地等于民办高校的公益性,[①]民办高校并不因为提供公益性的"教育服务"就必然属于"公益性"组织或非营利性组织。民办高校的公益性还表现在其作为办学机构的非营利性。为了保护非营利公益组织的公益性质,禁止分配利润、禁止牟取自身利益、禁止非常规交易及禁止资产的复归成为各国对公益性、非营利性教育组织进行管理与监督的基本原则。[②]

当然,即使是非营利组织,也不代表不能从事一定的营利活动,只要对这些活动与行为的收益坚持不进行分配的原则,继续用于公益事业,那么这些活动就是法

---

① 周志宏.私人兴学自由与私立学校法制之研究[M].台湾:学林文化事业有限公司,2001:113-237.

② 冯燕.自律与他律:非营利组织规范的建立[C]//范丽珠.全球化下的社会变迁与非政府组织(NGO).上海:上海人民出版社,2003:182-184.

律所允许的,并不违反非营利组织的本质。[1] 但是非营利组织从事一定的营利活动必然导致不公平竞争等问题,因此如何对非营利组织的营利性活动进行管理和一定程度的限制就成为一个重要问题。从国外的立法看,大多数国家都专门针对非营利组织的营利性活动与行为运用税收的手段进行调节。在美国,非营利组织的营利性活动按照是否与本身的宗旨相关被分为两类:与宗旨相关的营利性行为和与宗旨无关的营利性行为,并对两类行为进行分类管理,其中非营利组织从事的与宗旨无关的营利性行为必须依法缴纳"无关宗旨商业所得税"。[2] 值得强调的是,无论国外的法律是否允许相关营利行为的存在,但禁止利益分配始终是非营利组织的基本内涵。"禁止利益分配"包括两层含义:其一,不能分配剩余利润;其二,不得以任何方式将组织财产变为私人财产。即使非营利组织面临破产或者解散的情况,其剩余财产也必须交与政府,或由政府转交给类似非营利组织,不能进行分配。[3] 由于非营利组织不承认私人所有权,因此即使是投资者与捐资者都不再享有使用和处分组织与机构的权利,更不用说剩余财产的享有权。[4] 这也正是美国区分非营利高校与营利高校的理论基础与实践原则。就此而言,分类管理的原则必须以产权为基础,明确捐助办学与投资办学的差别,赋予两者不同的法人地位、明确两者不同的优惠政策与差别待遇。作为非营利性的民办高校只有在学校获得法人产权地位,投资者放弃终极所有权、收益权以及剩余控制权的情况下才能成立,否则只能以营利性的法人机构存在。

法人地位的确立是《促进法》修改的基础,但制度的完善则是其核心内容。民办高校需要获得自主的空间,自主正是国外私立大学发展的支撑。但自主绝不意味着自由地寻找法律的漏洞走"擦边球"的政策空间,更不是无视学生及其家长权利与利益,因此法律的完善,特别是相关制度的完善将是民办高校管理的发展重点。在董事会成员的构成上,非营利民办高校的董事会成员应该引入社会,特别是

---

① 尹田.民事主体理论与立法研究[M].北京:法律出版社,2003:168.
② 金锦萍.寻求特权还是平等:非营利组织财产权利的法律保障——兼论"公益产权"概念的意义和局限性[J].中国非营利评论,2008(1):1-15.
③ 周美芳.非营利组织法人产权制度研究[D].上海:复旦大学,2005:30-31.
④ 亨利·汉斯曼.企业所有权[M].北京:中国政法大学出版社,2001:332.

学生及其家长群体的代表以加强对民办高校的监督,同时对亲属进入董事会应该严格限制人数,对会计人员则应该禁止由亲属或学校行政人员担任,并明晰信息公开制度、董事会制度以及监察制度的具体标准。

最后,民办高校应勇于走一条制度创新的道路。民办教育的产生与发展源于民办教育填补了公立教育的不足,寻找到了符合自身发展的定位与发展策略,从而实现了制度上的创新。当前,民办高校需要重新检讨自身发展中的问题与不足,突破对公办高校办学模式的模仿,寻找符合自身发展需要的特色办学模式。如果民办高校继续跟随公办高校的发展模式,走"补充型"的道路,在培养目标、办学模式、专业设置、课程体系上复制公立大学的范本,毫无疑问,民办高校所期待的政府资助及实践中所呼吁的平等地位将遥遥无期。相反,民办高校如果能够真正走"代替型"发展道路,寻找公立大学无法承担也承担不了的人才培养目标与模式,在课程开设上探索新的发展模式,进而探索"竞争型"发展道路的可行性与可能性,则民办高校将走出一条创新性的、不可替代的发展道路,从而赢得政府、社会以及学生的青睐与尊重。当然,这样的道路可能是漫长而曲折的。

名誉博士学位制度的基本模式、
争论与反思[*]

名誉博士学位,也称荣誉博士学位。在西方,授予名誉博士学位的做法可以追溯到中世纪,大学为了彰显对某人的敬重,或者为了免除某些法定义务而授予名誉学位,有时甚至会追授给生前对学术团体做出主要贡献的人。据文献记载,1470年牛津大学颁发给里昂内尔·斯潘伍德维尔的名誉学位是迄今可查的最早的名誉学位。^① 在中国,名誉学位制度的源头可追溯到清末。清政府为表彰学术上有突出贡献者,采用类似现代名誉博士学位的办法,免试授予科举学位给少量名士,其中还包括外国人,如总医官伍连德等。^② 改革开放以来,我国的名誉学位制度逐渐发展与完善。1983年我国首次授予英国著名学者李约瑟等3人名誉博士学位,标志着这一制度的建立。1989年2月27日国务院学位委员会制定《关于授予国外有关人士名誉博士学位暂行规定》(以下简称原《规定》),这是我国学位法规体系中重要的规范性文件,它从授予对象与条件、授予单位与主管部门、报批手续与授予工作等方面对制度进行了初步的完善,有关规定的内容至今仍然适用。近年来,名誉博士学位授予也暴露出不少问题,尤其是围绕着被授予对象的资格与成就、名誉博士学位的授予程序等问题引发了社会激烈的讨论。与此相应的是,长期以来对于名誉博士学位的理论研究工作十分薄弱,名誉博士学位如何定位、名誉博士学位授予的基本模式是什么、如何看待社会对于名誉博士的争论等问题成为实践者关心而困惑的问题,急需理论上的探讨与研究。

---

* 原文发表于《重庆大学学报》(社会科学版)2011年第2期(合作作者:李智勇)。

① Honorary Degree[EB/OL].(2006-04-20)[2011-03-14].http:/en.wikipedia.org/wiki/Honorary_degree.

② 刘海峰.科举学导论[M].武汉:华中师范大学出版社,2005:188.

一、名誉博士授予的基本模式

由于各国与地区的教育传统与历史文化基础的差异,名誉博士学位制度的模式与管理也存在一定的差异,根据各国授予名誉博士的相关文件与规定,可以将名誉博士授予分成三种基本模式。

(一)法国模式

法国自 1918 年就发布了专门的大学授予名誉博士头衔的政令,随后在 1971年、1974 年、2002 年进行了修改,可见法国对于国家授予名誉博士学位的重视。法国模式具有三个特点:一是,授予对象一般只授予外国知名人士,以褒奖其为法国或授予头衔的学校在艺术、文学、科学和技术领域所做出的贡献;二是,在名誉博士的定位上,名誉博士与真正的学位事实上有很大的区别,在相关法令中,强调名誉博士称号只具有名誉的特征,不能授予正式的国家博士学位,也不能享有与国家博士文凭相联系的权利是名誉博士管理中的一个基本原则;三是,在法国,授予名誉博士学位是一项典型的国家行为,不仅政府颁布详细的政令予以规范,而且教育部、大学还有外交部都各司其职,形成了国家管理与授权、大学推荐与授予、外交部共同商议的基本模式。其中大学名誉博士的选定由大学委员会商议做出。如果被提名者的工作或活动属于某一大学教学研究单位的固有领域,那么必须优先考虑该教学研究单位委员会的意见。这些委员会的成员组成限于教师或研究者。此外,在授予程序上,相关政令特别强调,决议只有在有资格成员多数出席的情况下,由有效投票的三分之二的多数通过才能有效。① 此类模式,国家通过颁布有关名誉博士的政令对名誉博士授予工作进行直接管理,国家授予大学名誉博士授予资格,以教育部、高校以及外交部协同的方式依照法律权限在各自权限范围内参与名誉博士学位授予过程。中国也属于此模式。

---

① Décret n°2002-417 du 21 mars 2002 autorisant les établissements publics à caractère scientifique,culturel et professionnel à décerner le titre de docteur honoris causa[EB/OL].(2002-04-17)[2011-03-14].http://www.education.gouv.fr/botexte/bo020627/MENR0201451C.htm.

（二）英美模式

在英美国家,授予名誉博士的权力属于大学的自主权,因此各校在授予标准与授予程序上略有差别。日本和我国的香港地区也属于这类模式。此模式在授予对象上相对灵活。一般而言,其授予对象不仅可以授予外国人,而且可以授予本国杰出的政治家、社会活动家与学者。为了体现各校自身的特色,各校专门颁布相关规定,明令禁止或许可专门的授予对象,从而形成了各校授予名誉博士的基本传统与特色。例如,在英国,国王和皇室成员的名誉学位大多是牛津大学、剑桥大学授予。除少数特殊情况外,一般不给在任的政治家授予名誉学位,但可以颁发给已退休的政治家。在牛津,一般不授予在职的本校人员名誉学位,但对特殊贡献者,如校、系、机构创始人,因长期忠心耿耿服务了几十年,在他们退休、调离时,为感激他们的长期热心服务和卓越贡献,也授予他们名誉学位。① 在西北大学《授予名誉博士规程》中,则专门规定名誉博士在特定的情况下可以授予已经去世的人,但不能授予该校的教职工和捐助者。② 在哈佛大学,打破常规授予名誉博士学位的事件也时有发生。1945 年,欧内斯特·泰勒·派尔(Ernest Taylor Pyle)获得了名誉学位的提名,但他在毕业典礼前几个月死于战争,科南特(Conant)校长打破传统惯例,授予其名誉学位。这是哈佛历史上唯一一次授予一个并未出席毕业典礼的人名誉学位。1955 年,哈佛大学再次打破传统,授予海伦·亚当斯·凯勒(Helen Adams Keller)名誉学位。这是哈佛历史上第一次授予女性荣誉学位。1996 年,哈佛大学授予奥莎拉·麦卡迪(Oseola McCarty)名誉学位,以表彰其将一生积蓄捐赠给南密西西比大学资助有需要的黑人学生。而她本人只读了 6 年书,靠作洗衣工维持生计,却将 15 万积蓄捐给大学。③ 此外,一些大学,如麻省理工学院、康奈尔大学、斯坦福大学,伦敦政治经济学院和弗吉尼亚大学,则从不授予名誉学位。

---

① Honorary Degree[EB/OL].(2006-04-20)[2011-03-14].http://en.wikipedia.org/wiki/Honorary_degree.

② Policy and Rules for the Awarding of Honorary Doctorates[EB/OL].(2002-06-28)[2011-03-14].http://www.nwu.ac.za/policy/Policy_and_rules._Honorary_doctorates.pdf.

③ Honoris Causa[EB/OL].(2009-07-03)[2011-03-14].http://harvardmagazine.com/2009/07/honoris-causa.

在授予程序上,英美模式一般有比较严格的审核程序。以剑桥大学为例,该大学的章程规定名誉学位的提案必须由大学的理事会决定。任何人每年都可以提名一人或者更多的建议。这些名单由理事会的全体委员会审查,由副校长主持,理事会做出最后的推荐。历年年初,理事会批准了最后候选名单并征得被提名人的同意后,就公布提名。[①] 在东京大学,一般首先由系科主任推荐符合条件者,经由该系科教授会的决议讨论,把决议提交给校长。学校会成立审查委员会进行审查。一般审查委员会由校长、副校长、各研究科长、研究所领导等人组成,审查委员会的委员长由校长担任。审查委员会有必要时也会要求委员以外的人出席,并听取意见和建议。经过审查委员会的讨论之后会提交由教授会组成的评议会进行表决。要求在 3/4 的评议员出席的情况下,同意票数超过 1/2 时,才可以授予名誉博士学位。[②] 此类模式,大学根据特许状以及大学的基本条例,自主管理与授予名誉博士学位,政府几乎不参与名誉博士学位的相关事项。英美模式的最大特点是大学自主权非常大,但也容易出现滥授文凭、买卖文凭的现象,从而导致名誉博士文凭贬值的现象。

(三)台湾地区模式

台湾地区对名誉博士授予一直十分重视,不仅在《学位授予法》中专门规定名誉学位授予的相关事项,而且还专门颁布《名誉博士学位授予条例》,而各大学也制定相应的规则规范大学授予名誉博士的相关工作。[③] 一般而言,台湾地区的名誉博士授予对象为在学术与专业上有特殊贡献或者对于文化、学术交流以及世界和平有重大贡献的人。名誉博士学位由设有相关学科博士班研究所的大学,组织名誉博士学位审查委员会审查通过后授予,并报请台湾地区教育主管部门备查。就

---

① Honorary Degrees[EB/OL].(2006-04-20)[2011-03-14].http://www.admin.cam.ac.uk/univ/degrees/honorary/.

② 东京大学名誉博士称号授与制度[EB/OL].(2002-02-12)[2011-03-14].www.adm.u-tokyo.ac.jp/res/res2/poster_levin.pdf.

③ 参见学位授予法[EB/OL].(2002-08-14)[2011-03-14].http://china.findlaw.cn/fagui/guojifa/tw/23/56989.html;名誉博士学位暨杰出校友审查委员会组织规程[EB/OL].(2002-02-12)[2011-03-14].http://www.cc.nctu.edu.tw/~sect/org_download/sec-5.doc.

学校层面而言,强调名誉博士授予对象与本校学术提升和校务发展的贡献是一个重要原则,为了更好地履行名誉博士学位授予工作,强调名誉博士的推荐程序是各校制定相关规定的一个主要内容。台湾地区的名誉博士授予制度,最初与法国模式比较接近,政府颁布相关政令规范与管理名誉博士授予工作,学校虽然也推荐与审核名誉博士授予对象,但最终权力根据"学位法"的规定,必须由台湾地区教育主管部门审定后才能授予。但自 1994 年颁布新的"学位法"以来,台湾地区名誉博士制度有了很大改变,审定与批准权逐渐下放,只保留了备查、监督的权力,而大学按照各自制定的颁授名誉博士实施要点或办法进行自主的授予工作。可以说,这种模式是法国模式与英美模式的综合。

总的来看,各国与地区的名誉博士学位制度存在一定的差异,但也有很多的相似性。在授予对象上,一般主要授予对世界以及社会发展做出重要贡献的学者、科学家、政治家和社会活动家,但在侧重上有一定的差异,如中国大陆地区与法国一般只授予外国人,而其他国家与地区则一般既授予外国人,也授予本国人;在授予标准上,名誉博士学位一般强调其对世界和社会发展所做出的贡献,但在具体评判贡献的标准上也并不一致,在中国强调授予对象一般要有一定的学术背景,而在国外其标准则更为多元,因此许多世界著名的大学,如哈佛大学也曾将名誉博士学位授予小学毕业的普通工人,其目的不仅在于彰显普通工人所做出的超出他本人能力的社会贡献,而且突出了大学在引领社会发展、道德发展的基本功能与价值;在授予程序上,严格规范相应的推荐与评审程序是各国与地区的基本选择,但由于其管理模式的差异,在授予程序上也有一定的差异,但强调严格标准,甚至直接规定宁缺毋滥的基本原则却是著名大学授予名誉博士的基本选择,[①]而在中国和法国,在授予程序上,强调外交部以及其他外事主管部门的审核与参与也是一个基本特点。

----

① Policy and Rules for the Awarding of Honorary Doctorates[EB/OL].(2002-06-28) [2011-03-14].http://www.nwu.ac.za/policy/Policy_and_rules._Honorary_doctorates.pdf.

二、名誉博士的社会争论与反思

自大学开始授予名誉博士学位以来,世界各国与地区关于名誉博士制度的相关争论一直持续,有时甚至引发严重的抗议事件。颁授名誉学位,不仅反映出大学的利益与价值取向,而且反映出个人、社会乃至国家的基本追求与价值选择,不同的主体从不同的立场出发,必然带来观念与思想上的冲突,而名誉博士的授予标准因为无法精细化模糊了争议的本质问题,使得争议无法在同一层次上达成共识,就连世界闻名的大学者德里达也因为名誉博士学位被迫与其他哲学家展开一场自我辩护的申明,更无须明言关于政治家、社会活动家的相关争议。因此,从某种程度上说,对获得名誉学位的对象提出质疑、引发争论也在情理之中。围绕着名誉博士的争论,从校园内部一直延续到社会,其争论的焦点无外乎围绕以下几个问题展开,而对这些问题的回答与解决也是各国或各地区名誉博士制度逐渐形成与发展与本国或本地区相适应的制度的基础。

(一)大学颁发名誉学位的目标定位

在大学的学术理想面前,应该更加坚定地维护大学的学术尊严还是向政治名流、经济名流妥协,贩卖所谓的名誉文凭呢？当哈佛大学拒绝给予里根总统荣誉博士学位,当中途退学的全球首富、软件帝国的缔造者比尔·盖茨在辍学 30 年后才获得了母校哈佛大学的学位,当奥巴马参加了自己的母校亚利桑那大学的毕业典礼却没有拿到传统的"荣誉学位",这些事件都得到了社会的追捧,并贯之以维护大学理想、维护大学尊严的"典范"。与此同时,名誉学位被贩卖的现象也已经是公开的秘密。由于名誉博士学位制度并没有严格限定受赠者的最高学历,因此曾发生即使小学未毕业,但仍有机会获得名誉学位的情况。在特定时期,"名誉博士"甚至被某些大学视为卖文凭,换取企业赞助学校一种方式。在英国,著名的《泰晤士报》刊登署名文章,揭露一些大学向有钱人"兜售"名誉学位来换取对学校赞助的做法。该报的两名记者乔装扮成企业家及其助手,向部分高校进行类似性质的试探,结果是多半的高校对此建议感兴趣。就连大名鼎鼎的牛津大学也表示,如果有人愿意出 25 万英镑,就可以成为该校的名誉研究员,许多年轻的大学则表示愿意以更低廉的价格兜售他们的学位。① 大学授予名誉博士学位的条件无论是基于学校的长远发展还是出于眼前利益的考虑,这种客观存在的金钱-学位的交易已引起教育界的广泛关注,并引发了对捐赠者获得名誉博士学位的质疑。名誉学位的价值何在呢? 有人认为,大学颁发名誉学位往往立足于被授予对象的社会成就上,实质上是一种"锦上添花"的行为因而变得无足轻重。② 巴森在《美国大学》得出结论说"现在给予的荣誉学位已经丧失了它的意义"。他认为大学应该坚持它的原则,授予那些表现出卓越学术成就的人学位,而不是"把最高学术水平的象征给予或许应该羡慕的商业或者政治人物"。美国某联邦上诉法院认定荣誉的价值等于零。③

与英美模式不一样,中国名誉学位本身并不是对授予对象社会成就的简单肯定,作为与中国的大学、中国的大学学位相关联的一种特殊荣誉,充分考虑这种授予行为对于中国社会发展、中国大学发展的意义,是审核名誉学位授予对象的重要指标。作为一种国家学位,维护其严肃性与权威性也是其中之义。因此,对名誉博士的授予标准、资格进行严格审查,反对简单地按照个人的社会地位、经济地位或者政治地位授予名誉博士学位,反对将名誉博士学位作为金钱交换的商品应该成为我国名誉博士学位管理的目标。2010 年,国务院学位委员会新修订的《关于授予境外人士名誉博士学位暂行规定》中,明确规定"拟授单位不得接受该人士的直接捐赠、捐资等",同时针对政治家、社会活动家名誉博士学位的程序审核进行了严格规定,要求"拟授人士是外国元首或政府首脑的,应当有国家外事部门建议授予名誉博士学位的书面意见""必要时可以征询专家书面意见",同时要求推荐者必须有境外知名教授或知名人士以及其他博士学位授予单位的知名教授的推荐信。比较而言,新修订的《关于授予境外人士名誉博士学位暂行规定》更严格地对待名誉博士学位的授予工作,反映了我国对于名誉博士学位的基本态度与旨趣。

---

① 邓华陵.英国荣誉学位制实考[J].西北师大学报(社会科学版),2000(1):68-70.

② 历年的荣誉法学博士竟为何物[EB/OL].(2008-05-07)[2011-03-14].http://www.blog. bencrox.info/cat/cuhk.

③ 卡林·罗马诺.丢人的荣誉博士学位[EB/OL].(2002-07-02)[2011-03-14].http:// www.xschina.org/show.php? id=12764.

(二)名誉博士学位与博士学位的差别与联系

将名誉博士学位授予政治家、社会活动家还是学术卓越的科学家或学者,这一争论事实上是与社会对名誉博士学位与博士学位关系的看法密切相关。在授予名誉博士的过程中是否应该强调其学术性,始终是一个症结问题。俄亥俄州立大学1989 年授予拳王迈克·泰森(Mike Tyson)名誉文学博士学位,长岛大学南汉普顿学院 1996 年授予演员柯密特·佛罗格(Kermit Frog)两栖生物学博士学位,伍尔弗汉普顿大学 2002 年授予摇滚歌星斯莱德(Glam rockers Slade)名誉学位等都引发了广泛争论。支持者认为既然是学位,自然以学术为基础,因此反对把名誉学位授予政治家、社会活动家、体育明星或者影视歌星;而反对者则强调政治家、社会活动家是因为他们对人类的进步、社会的发展的贡献而获得名誉学位,本身应该与学术性相区别,因此强调大学颁发荣誉学位"只问他的成就,不理他的理念,更难以衡量他政治施为的价值"。①

事实上,名誉博士学位是一种以"声誉、声望"为主要指标的学位,与正式的博士学位存在本质差别,即使授予对象是享有世界声誉、学有专长的学者或者科学家,也不是仅仅基于他们研究的学科、专业与研究领域,还因为他们对人类进步、社会发展的贡献。可以说,名誉博士学位的功能与影响并不主要体现大学培养人才的基本功能与目标,而反映的是大学与社会、大学与世界交往的方式。在实践中,名誉学位往往不被认为是与实质学位相同的学位,在法国和中国香港,则在相关规定中直接指出"荣誉博士称号具有荣誉的特征。其不能授予正式的国家博士学位"。在香港中文大学的条例中则特别强调"大学校董会可建议颁授荣誉硕士学位或荣誉博士学位而不要求有关人士上课或考试:但持有荣誉学位的人士不得因取得该学位而有权从事任何专业"。而我国《关于授予境外人士名誉博士学位暂行规定》中,也指出"名誉博士学位证书的持有人不享有与国家普通博士文凭持有人相同的权利"。

名誉博士学位与博士学位有本质的区别,但也有千丝万缕的联系,因此《中华

---

① 中大人,你究竟还有没有教养[EB/OL].(2005-11-20)[2011-03-14].http://iwebs.url.com.tw/main/html/south/158.shtml.

人民共和国学位条例》和《中华人民共和国学位条例暂行实施办法》在规定有关学位的标准、资格的同时,也对名誉博士学位的授予与资格有原则性的规定。事实上,名誉博士学位与博士学位都是由大学授予的,与大学的文化、大学的学术、大学的学科、大学的荣誉与尊严有着重要的联系。因此随着社会的发展,过分强调名誉博士学位是一种"荣誉",而不是学位,或者过分强调名誉博士学位是一种学位,要以学术为标准授予名誉学位都有失偏颇,在学术与荣誉之间寻找平衡,强调其与该校的特别联系已经成为各国授予名誉博士学位的一个重要原则。因此,名誉博士的授予原则应该将"声誉与声望"与大学学术、社会文化联系起来,既要强调其社会影响力和贡献,又应该重视授予对象对大学文化、社会文化、教育发展的影响力;既要强调其社会声誉,又要强调其接受普通高等教育的经历,宁缺毋滥,从而实现名誉学位与博士学位的特殊关联。新修订的《关于授予境外人士名誉博士学位暂行规定》充分考虑了博士学位与名誉博士学位的区别与联系,一方面强调名誉博士学位拟授人士自身的地位与贡献,另一方面也要求其与授予单位之间的密切联系;一方面充分肯定名誉博士学位的"荣誉性",另一方面也要求名誉博士学位获得者必须有接受普通高等教育的经历。不能不说,这样的权衡与折中既是各国授予名誉博士学位的基本思路,又是我国名誉博士学位授予工作实践中的反思与总结。

(三)是否应该按照学科门类授予名誉博士学位

从世界范围来看,并不是所有的国家都按照学科门类授予名誉博士学位,例如法国。在按学科门类授予学位的国家和地区,关于名誉博士争论最大的莫过于名誉博士授予对象是否符合学科学位的要求,如政治家是否符合"法学"学位的资格要求,体育明星、社会活动家是否满足"社会学"学位的资格始终是争论的焦点问题,因此有人提出应该细化政治家、社会活动家授予学科名誉博士的标准与理由的建议。

其实,按照学科授予名誉博士学位或者不按照学科授予名誉博士学位都各有利弊。从名誉博士学位的功能来看,它并不单纯要求拟授人士在某一学科具有创造性的贡献,即使是学者和科学家,也特别强调他与授予单位的学术交流与合作,重视他对世界与社会发展、文教事业和学术发展的特殊贡献。虽然各国逐渐形成了不同的名誉博士学位授予基本模式,但共性在于坚持名誉学位的基本功能与价值,坚持宁缺毋滥的基本原则以及严格的评审程序,而不苛求具体操作层面的差异。从目前的情况看,不按照学科授予名誉博士学位,便于操作与简化程序,但在具体操作中却始终面临按照学科进行组织与管理思想的挑战。按照学科授予名誉博士,往往在评审与授予方面便于操作,但在实践中存在以下问题:第一,对社会活动家和政治家无法清晰地界定其应该授予某一学科的名誉博士学位,不得不大量授予法学或者社会学名誉博士学位,事实上他们并没有在法学或者社会学方面有特殊贡献,也可能没有接受过法学或社会学教育。第二,存在授予单位对那些确实有促进学术交流和长期合作的拟授对象,因授予单位没有某一学科博士授予权而无法授予名誉博士学位的情况。第三,在我国名誉博士学位授予实践中,大多数学校并没有完全按照一级学科博士授权点授予,导致原暂行规定按照一级学位博士学位授权点来授予名誉博士学位的限制性规定名存实亡。鉴于此,新修订的《关于授予境外人士名誉博士学位暂行规定》修改了过去按照学科授予名誉博士学位的做法,只要授予单位有博士学位授予权即可以授予境外人士名誉博士学位,突出了名誉博士学位的"荣誉"性质。

三、结语

名誉博士学位在中国是一种特殊的学位。从国外与我国授予名誉博士学位的实践来看,名誉博士学位不仅是个人荣誉的体现,也集中了社会对这一特殊学位的认可度。个体与名誉学位的关系是以个体对名誉博士授予单位的认可程度以及个体与名誉博士授予单位之间的联系、交流与贡献为基础的。在中国,名誉博士学位制度坚持唯一性原则,排除了英美模式中个人可以同时获得多个该国大学名誉博士的情形,因此,个体对名誉博士授予单位的认可与选择也成为应有之义。从长远来看,授予单位应该慎重地推荐名誉博士候选人,其目标不仅仅是彰显候选人对于学校的贡献,与"名流、贤达"相映成辉达到双赢的目的,更为重要的是维护名誉学位的基本尊严与价值,从而保持授予单位的竞争力与水准,使个体与授予单位之间的双向选择与互动成为名誉博士授予制度良性循环的基础。反之,买卖名誉博士文凭或者把名誉文凭大量授予捐助者,只能让学校的名誉博士文凭乃至名誉博士文凭制度"庸俗化",最终也违背了设置名誉博士学位的初衷与价值。

另外,名誉博士学位作为一种社会关注的现象,不仅表现为社会对名誉博士授予对象和名誉博士授予标准的关注,也体现出不同国家和地区对名誉博士制度的基本模式的选择。有学者认为,从本质意义上讲学术是学位的本质体现,即便是世界上现在通用的荣誉性学位也是如此。从某种意义上说,与其他类型的学位相比,荣誉性学位的要求和标准更高。[①] 但需要指出的是,荣誉学位(或名誉学位)与学术的关系是复杂的。名誉学位是以"声誉、声望"为标准的学位,与学术的关系并不必然发生联系,却通过学位这一名称,与学术之间多少存在相应的关连。名誉博士学位与学术之间的复杂关系,往往成为社会争论的一个主要问题,并推动大学对名誉博士授予标准的细化与变化。就此而言,名誉博士的授予标准是一个动态的发展过程,会随着社会的发展变化而有所改变。而社会对名誉博士学位的争论将继续存在,并成为社会与大学交流与沟通的一种方式。无论是国家管理模式或者大学自主权模式,折射出的正是社会在不断变化过程中,对名誉博士制度的一种基本选择与反思。就此而言,探讨名誉博士制度与我国的国家利益、社会发展以及大学建设密切的联系,追寻我国名誉博士制度本身所特有的文化内涵与特殊使命才是其应有的价值选择与目标所在。

---

① 康翠萍.对学位类型界定的一种重新解读[J].学位与研究生教育,2005(5):50-52.

研究生招生考试改革的价值选择研究*

研究生招生考试改革伴随着报考人数的急剧上升逐渐成为社会关注的议题。笔者认为,在研究生招生考试中隐含着一系列基本矛盾与问题,研究生招生考试改革的价值选择必须在这些问题中寻找基本的平衡。

一、在统一与多样之间,应在维护公平的基础上
寻找统一与多样的有机结合

统一还是多样,是研究生招生考试必然面临的一个基本选择,其判断源于对研究生招生考试基本特点以及对研究生培养目标的把握。目前,我国硕士研究生的招生考试由两部分组成:一是初试,二是复试。初试是由国家组织的统一考试,复试是由各高等学校招生单位单独组织的以面试为主的考试、考察。2007 年,教育部考试中心根据全国硕士研究生入学考试新大纲要求,教育学、心理学和历史学三个一级学科下所有专业的专业课考试将参加全国统考,统一命题、统一考试、统一阅卷。而相关负责人则表示,"历史学、教育学和心理学三门学科专业课参加全国统考只是一个开始,随着研究生入学考试改革的不断深化,各高校研究生招生实行全国统考将是未来趋势"。[①] 研究生招生考试的统一化趋势引起了许多研究者的隐忧。有研究者将此称为研究生招生考试的高考化,并认为考研已经成了人生当中的"第二次高考",在内地一些非名校中尤为严重。这些本科院校往往成为考研培训基地,长此以往,必然对本科教学产生重大影响。[②] 统一考试往往注重权威性,便于用统一的标准要求所有的考生,可比性较强,操作简单方便,而且比较公

---

* 原文发表于《江苏高教》2008 年第 1 期。

① 上海大学教授:现行研究生招生体制像包办婚姻[N].青年时讯,2006-10-25.
② 入学考试淡化专业倾向复试考生不懂专业常识[N].北京晨报,2005-06-27.

平。这也是公共科目往往成为决定考生能否录取的关键性因素的原因。但统一往往隐含着简单化与唯一化，使人才的选拔与鉴别倾向于单一化，无法选拔多样化的人才。这也是推动研究生招生考试不断改革的重要理由，因为要选拔出具有创新潜力与学术潜力的研究生并不是单纯靠考就能考出来的。

当前，研究生招生考试中体现多样化的手段主要包括保送与复试两部分。推荐免试是经教育部确定的部分高等学校按规定推荐本校优秀应届本科毕业生，确认其免初试资格，由招生单位进行复试的选拔方式。推荐免试生制度从 1985 年开始实行，至 2007 年具有推免生资格的高校已达 230 所，推免比例也不断提高。2007 年规定，设立研究生院的高校一般可按应届本科毕业生数的 15％左右推免；"211 工程"建设高校可按应届毕业生数的 5％左右确定。推荐免试制度有利于打破唯考试分数的应试倾向，有利于选拔特殊优秀人才。但对于保送制度向来有很多批评。随着推荐免试的名额逐渐取得优势地位，推荐免试的学生范围逐渐向重点大学倾斜，事实上一般大学的学生试图进入重点大学就读的机会被大幅度挤压，这显然是不公平的。此外，推荐免试生由于缺乏严格的监督机制，很容易成为"暗箱操作"的试验场。复试是招生单位考核和选拔高素质人才的最后环节。2006 年，教育部颁发了《关于加强硕士研究生招生复试工作的指导意见》，强化了复试的地位和作用，并首次明确了复试成绩占总成绩的 30％～50％，明确了实施复试工作的权力、责任主体和管理职责。复试有利于更加全面而真实地考察考生的表达能力、学术基础能力与学术潜力。但面试在短短几个小时内能在多大程度上真实地反映出学生的学术潜力是值得怀疑的。由于缺乏相应的程序规则与指标，面试制度的改革事实上面临着尴尬的境地：首先，国家统一划定的分数线使大部分招生单位对考生没有太多选择的余地，较少的淘汰率或不淘汰使复试成为形式。其次，即使有的学校初试上线的考生较多，但如何处理好复试与初试成绩的关系仍然是一个难题，因为复试的理由而放弃初试成绩好的考生将面临考生、社会的压力，并伴随着对公平性的质疑。北京大学博士生招生中，江苏考生甘德怀以笔试第 1 名的成绩参加复试却没有被录取，引发了对复试的不满。许多考生认为，研究生招生面试应该被废除。[①] 最后,如何对复试内容、范围进行有效组织与分配,以实现选拔优秀人才的初衷仍然是一个需要不断探索的问题。

由此可见,统一与多样的矛盾是与公平与效率的矛盾密切相关的主题。多样的考试有利于鼓励创造性、求异思维,有利于选拔多样化人才,但多样化往往会与公正客观等产生矛盾。当前,我国研究生招生考试改革还处于转型期,在许多制度还需要进一步改革与完善的前提下,虽然不少学者提出要衡量大学本科期间的学业考试成绩、写作能力、科研能力、实验能力,但由于缺乏可操作性、标准难以确定,往往很难实施。研究生招生考试毕竟不是高考,为选拔出真正优秀的具有潜力的研究生,维持招生考试的多样性是必然的选择。研究生招生考试应该在维护公平的前提下,逐步建立起统一性与多样性相结合,政府宏观指导调控、社会有效监督与自我约束相结合的考试制度,并逐步完善考试技术与考试理论。

二、在学生权利与导师权力之间,以寻找两者之间的平衡为基点

研究生的选拔与培养,权力与责任的主体是以高等学校为主体的培养单位。不同高校按照自身学科专业特色和人才培养需要,选拔具有学术潜力的研究生,是体现高校招生自主权、落实大学自治的重要进程,是招考制度改革的方向。[②] 曾任美国康纳尔大学研究生院院长的艾莉森·卡萨雷特在《研究生院的招生》一文中强调:研究生教育最根本的责任还在教师身上,研究生院只是负责协调、咨询并执行教师制定的政策。大多数研究生院都负责申请入学的工作,但录取的决定实际上是由各学科领域的教师决定。我要再强调一次,主要负责研究生入学、训练、学位的完成的是大学各个学院中研究生的教师。当考虑研究生录取过程时,记住这一点是十分重要的。[③] 强调导师的权力是国外研究生招考制度的基本选择之一,逐

---

① 杨支柱.研究生招生应当废除面试[J].社会科学论坛,2004(9):61-62.

② 巨玉霞.我国学术型硕士研究生招生考试制度改革研究[D].厦门:厦门大学,2007.

③ 北京师范大学外国教育研究所.美国和日本的研究生入学考试[M].北京:北京师范大学出版社,1987:22.

步扩大导师的权力应成为我国研究生招生改革的方向。

但对于扩大研究生招生考试的自主权问题,往往是仁者见仁,智者见智。支持者认为,导师才是选拔、鉴别与培养研究生的主体,因此导师才真正具有决定是否招收某个考生的发言权,但当前导师的权力被过分限制。反对者则强调在中国这样一个重视人情与关系的国家中,如果没有硬性约束,往往会受到权力与金钱因素的侵蚀,产生权钱交易、暗箱操作等腐败行为。如《关于加强硕士研究生招生复试工作的指导意见》明确规定,对有特殊学术专长或具有突出培养潜质以及在科研和相关实践中表现突出可适当加分,考试成绩不再是唯一的依据。这项改革引起社会各界广泛关注。许多人认为,此项改革有助于刷掉高分低能的人,但由于判断培养潜质、确定科研突出的标准是模糊的,也有可能给一些有关系、有门路的官家子弟、富家子弟打开方便之门,影响录取的公平与公正。

笔者认为,由于研究生招考录取直接关涉到学生的受教育权,因此如何在学生权利与导师权力之间寻找基本的平衡,从而保障招生考试追求的高效、公平与秩序是不可忽略的问题。权利相对权力而言,权利处于相对弱势地位。招生权总是同具体行使者的个人利益和其所属集团的利益相联系。这就使被授予招生权的团体或个人,总是面临着滥用权力、谋取私利的诱惑,博登海默称之为"附着在权力上的咒语——它是不可抵抗的"。[①] 招生权的内在特质要求对招生权的规制必然是刚性而具体的。作为公共权力的招生权,其拥有者虽然是代表公意的公权的行使者,但他首先是一个活生生的自然人。人都有求生的欲望和趋利避害的本能,从这一角度而言,任何人都面临着滥用权力的危险。因此,对导师权力的限制本身就是对学生受教育权的一种保护。但是,对受教育权的保护并不意味着否认权力,也不是单纯地限制权力。我们既应关注权力不应做什么,从而避免权力的恶;更应关注权力应该做什么,从而致力于发挥权力的善:一方面通过法律、制度等限制权力,保证权力在一定的法律范围行使,限制单纯的管理主义倾向带来的权力绝对化、腐败等问题,另一方面,也必须保障权力行使的作用,利用权力更好地选拔出优秀的人才。

---

① 博登海默.法理学:法律哲学与法律方法[M].邓正来,译.北京:中国政法大学出版社,2004:376.

研究生招生考试中出现的腐败与丑闻,并不足以否定导师权力的价值。导师作为某一研究领域的专家,对该领域的学术判断有其权威性。法律和制度必须为这一选择行为留下一定的自由空间,而这个空间正是保证导师选择具有学术潜力人才的关键。

总之,扩大自主权是研究生招生考试制度改革的一个基本方向。但权力必须受到限制,单纯强调扩大招生自主权,而忽略了对公平、公正原则的坚持很可能反而压缩了自主权的空间。高校、院系、导师在多大范围内、多大程度上获得与分配招生自主权,以及如何行使招生自主权仍是一个需要不断探索与试验的问题。而这两个问题又是相互关联的,即招生自主权行使得好,得到社会的认同,则有可能在更大的范围内获得更多的自主权;相反,如果自主权行使得不好,得不到社会的认同,则自主权的范围也可能相应地萎缩。因此,为进一步扩大招生自主权,仅仅强调个人的道德自律是远远不够的。我们在赋予学校、院系与导师自主权的同时,也应加强相关制度与法规建设,加强信息公开与社会监督制度,赋予学生申诉与诉讼的权利。此外,我们也应该跳出就研究生招生考试谈研究生招生考试改革的基本思维,而应该将研究生培养与毕业相联系,导师在扩大权力的同时,也必须明确其培养的义务,从而加强导师在招生考试入口的自律意识。

三、在公平与效率之间,应坚持在招考公平的基础上追求有效人才选拔

研究生招生考试的两难问题,其核心是考试公平与有效人才选拔,本质上是公平与效率的基本矛盾,并体现出不同利益主体的利益差别。就高等学校而言,他们更关注效率,关注如何选拔出优秀的人才,因此学校更希望不拘一格,多样化选拔人才,而认为分数只是其中一个指标而已。就考生而言,他们更关注公平,关注如何实现程序与运行环境的公平,从而最大限度地实现自身受教育权,因此考生往往信奉"分数原则",因为只有分数才是明明白白的公平。如何在公平与选才之间寻找平衡点构成了研究生招生考试实践的基本动力,也成为社会关注的焦点问题。有研究者指出,"现行学位制度中的许多问题已经到了非改不可的时候,现代教育

中讲求公平防止腐败的措施就像泼脏水泼掉孩子一样,也把经过数千年沉淀的中国传统教育中优秀的东西一起放弃,这是我们需要深思的"。① 需要指出的是,公平与选才的关系并不遵循单一而极端的逻辑,事实上在选才过程中如果缺乏一定的公平性,选才的目的最终也会落空;同样,过分追求公平,往往使选才制度逐渐僵化,从而失去了选才的基本功能。因此,选才必须以公平为基础,而维护公平竞争、杜绝考试作弊、准确区分优劣,归根到底都是为了提高选拔人才的效率,或者说通过维护公平而达到提高效率的目的。对于某些特殊学科如艺术而言,简单的笔试也许并不是一个很好的选择,但对于更多的学科而言,考试仍存在其合理的价值。虽然通过考试选拔出来的合格学生未必个个优秀,但没有达到考试合格的学生也未必就是奇才或偏才。考试至少在一定程度上保证了基本的公平性,也为选拔优秀人才提供了基础。因此,北大校长许智宏教授表示,目前中国不可能取消考研制度。闵维方教授也认为,改革并非完全取消考试,"适当考核还是需要的,但不是简单地看分数"。②

公平与效率往往是两个难以同时兼顾的方面。人们经常会遇到公平优先还是效率优先的两难选择。刘海峰教授指出,"与在许多领域'效率优先,兼顾公平'有所不同,在考试选才方面,通常的情况是,选拔性考试最初虽也是效率优先,兼顾公平,可是在长期实行之后,往往会演变为公平优先,兼顾效率"。③ 这一方面反映出公平与效率之间的矛盾是无处不在的。由于招生考试涉及的考生利益群体非常复杂且广泛,这一群落往往在公平与效率产生矛盾时,代表公平的力量推动改革的方向;另一方面,这也启示我们,需要在不同的时期不断反思研究生招生考试制度的发展与改进。研究生招生考试的目标无疑是指向优秀人才、创新性人才的选拔。换句话说,就研究生招生考试而言,有效人才选拔的目标是第一位的,在推动多样化改革以及扩大招生自主权的过程中,应始终坚持鉴别与选拔人才为旨归,同时也应在加强自身监督的同时,把监督权向考生与社会倾斜。

---

① 杭间.有关"陈丹青"的误会[J].读书,2005(12):121.

② 北大副校长称研究生招生改革并非完全取消考试[EB/OL].(2005-11-16)[2007-10-30].http://www.sina.com.cn.

③ 刘海峰.高考改革中的公平与效率问题[J].教育研究,2002(12):80-84.

SSCI 与中国高校人文社会科学评价之反思[*]

SCI、SSCI 等索引工具与高校科研工作者的关系越来越紧密。在 SCI、EI、SSCI、ISTP 等收录与检索的相关杂志上发表科研论文,俨然成为跻身高级优秀人才队伍的通行证,同时也成为各大学提升学术实力的重要砝码。事实上,学术界对于作为索引工具的 SCI、SSCI 成为评价指标的做法,一直持慎重的态度,支持与反对的声浪都很大。特别是学术泡沫、学术腐败等问题的出现,更加剧了学界对这种做法的批判与反思。

一、SSCI 作为人文社会科学研究成果评价标准的原因分析

《科学引文索引》(*Science Citation Index*,简称 SCI)、《社会科学引文索引》(*Social Science Citation Index*,简称 SSCI),是 20 世纪 60 年代美国科学情报研究所建立的综合性科技引文检索刊物与综合性社科文献数据库。其中,SSCI 涉及经济、法律、管理、心理学、区域研究、社会学、信息科学等研究领域。2005 年收录期刊约 1800 种,语种包括英语、德语、法语、西班牙语、葡萄牙语等,其中英语类期刊占 95% 以上,其次是德语和法语。我国在 20 世纪 80 年代开始引进 SCI。1987年,中国科技信息研究所选择 SCI 作为对我国科研机构和科学家的学术水平以及科研绩效进行客观评价的标准,受到社会各界的普遍重视,并刺激了中国科技论文数量的增长。随后,各高校也开始利用 SCI 进行科研绩效评价。随着 SCI 在中国自然科学界的影响逐渐增大,人文社会科学也试图改变过去那种不管科研工作者业绩,一律按职称职务和工龄领取同样报酬的分配模式。于是 SCI 的姊妹篇 SSCI 迅速在中国传播开来,并在人文社会科学领域取得了同 SCI 在自然科学领域一样

---

* 原文发表于《高等教育研究》2008 年第 3 期(合作作者:张瑞菁)。

的地位。SCI、SSCI 等系统自进入中国以来,迅速在学术界产生了巨大的影响,究其原因,这一现象的背后不仅凸显了中国学术发展在全球化背景下强烈的进取心,也深刻地反映出中国学术研究的现状与问题。

1.追求文化的复兴与崛起成为学术界乃至大学的应然目标

有学者指出,中国是一个人文社科大国,不仅应当在全球经济的发展方面对人类做出较大的贡献,同样也应当在国际学术界发挥重要的影响。但当前,我们的学者,能够在国际论坛上发出自己的声音者寥寥无几。在国际人文社会科学领域内,我们的声音几乎难以听到,或者即使有时能听到,其声音也是非常微弱的。[①] 为改变这种状况,有学者呼吁,SCI、SSCI 这种操作简单、具有相当影响力的、在东亚已经被大面积使用的标准应该成为我国学术评价的重要指标,"如果我们自觉地利用 SSCI 和 A&HCI 的标准,就有可能促进中国的人文社科研究更快地进入国际性的对话空间,最终实现对人类精神文化的建设作出更大贡献之目的"。[②] 在这样的目标期许与呼吁下,中国的自然、人文社会科学研究不仅从制度层面,而且从操作细节层面上全面引进 SCI、SSCI 作为学术评价的标准,并推动了中国自身的 CSSCI 系统的产生与发展。

2.20 世纪 90 年代以来,尤其是中国加入 WTO 以后,各行各业都确立了一种国际普遍认可的标准

受到市场化、国际化、标准化,以及追求卓越竞争机制的刺激,公共事业机构也采用一些企业管理理念和策略,以标榜竞争和追求绩效、效率与卓越的"新管理主义"成为高等教育管理的流行理论。在此背景下,一是国家更加强调国际竞争力,要求加强学术生产对经济竞争力的贡献,追求效益;二是管理者普遍认为评估将带来进步,要用奖惩结构作诱因,设立评价标准,依据评估结果来分配资源、决定升迁;三是学术研究也沿用所谓"全球化"的标准作为学术评价的准则。在国际化与市场化浪潮的推动下,中国大陆及港台地区乃至东亚地区的很多大学都致力于和

---

① 王宁.跻身国际人文社科权威学术期刊:对策与写作技巧[EB/OL].(2001-03-06)[2007-08-10].http://www.tecn.cn/data.

② 王宁.跻身国际人文社科权威学术期刊:对策与写作技巧[EB/OL].(2001-03-06)[2007-08-10].http://www.tecn.cn/data.

国际接轨、挤入国际前100名的目标,并开始使用SCI、SSCI系统衡量学术成绩。在此背景下,国外特别是美国资料库的收录记录也成为推动我国学术发展的现成标准,将SCI、SSCI与量化标准相结合,以"客观化""可操作性"为基本指针成为我国人文社会科学学术评价管理的基本手段。

3.过去学术评价中存在的问题,导致了对学术评价客观化和量化的追求

20世纪90年代由于种种原因,科研项目、科研成果的鉴定与评奖中的专家评议往往流于形式,使得原本公正、神圣的同行评议失去了往日的地位和作用。此时适逢《科学引文索引》及文献计量学的流行,于是人们发现利用《科学引文索引》及其文献计量指标,对科技工作者进行科研绩效的量化评价与管理,具有一定的客观性和可操作性,并在实践中显露出某些超越于当时同行评议的独特优点。[①] 国内最早将SCI引入科研评价体系的南京大学前校长、中国科学院院士曲钦岳指出,20世纪80年代末,南京大学出于科研创新考虑,将SCI引入评价体系。当时主要基于两个原因:一是当时处于转型期,国内学术界存在各种不正之风,缺少一个客观的评价标准;二是某些专业国内专家很少,国际上通行的同行评议不现实。"引入SCI的目的,主要是通过可以量化的指标对科研人员施加一些压力,使南大的科研可以更好地参与国际竞争。"[②] 与此同时,南京大学也出台了相关规定,对能完成任务的科研人员给予一定的奖励,后来对研究生也作了一定要求。1992年至1998年,南京大学的SCI论文收录数在全国居第一位。在此期间,由于可量化、易操作,南京大学的做法也在全国推广,SCI逐渐成为衡量科研工作者学术水平的一把重要尺子,随后SSCI、CSSCI也逐渐成为人文社会科学研究的学术评价标准。从某种程度上说,SCI、SSCI、CSSCI等学术评价指标逐渐体系化与标准化,成为评价高校学术科研实力的重要工具,是对过去学术评价的"暗箱操作"、缺乏客观评价标准、缺乏有效竞争与激励的改进,但这一指标简单的与量化标准相结合,并逐渐绝对化与一元化,也给中国高校的学术发展带来了潜在的风险。

---

① 尤金·加菲尔德.引文索引法的理论及应用[M].北京:北京图书馆出版社,2004:247.

② 柴会群.科学界的幽灵:郑岳青现象昭示科研评价弊端[EB/OL].(2005-06-09)[2007-08-10].http://tech.sina.com.cn/2005-06-09.

二、SSCI 作为人文社会科学研究成果标准
可能带来的问题与存在的风险

就某种程度而言,SCI、SSCI 以及 CSSCI 系统与中国高校学术管理相结合,有其合理性与必然性,但这种最初以学术索引为目标的系统越来越成为学术管理的唯一指标,并简单地与学术量化相挂钩时,就引发了学者们对这一问题的关注与激烈批评。

1.对本土研究的影响

世新传播学院院长成露茜指出,SSCI 反映美国思想的主流价值,具有浓烈的议题设定功能,许多新兴学术议题会被排拒在外,根本进不了 SSCI。[①] 以中国本土为议题的学术研究,往往无法成为研究的热点,为了在英语刊物上发表,为了吸引国外学术期刊的注意,则必然出现三种研究现象:一是美国人研究什么,我们也去研究什么;二是虽然研究本土的问题,可是研究的是美国人关注的问题;三是直接援引西方理论来解读本土研究问题。结果,许多研究或者成为美国人研究的资料库或成为西方理论在中国研究的证明,而本土真正需要研究与解决的问题却往往被忽略了。也许有人会质疑说,随着中国国力的强大,事实上,美国以及其他国家已经对中国的许多问题产生了浓厚的兴趣。其重要表现为主动地翻译中国人写的文章,并将之介绍到国外。但无法忽略的事实是,这一部分研究也需符合国外的研究兴趣才能受到关注。笔者对被 SSCI 收录的 *Higher Education* 杂志从 1980 年开始至今有关于中国或者中国人在此刊物上发表的文章分析发现,26 年内该刊物发表的 18 篇文章,其中大部分由台湾地区与香港地区的研究者发表,其议题主要集中在中西比较、留学、学术自由等有限的内容,而当前中国亟须解决的问题如高职教育、农村教育等问题并不能真正成为国外杂志关注的问题。另有研究者把近年香港几所主要大学在人文及社会学科方面的学术成果作了简单分析,发现:73%的学术文章及科研成果皆以英文发表,读者或受益者多为外国人;其中 57%的文

---

① 林照真.SSCI:台湾学界捧过头啦[N].中国时报,2003-11-02.

章以中国香港、台湾及大陆为研究对象,为外国读者提供了大量有关中国的信息;关于日本的研究甚少,仅占2.3%;关于亚洲其他地区的研究也很少,仅占5.7%;对西方国家的文化及社会方面的研究很少,占3%。这也证明,国外的期刊在选题与研究范围上有其特殊的兴趣与嗜好。SSCI作为学术评价的最高标准有其局限性,特别是对于本土研究议题是一种偏见与打击,"而这种'亦步亦趋式'的学术研究,其结果则是不自觉地迷失于损己利人的学术歧途,逐渐变成英美大学的中国研究中心的藩属"。①

2.对本土研究者的影响

SCI、SSCI的源期刊主要以英语为主,一定程度上,英美语系国家的科研期刊更易进入SCI、SSCI的视野。我们主动采用美国化的标准,推崇英语写作的基本方式,对于坚持以汉语研究本土学术问题的学者来说,是一个打击。简单化的SSCI学术评价标准指导学术研究变成了英语学习。这意味着如果想晋升为所谓一流的学者,必须学会英语写作,放弃自己熟悉的母语与母语思维。学术衡量最后成为英语语言的运用与写作,这对于大部分学者而言,特别是一些资深的中年学者而言不仅是一个难题,也是一种不公平。而重视以外文撰写在国外发表的文章,轻视以中文撰写在本土发表的文章,结果自然是较好的研究成果,纷纷向外输出,这无异宣判了本地学术出版界的无期徒刑。同时,为了争取国际学术界(亦即西方学术界)的注意与接受,多数学者便以满足西方对中国地区的文化、社会、政治和经济的兴趣作为研究的出发点,他们的事业无形中成为一种向西方学界提供本地区研究资讯的工作,其门下弟子"也将以从事符合西方学界兴趣的研究为能事,误以为这就等于人文社科的全部学问。本来指望就此攀登国际水平,结果竟在学海中迷失了方向"。② 正因为如此,杜祖贻教授才有这样的质疑:"学术的政策与方向、审核与取舍,如果全为西方学界所操纵和评定,则等于无条件承认其宗主地位,本地学者的角色将永远是奉承者及受审者,完全处于被动地位。自己既然甘愿放弃学

---

① 胡显章,杜祖贻,等.国家创新系统与学术评价——学术的国际化与自主性[M].济南:山东教育出版社,2000:8.

② 杜祖贻.借鉴超越:香港学术发展的正途[J].比较教育研究,2000(5):1-4.

术评价的责任,便将永远无法获取学术批判的能力与自信。这样,将何来足够的智慧与勇气去从事真正具有创造性的科研工作。"①

3.对教学的损害

教学、研究、服务作为大学的基本职能,同样也是大学教师的责任。一位大学教师如何在研究与教学的双重角色之间找到平衡点,是一个关键问题。虽然,教学与研究孰轻孰重,从理论而言,并不是一个值得讨论的命题,其相互促进、相互依存的关系几乎已经成为大学管理的基本共识。但在实践中,期待每一位教师都能在教学与研究上均有优秀的成绩未必现实。因此,在研究型的重点大学内,强调研究的重要性显然已经超越了教学的基本价值,这一基本价值与政策的确立正是以SCI、SSCI 以及 CSSCI 作为学术评价标准、奖励制度以及职称评定的基础而实现的。相对应地,对教学的关注无论从奖励的范围、奖励的力度以及对于职称评定的意义都小得多。政策对科研的偏好显然对处于矛盾中的教师而言,是一个很有暗示意义的线索。于是,对绝大部分的教师兼研究者而言,势必需要牺牲教学的质量来满足研究的需求。更为严重的是,在特定的情况下,教学范围还可能缩小到教师研究的内容上来,而忽略了教学本身应该被关注的广博性、全面性以及现实性,成为教师研究旨趣、带有个人特定偏好与选择的附庸。这时候,教学本身也成了研究,教学本身的意义已经片面化了。"今天的学术工作常常局限在孤立的一个方面,用研究和出版物作为衡量成功与否的唯一标尺。在如此氛围下,那些没有定期发表文章或出版专著的人就常常被视为'朽木'",由于"教学在增强他们进步和上升的前景中现在只占很小的分量。结果是,课堂教学的质量常常遭到低估"。② 要唤起教师对教学的重视,就必须调整对科研与教学的学术评价标准。

4.SCI、SSCI,在中国带来的不良后果:重量不重质、学术造假与学术剽窃风的蔓延

实事求是地说,SCI、SSCI 本身并不是单纯的量化指标,其宗旨在提供学术索

① 杜祖贻.借鉴超越:香港学术发展的正途[J].比较教育研究,2000(5):1-4.

② 欧内斯特·波伊尔.学术水平反思——教授工作的重点领域[C]//国家教育发展研究中心.发达国家教育改革的动向和趋势(第五集).北京:人民教育出版社,1994:43-48,81,49.

引的同时,也提供了引文索引,在某一侧面反映论文的质量。但在我国大学引进 SCI、SSCI,由于过分简化,使得学术界某些研究者以追逐量化的论文数量为重,反而忽视了学术的多元和质量。在现行考核机制下,能够在国际刊物上发表业已成为人才的基本要求,从而将研究者分成三六九等。考核的压力使一些师生把精力用在发表文章而不是研究问题上,这与良好学风的营造显然大异其趣。更有论者质疑过度量化诱发急功近利,"杀鸡取卵",扼杀成长中的人才。正如有学者所讲,假如陈景润被量化考核,他很可能无法在解析数论方面获得具有世界先进水平的科研成果。按照目前的评价标准,陈景润很可能当不上教授,甚至连工作都可能会成问题。[①] 这种简单的量化标准在相当程度上刺激了学术造假与学术泡沫化的蔓延,在新语丝中揭露出来的"郑岳青"现象可以说是一个代表。事实上,自从 SCI、SSCI、CSSCI 渗透至科研评价体系以来,国内几乎所有高校都相应出台了奖励政策,明文规定每发表一篇 SCI、SSCI、CSSCI 论文可拿多少奖金,并且成为硕士生、博士生准予毕业、参加答辩的前提条件,"逼得博士生们用尽心机'搞'论文,弄虚作假、找'枪手'、寻帮手的,随处可见"。对此,有人曾算过一次,以目前高校对论文的要求,国内所有核心期刊加起来,还不够研究生发论文用。正因为如此,有研究者将 SCI、SSCI、CSSCI 比作国内科研界的一个幽灵。由于它的误用与简单化,与 SCI、SSCI、CSSCI 创立的最初目标背道而驰。而 SCI、SSCI、CSSCI 本身在选刊、引文数据应用以及影响因子方面的局限,也决定了在科研成果评价中对其的过分依赖必然产生不良后果。

鉴于此,有学者用"勿轻视 SCI,勿滥用 SCI"来阐述对待和使用 SCI 应有的态度。出版 SCI 的美国科技信息所执行副总裁文森特·卡拉赫就指出:"当利用 SCI 来评价科学研究时,一定要小心。从科学评价的角度讲,全球很多国家和地区都在将 SCI 作为一个官方或非官方的评价工具,但它只是学术评价过程中的一个侧面。"[②]2004 年,该公司的日本代表宫入畅子也明确指出将 SSCI 等资料库作为学术

---

① 刘江.换陈景润也无法获得成果 高校量化考核受到批评[EB/OL].(2004-03-01)[2007-08-10].http://www.nst.pku.edu.cn.

② 赵彦,王丹红.SCI 的"自我评价"——《科学时报》专访 ISI 执行副总裁文森特·卡拉赫[EB/OL].(2002-06-07)[2007-08-10].http://www.cas.cn/html/dir/2002-06-07.

评价标准必须留意,"过分强调或简化评价方法都可能导致严重的错误……我们始终建议,评价工作时要获得多项衡量标准,因为如果您使用简单化的统计方法,或只采用一个指标,则很容易误为研究工作的品质"。①

三、高校人文社会科学学术评价体系之反思

中国的学术发展需不需要建立一定的评价体系?这个问题似乎已经不是一个问题。即使在当前学术评价中的量化问题人人喊打的局面下,也鲜有人说不需要学术评价,而着重于对量化与简单化的学术评价标准进行批判。有研究者认为,"虽然 SSCI 并不是绝对完美的学术评价标准,但是世界上又哪里存在完美的评价指标呢?事实上,只要定出任何指标,我们都可以找到反例来批判说明这些评价标准不恰当的地方。所以去追究 SSCI 是不是一个完美的指标,不应该成为一个重要的问题。对 SSCI,你用它作一个标准,好过没有标准。用 SSCI 的确没有办法看到一些品质的地方,但是在你得到一定方便时,也要付出一定的代价。国内有一些人试图通过强调人文社会科学的特殊性来否定 SSCI、A&HCI 的评价作用,这种论点是站不住脚的"。② 这样的论点得到了许多 SCI、SSCI 支持者的赞同。而反对者则对 SCI、SSCI 系统所隐含的英美学术独尊体系、学术管理的片面化与简单化问题进行了激烈的批评,并将此与当前的学术造假、学术泡沫化相结合,直接质疑 SCI、SSCI、CSSCI 系统作为学术管理的合理性。笔者认为,当前我国学术研究评价存在两个基本矛盾:一是学术研究需要一定的评价机制,但如何建立起一个具有较强认同感与公信力的评价标准仍然是一个突出的问题;二是学术评价如何在坚持学术自主性与中国的学术走向世界的矛盾与冲突中取得平衡,从而建立一个符合中国自身学术发展的学术评价体系和学术评价标准。这需要我们反思以下三个问题。

---

① 党生翠.美国标准能成为中国人文社科成果的最高评价标准吗? [J].社会科学论坛,2005(4):62-72.

② 蔡曙山.论人文社会科学的科学化、规范化管理——兼析《中华读书报》的不实报道及其错误观点[J].学术界,2001(6):98-109.

反思一：如何对待西方的现代知识体系

在西方国家本没有引起太多关注的 SSCI，当前却在亚洲造成狂热，引发学界焦虑。[①] 在 ISI 亚洲公司工作已近六年的方秀婷说，亚洲各国各地区中，台湾地区重视 SSCI 的现象，同样出现在中国大陆，而韩国、新加坡、中国香港的情况也类似。成露茜则进一步认为，这完全反映了亚洲缺乏学术信心，需要以美国标准来肯定自己的心态，欧洲就不像亚洲这样迷信 SSCI。[②] 如何看待美国的 SCI、SSCI 系统，从某种程度上说，是如何理性而客观地对待西方现代知识体系的问题。发源于英国、法国、德国、意大利和美国的 19 世纪社会科学学科知识范式，是与欧美势力在世界扩张的同时发展起来的。[③] 因此，与其说 SCI、SSCI 是显示国家科技竞争力的重要指标，不如说它是一种希望通过向外求得中心学术体系认定，从而获得国内学术资源与声誉的生存方式。而这种认证，正如阿尔特巴赫所指出，"没人强迫外国学术机构接受美国的认证。相反，他们自觉自愿，不存在任何认证警察"。[④] 而这种自愿的心理状态又经常为西方，特别是美国的学术客观地优于我们的认知的事实所掩盖。如此以借助向中心学术体系靠拢的 SCI、SSCI 化的方式来达成提升学术水准与提升国际学术竞争力，被很多人认为是国际化的必要过程，但这种国际化，事实上一开始就与美国化相联系，却与多元化相抵触，并潜移默化地按照美国人所制定的、所喜好的、所习惯的思考方式与表达方式，解构我们的研究方向与研究内容。[⑤] 在宣称全球化的时代，原本只是具备特定优势地位的西方学术传统，在借助经济、政治、军事的强势下，已经被供奉为具有普遍的、绝对的、高于其他民族文明的真理，并被我们所膜拜与神化。而这种膜拜与神化的行为却又是一种自觉的行为，一种无需反思与批判的行动。对此，有研究者指出，"国际水平"与"国际承认"是两个不同的概念，代表着两种不同的学术旨趣和方向。在分工的原则下，许

---

① 林照真.SSCI:台湾学界捧过头啦[N].中国时报,2003-11-02.

② 林照真.SSCI:台湾学界捧过头啦[N].中国时报,2003-11-02.

③ 华勒斯坦.学科·知识·权力[M].刘健芝,译.北京:生活·读书·新知三联书店,1999;3.

④ 阿尔特巴赫.学术殖民主义在行动:美国认证他国大学[J].复旦教育论坛,2003(6):1-2.

⑤ 冯建三."全球化与学术生产"的再思考[EB/OL].(2005-08-21)[2007-08-10].https://www.douban.com/group/topic/5161926/.

多国内学者放弃了学术自立、放弃了本土化精神、放弃了拿来主义,拾捡起了西方学者希望了解却不屑亲为的残羹冷炙,研究那些对外国人有用,对中国人却毫无益处的东西,以期获得学位或者谋求论文在西方刊物上发表,赚取经济的实利或者获得西方学者的承认。这种承认是西方价值中心的承认,要人家承认就等于自己放弃了做评判的权利,意味着只能对人家有利,却并不一定就能够代表真的国际水平。失去客观评价标准的国际承认,是失掉自身独立学术方向的悲哀,这种国际承认越多,对他人越有利,对自己越有害。① 无疑这种简单地追求国际承认的心态正是我们在全球化背景下所应该反对的。当然,我们强调学术的自主性与本土价值,并不是简单地批判 SCI、SSCI 系统,更不是反对国际学术交流。学术的发展固然不是依附于美国的学术认证,但自主也不是脱离世界学术发展的独立。在本土与世界的互动中,在开放与自我反思、自我创新与发展的过程中,才能真正增强学术竞争力。因此我们反对的是隐藏在这种 SCI、SSCI 背后的对待西方文化与现代知识体系的情结以及在学术评价中所隐含的价值预设,即理所当然地认为被 SCI、SSCI 检索的学术研究才是有价值的、有意义的、超越本土研究的学术研究。事实上,SCI、SSCI 在学术研究中的意义有其独特的价值与作用,我们也需要客观地看待 SCI、SSCI 及其被检索的学术文章的意义。

反思二：人文社会科学与自然科学的区别

人文社会科学能否按照量化的标准管理,一直是学术评价中的一个关键性问题。支持者认为,“科学的管理和科学的评价指标体系对整个科学系统都是必要的,对人文社会科学当然也是如此……学术期刊检索系统可以用作这些指标的评价系统——这种做法目前已经被世界很多国家包括中国的学术评价机构和学术研究机构普遍认同。国内有一些人试图通过强调人文社会科学的特殊性来否定SSCI、A&HCI 的评价作用,这种论点是站不住脚的”。② 而反对者则指出:“‘量

---

① 胡显章,杜祖贻,等.国家创新系统与学术评价——学术的国际化与自主性[M].济南:山东教育出版社,2000:8.

② 蔡曙山.论人文社会科学的科学化、规范化管理——兼析《中华读书报》的不实报道及其错误观点[J].学术界,2001(6):98-109.

化'管理完全违背了人文学科研究的规律,甚至与人文学科的实质是对立的。它表面精确,事实上最不科学,忽视了人文学科学术积累和学术传统的重要性,没有尊重学术的自然生长。它鼓励数量而不是鼓励学术质量,鼓励数量其实就是鼓励急功近利。"[1]长期以来,人文社会科学为争取其"科学"身份而不懈努力,但是,在这种争取过程中,常常有意无意地套用自然科学的标准来衡量人文社会科学研究过程及其研究成果,从这个意义上说,人文社会科学研究往往是"不科学"的。人文社会科学不同于自然科学,自然科学是"普遍性科学",自然科学的规律对世界各国、各地、各阶级都一样适用,是真正放之四海而皆准的,不同的人们在自然科学问题上容易取得一致意见并交流。人文社会科学的原理和观点在不同国家、不同民族、不同地区有明显的差异,不同的人们在人文社会科学问题上常有意见分歧,较难交流和取得一致看法,人文社会科学是"特殊性科学"或"民族性科学"。我们如果要在人文社会科学方面对人类做出贡献,必然要奠基在我们对于自己经验的研究成果上,这是我们的特色,也是我们参与全球化的方式。因此,自然科学、应用科学等,有其跨越国界的共同研究主题,或许可以建立客观、普遍而规格化的对话机制,至于人文社会科学,即使在方法应用上有一般性的形式规范,但由于所涉及的研究主题、内容都有本土自身特殊的经验,其意义诠释也必然具有主观性,对话的机制不但无法绝对客观、普遍地规格化,甚至只能在客观性的原则上,相对主观地进行平等的对话。

对人文社会科学研究成果过于侧重量化管理,要求研究者必须按时按量完成科研任务,无疑是将研究者机器化了。但人不是机器,科研工作也不是流水线。简单的量化管理模式大大压制了研究者的创造性和想象力。重数量轻质量,重刊物级别轻论文档次,重表面文章轻深度思考,重立竿见影轻长远功效,这一切最终导致在形成学术"高产"的同时致使学术论文缺乏睿智、创新、反思、批判等重要内涵。[2] 就本质而言,现行的量化标准——用课题级别及数量、刊物级别及论文的篇

---

① 赵晋华.大学人文学科"量化"管理引发争议[N].中华读书报,2001-07-18.

② 上官子木.学术管理的有效性——量化管理方式并不适用于学术管理[EB/OL].(2002-06-07)[2007-08-10].http://www.pubpot.com/html/xueshu/xueshuguifan/20070219/120.htm.

数和字数等要素构建的指标体系,其实质是"学术行政化"和"学术企业化"两相交媾的结果。"量化"体系,与其说是一个科学化标准,毋宁说是学术行政化、企业化的标准。① 因此,以 SSCI 发表和量化管理相结合的人文社会科学评价机制,是对人文社会科学学科特性的忽视和抹煞。

反思三: 学术的目的与学术评价的目的是什么?

科学巨匠爱因斯坦认为科学庙堂里的人只有舍弃了功利目的,"工作时同信仰宗教的人或谈恋爱的人的精神状态类似,达到一种忘我的境界",才能得到"天使的宠爱"。② 但纯粹强调学术研究的非功利性目的,强调学术研究的高尚与责任,似乎并不符合人的本性,为了获得基金的支持或者评职称等功利性的目的,已经成为学术研究不能回避的话题。在马克思和尼采的思想体系中,决不排斥超功利追求的可能性,并将其作为人类为之奋斗的终极目标。与此同时,马克思和尼采却又在仔细研究了人这种动物之后,从不同的角度分别揭示了"利益"和"权力"对人无所不在的支配控制作用。因此,从某种程度上说,今天的人们重视理论研究之功利性的目的远远胜于理论研究之超功利的目的,这不是坏事,相反,应当从人性本身的角度给予充分的肯定和尊重。③ 但当学术研究与学术评价中简单的刺激或奖励相结合的时候,学术研究的超功利目标却越来越被简单的功利目标和急功近利的思想所代替。北京大学萧琛教授的论述更为犀利:"中国文科学科制度建设的最根本问题,应当锁定在'认证'问题上。"因为"'认证'是激励和监管的基础。'良莠不分'和'价码无序'必然导致竞争混乱和制度形同虚设。要搞坏一个学科,最可怕的恐怕是扭曲它的认证标准"。④

如果我们具体分析,SCI、SSCI、CSSCI 与学术评价量化管理相结合的理念,就可以发现,在被普遍遵循的 SCI、SSCI 学术评价导向隐藏的是方便行政管理的考

---

① 杨移贻,张祥云.行政化、企业化还是科学化? ——评人文社科管理和评价中的"量化"标准[J].上海高教研究,1997(6):57-59.

② 爱因斯坦.爱因斯坦文集(第 1 卷)[M].北京:商务印书馆,1976:100.

③ 徐英.学术研究:功利性抑或超功利性[J].广播电视大学学报,2000(4):107-109.

④ 萧琛.学科制度建设笔谈:中国文科学科制度建设与经济学精神[J].中国社会科学,2002(3):88-89.

虑。科研成果的级别与数量越来越成为入职、职称评定以及各种评价的硬指标,而这种趋势愈演愈烈,强化了科研在教师评价中的力度和地位,妨碍对学术水平的内涵的全面把握,误导高校科研人才的成长。[①] 学术评价不仅仅是评价教师工作的一个指标,也不是简单地刺激竞争,更重要的是在尊重人的多样性的基础上鼓励学术创新。第一,学术评价并不完全等同科研评价。教育的宗旨不仅是培养学生承担建设性的职业,而且是使他们有能力过一种有尊严有目的的生活;不仅要创造新知识,而且要使这种知识能为人类所用;不仅要研究政体,而且要努力培养促进公共利益的公民。[②] 将教师的无限潜力和创造性系于研究著作一途,这不能不说是令人沮丧和遗憾的,也是对学术评价的扭曲与狭隘理解。我们应该对教师队伍多种多样的才能予以关注,而不应当予以限制。丰富与扩大学术评价的含义,使每一位教师的特长得到肯定,学术水平的潜力才能全面实现。因此,要防止教师热情的泯灭或停滞,就必须承认学术水平的全面意义。这意味着不仅要扩展奖励制度,而且要为教授创造灵活的多样化的职业道路。我们急需那种能鼓励教师在一生中进行转移和改变的安排[③]。第二,学术创新是增强学术竞争力的关键。如何鼓励和保护学术创新应该成为学术管理和学术评价的旨归。第三,评价的标准应该多元,不能用一个一元化的标准要求到底,对学术应该进行分类评价,要对不同对象,根据基础研究、应用研究等不同类型科学技术活动的特点,确定不同的评价目标、内容和标准,采用不同的评价方法和指标,避免简单化、"一刀切"。学术评价的各种机制,不能仅由少数学术行政领导人员主导,而是必须接受学术社群的公开讨论。学术的表现需要学术评价机制加以认证,从而促使学术研究不断进步,但不同的学术领域在学术评价上长期形成的共识,也应该得到对等的尊重。换言之,我们不应该用一个单一机制,套在所有的学术评价上,而忽略了不同学科的差异性。第四,

---

① 陈兴德,王萍.高校学术评价标准与管理文化反思——论 CSSCI 与现行科研人事考核机制的结合[J].科学学与科学技术管理,2005(06):105-111.

② 欧内斯特·波伊尔.学术水平反思——教授工作的重点领域[C]//国家教育发展研究中心.发达国家教育改革的动向和趋势(第五集).北京:人民教育出版社,1994:43-48,81,49.

③ 欧内斯特·波伊尔.学术水平反思——教授工作的重点领域[C]//国家教育发展研究中心.发达国家教育改革的动向和趋势(第五集).北京:人民教育出版社,1994:43-48,81,49.

处理好定性评价与定量评价的关系。学术评价指标体系是学术标准的量化,它是通过对各种评价标准设置不同权重而实现的,具有导向性。指标体系的设计应注重成果引用等客观量化评价、社会影响等指标的设置。同时,学术研究的知识或智力劳动的特点,使单纯的定量评价可能会产生学术泡沫或背离学术自由的精神。第五,学术评价的一个重要目标在于鼓励竞争。竞争是需要的,可是什么程度的竞争才是合适的也是需要考虑的问题。今天的竞争应该受到合理的节制、规范,甚至调控,这对于当前由于竞争激烈导致的学术腐败、学术规范以及数字化管理是一个适当的纠正。

冲突与融合：中国少数民族
高等教育发展的思考*

少数民族高等教育在我国是指除汉族以外，对55个少数民族所实施的高等教育，是建立在中等教育基础之上的以少数民族和民族地区的学生为教育对象的各种专业教育。[①] 少数民族高等教育是我国高等教育发展战略的重要组成部分，是关系国家稳定、各族人民安居乐业、实现中华民族复兴的重大问题。正因为如此，中华人民共和国成立半个多世纪以来，党和政府对少数民族高等教育一直给予极大的关怀和支持，在资金投入、招生、毕业分配等方面采取特殊举措和倾斜政策，对少数民族教育，尤其是高等教育进行帮助和扶持。

一、少数民族高等教育现状

新中国成立以来，我国少数民族高等教育取得了很大成绩，民族高等教育从建国初期极度落后的状况，经过大力发展，迄今已初步形成一个民族高等教育体系。民族高等院校数量逐渐增多，学校规模逐渐扩大。据统计，目前，全国共有民族学院（大学）12所，在校生有22000余人，建有博士后流动站、一级学科、博士学位专业点、硕士学位专业点和文科基地，有一支力量雄厚的教学科研队伍。[②] 少数民族自治地区的高等院校，也从1950年的4所发展到1999年的95所；少数民族接受高等教育的人数逐渐增加，据统计，目前，在各级各类学校就读的少数民族学生达1852.49万人，占全国在校生总数的7%左右，少数民族毕业生由1952年的255人

---

* 原文发表于《贵州民族研究》2004年第3期。

① 新中国少数民族高等教育的回顾与展望[J].教育研究,2001(4).

② 新中国少数民族高等教育的回顾与展望[J].教育研究,2001(4).

发展到 1997 年的 49867 人,全国 55 个少数民族都有了本民族的大学生,有的还有了硕士研究生和博士生。[①] 为我国社会主义革命和建设事业培养了一大批少数民族各级行政管理人员和各类专门人才。

但是,由于历史、地理、观念等原因,在新形势下中国少数民族高等教育仍显得相当落后。

我国少数民族在高等教育教育参与上比例仍然低于全国人口中少数民族人口的比例(见表 1)。特别是在 1998 年全国开始实行高等教育收费制度,从 1998 年到 2000 年少数民族大学生占全国大学生总数的比例呈下滑的趋势。

表 1　全国少数民族大学生人数和少数民族人口数及比例(1953—2000)

项目 年份	少数民族大学生数/ 万人	占全国学生总数的 比例/%	少数民族人口数/ 万人	少数民族人口占全国 人口中的比例/%
1953	0.55	2.56	3401	5.89
1964	2.00	3.24	3988	5.77
1982	5.39	4.65	6643	6.62
1990	13.79	6.60	9057	8.01
1997	21.68	6.83	10731	8.98
1998	22.63	6.64		
1999	24.77	6.00		
2000	31.73	5.71	10643	8.41

　* 1953、1964、1982、1990、2000 年为五次全国人口普查年份。

　资料来源:根据《中国人口年鉴 2000》(中国人民年鉴社 2001 年出版)、《中国民族统计年鉴》(民族出版社,1949—1994、1995、1996、1997、1998、1999、2000 年出版)有关数据整理。

值得关注的是,少数民族学生由于在入学起点上的差距,大部分少数民族学生只能入读民族院校或预科班。据统计,全国民族院校中,中央民族大学、中南民族学院、湖北民族学院、广西民族学院、西南民族学院、贵州民族学院、云南民族学院、西藏民族学院、西北民族学院、青海民族学院、西北第二民族学院共 11 所民族学院招收

---

　① 新中国少数民族高等教育的回顾与展望[J].教育研究,2001(4).

了少数民族大学生的 25％。[①] 而进入重点大学或名牌大学的少数民族学生往往是凤毛麟角,以北京大学从 1980 年开始招收少数民族学生的比例为例(见表 2)。

表 2 北京大学新生少数民族比例

年份	1980	1985	1986	1987	1988	1989	1990	1991	1992	1993	1994	1995	1996
比例	3.9	5.2	7.5	3.3	6	5.8		6.1	6.8	6.7	7.4	6.1	4.8

资料来源:李文胜.中国经济发展战略与中国高等教育入学机会的公平[C]//刘海峰.公平与效率:21 世纪高等教育改革与发展.福州:福建教育出版社,2003:426.

最新数据表明,北京大学 2002 年全校实际招生 4099 人,其中校本部招生 3059 人,医学部招生 1040 人,少数民族学生 153 人,占 5.4％。截止到 2002 年,北京大学本专科学生共 15001 人(本科 14212 人,专科 789 人,其中少数民族仅 1019 人,占本专科学生 6.8％。[②] 在清华大学,1999 级共招收本科生 2663 人,少数民族学生 174 人,也仅仅占入学人数的 6.5％左右,与北京大学基本一致。2000 年,清华大学录取本科生 3170 人中有 188 名少数民族学生,仅占入学学生总数的 5.9％。[③] 由此可见,少数民族学生能够进入重点综合性大学的机会和人数也是比较少的。社会学的研究表明,进入不同层次的大学,对个人升迁、社会流动以及前途发展都有着密切的关系。因此这一现象对于少数民族大学生以后的发展和前途都有相当的影响。

由于民族院校大都以文科为主,从而导致少数民族学生大都集中于以文科为主的专业学习,这对于少数民族学生来说也有一定影响。以全国唯一的一所少数民族重点大学——中央民族大学为例,该校设有中国少数民族语言文学学院、民族学与社会学学院、中央民族管理干部学院、经济学院、法学院、理工学院、艺术学院、

① 根据国家民族事务委员会经济发展司、国家统计局国民经济综合统计司《中国民族统计年鉴》(1949—1994、1995、1996、1997、1998、1999、2000)有关数据整理。

② 2002 年北京大学本科招生工作简报[EB/OL].(2002-06-07)[2004-03-10].http://gaoxiao.51edu.com/news/13574.html.http://www.office.pku.cn/zonghexinxi/2002xuexiaoshuju.htm.

③ 清华大学学校概况[EB/OL].(2002-06-07)[2004-03-10].http://www.tsinghua.edu.cn/docsn/xqh/gjml/gj1416/141631.htm.

藏学研究院、成人教育学院、国际语言文化学院共 10 个学院、29 个教学单位,其中文科院系约占 80%。而理工院系仅占 20%左右,招生人数也相对较少,如生物化学系设有生物科学、环境科学、化学、预防医学(食品科学方向)四个本科专业。其在校生也仅 200 多名。① 民族大学突出语言教学特色理所当然,但民族院校局限于语言与文科教育,少数民族学生集中于文科院系,既不利于民族地区经济发展的需要,也阻碍了少数民族学生的就业前景和发展。

学业成绩上,由于许多少数民族不仅使用不同的语言或方言,而且有各自不同的文化,他们在自己的传统文化中对教育有不同的态度与理解方式。但是目前,大多数的少数民族学生在学校学习中难以获得与汉族学生同样的学业成绩,却是值得重视的事实。这不仅表现在大多数少数民族学生往往需要通过进入民族预科班学习一年左右,补习高中文化知识或汉语学习,才能进入本科教育,这意味着少数民族学生需要比汉族学生花更多的时间接受高等教育,而且表现在少数民族学生在选优的评价中处于弱势地位,在重点综合性大学中尤其明显。通过清华大学的有关网页资料,我们只能发现有限几名少数民族学生。② 一位就读于重点大学预科班的少数民族学生说,在高考中幸运地考中少数民族预科制的本科,进入原本高不可攀的重点大学,令人欣喜。但是,一步登天并不容易。长期的教育与知识差距使学习总是力不从心。正因为如此,探讨少数民族大学生学业成绩的问题也成为当前少数民族教育研究中的一个重要问题。

少数民族学生在高等教育参与上有较大改善,但少数民族内部出现了分化与不均衡现象,如朝鲜、达翰尔、锡伯等 9 个少数民族每万人中大、中、小学等各种文化程度平均数均超过了全国平均水平,③而还有些少数民族在参与高等教育上还刚刚起步。我国地域广阔,民族众多,经济文化和社会形态的发展历来处于不平衡状态,这种发展不平衡,与各民族人民受教育程度密切相关,进一步加大了少数民

---

① 中央民族大学概况[EB/OL].(2002-06-07)[2004-03-10].http://www.cun.edu.cn/xxgk/xxjj.htm.

② 清华大学学校概况[EB/OL].(2002-06-07)[2004-03-10].http://www.tsinghua.edu.cn/cgi-bin.

③ 新中国少数民族高等教育的回顾与展望[J].教育研究,2001(4).

族高等教育的复杂性。

还有一个值得关注的问题是,许多少数民族成员特别是接受了高等教育的少数民族学生的民族认同具有分化的倾向,一部分少数民族成员为了摆脱社会经济地位和低教育成就的弱势地位,产生了强烈的向上流动的动机,积极学习主流文化背景中强势民族的语言、文化和生活方式,使自己尽可能地融入社会的主流文化,因此对自己本民族文化产生了隔阂;另一部分少数民族成员则认为少数民族的弱势与不利地位与其少数民族的身份有关,产生了自卑和消极的态度,无法认同自己的民族。然而,由于不同民族成员业已形成的刻板印象和身份差异的观念,那些放弃自己的母文化而认同主流文化的成员,强势群体并不会积极地接纳他们,其结果是他们既不想认同自己的母体文化,同时又与主流文化之间存在着严重的隔膜,从而使他们中的一部分成为介于两种文化之间的"边缘人"。在对青海省 250 名藏族大学生的抽样调查中显示:在其习俗认同上,有 20.6% 的藏族大学生不同意对藏族的习俗予以保留,也有 19.7% 的藏族大学生面对本民族典型习俗的一些特征逐渐淡化而表现出无所谓的态度,有 22% 的藏族大学生表示不愿意遵从本民族的习俗,有高达 62.1% 的藏族大学生表示平时不喜欢穿本民族服装,甚至有 25.6% 的藏族大学生表示承认自己将来作了领导后,会掩饰自己的民族身份。[①] 这就对我国少数民族高等教育提出了质疑和挑战,民族高等教育如何在保持少数民族文化传统与主流文化之间寻找契合点,应该是民族高等教育发展的关键问题。

二、文化是影响少数民族高等教育发展的主因

毫无疑问,造成上述问题的原因是多方面的,包括历史、经济、政治、环境、文化等多方面的原因。这些因素相互影响,复杂交错,其中文化方面的原因可以说是一个核心问题。特别在国外多元文化主义的影响下,关注和借鉴少数民族文化与主流文化之间的冲突与融合成了解释上述问题的一个重要的途径。

文化就其本身而言,是由物质和精神层面,以及价值、习俗、传统、意识形态、行

---

① 万明钢,王亚鹏,李继利.藏族大学生民族与文化认同调查研究[J].西北师大学报,2002(5).

为规范等诸多方面组成的一个综合体。随着民族的产生和发展,文化具有民族特征,民族语言、民族性格、民族传统以及生活方式等,都是民族文化的形成,各民族都具有独特性。每一个民族的文化无论多么简单,它都是各民族人民长期历史的积淀,反映了各民族人民艰苦奋斗的历程,因此它从来都不是零碎的、转瞬即逝的画面,而是同民族意识、民族性格、民族传统与民族发展紧密联系在一起的。从这个意义上说,对任何一种文化很难制定出一个标准来评判各种文化的得失、优劣。但是,我们也必须承认,文化与生产力总是紧密相连的,它不仅承载和延续了民族传统和精神,同时也是一定生产力阶段的反应,简单地说民族文化与生产力的关系是很危险的。虽然我们说文化没有优劣之别,但是我们却不得不承认当文化与生产力紧密相连的时候,先进的物质文化和主流文化往往会给其他文化带来相当的冲击。就各种文化在发展中面临的互相交流、互相渗透、互相抵牾的现实状况来看,这种文化并存的背后又表现为这些文化互相冲突以及融和的阶段性、历史性。

在多民族国家中,受文化变迁和社会发展的影响,少数民族大都面临文化融合和文化认同的共同问题。由于少数民族在多民族国家中是相对弱势的民族,因而其文化也就成了主流文化背景下的一种弱势文化。这在教育中体现得尤其明显。这不仅体现在少数民族基础教育中,由于民族文化传统与环境的差异造成了少数民族学生学习的落后状态,使少数民族学生在高等教育入学起点上,就处于相对弱势的地位。有研究者揭示:藏语言教材也只是统编教材的翻版,很少反映藏族历史文化和风俗习惯,脱离藏族儿童的实际,因而难以引起感情上的共鸣。[①] 而另外一些研究也显示由于民族在文化形态、社会习惯、生活经验、心理因素等方面的潜在差异,也导致了少数民族学生在学习和理解汉语及汉语文化的困难。[②] 还表现在在参加高考中,由于试题往往以城市及主流文化为尺度,少数民族学生,特别是农村和边远地区的少数民族学生在接受高等教育的机会上相对较少。在对高考的有关研究中,已经发现城市地区以及家庭背景相对较好的学生,更容易进入大学学习。

---

① 冯增俊.教育人类学[M].南京:江苏教育出版社,1995.
② 成燕燕.文化差异对哈萨克族同志学习汉语词语的干扰[J].民族教育研究,1994(1).

此外，长期以来，受国家政策的影响，高等学校在招生、评优等方面往往对少数民族采取特殊的优惠和降低标准的政策，如为使普通高等学校在校生中少数民族学生占有适当的比例，对少数民族考生实行同等条件下优先录取和适当降分录取相结合的办法。这些政策与办法为少数民族和民族地区培养一定数量的高级专门人才、全面提高少数民族学生的素质有着特殊的意义。但从另一方面来说，这也加剧了社会对少数民族的偏见，造成了学校教师、社会对少数民族学生期望过低。而且，在学校的编制中，由于少数民族学生的学号等和他人有别，在选课等过程中不可避免地有各种程序的麻烦和不便。我们承认，由于少数民族学生在入学起点上的差异，对少数民族学生的课程编排以及其他方面的程序相应有所区别，是可以理解的。但我们也不得不面对这样一个事实，即当这种差异性以规章制度的方式加以固定时，它实际上构成和强化了学校教师和其他学生对少数民族学生的偏见。在这样的环境下，少数民族学生进入高等学校后，一方面由于课程设置上，许多学校，民族教材一般是对主流文化教育使用教材的翻译，以青海师范大学民族预科班使用的语文教材为例，141篇课文包括议论文、记叙文、说明文、散文、诗歌、小说、戏剧、古文等。但遗憾的是少数民族传统文化典籍没有得到应有的重视。民族教育课程结构的这种缺失，及其造成民族教育的文化不连续性，使受教育者处于被动的文化适应状态，[①]也部分造成了少数民族在学业上的兴趣低下和学业成绩的落后，另一方面长期的落后状态和兴趣低下也容易使少数民族学生产生自卑心理和自我放弃的心态，而一些实力较强的少数民族成员凭实力取得一定成绩时，也可能被人们加上少数民族的标签，这都不利于少数民族学生的学习动机和热情的调动，这在某种程度上加剧了少数民族学生对自己族群身份认同的偏差。

中华人民共和国成立后我国的少数民族教育既强调有本民族的特色，同时又兼顾以主体民族为主的统一国家的发展和需要。这反映了我国试图在尊重少数民族固有传统和文化基础上，互相吸收其他民族包括主流民族的优秀文化的同时，将各民族的文化融合起来的思想。显然，这不是一件容易的事情。倾向于用简单的思维方式去设想复杂的民族文化教育问题是片面的。在美国很多教育者也简单地

---

① 何波.论民族教育课程构建的理论框架[J].青海师范大学学报(哲社版)[J].2002(2).

认为"教育儿童学习他们自己的文化，他们就不会忘记它；教育他们学习其他文化，他们就会尊重这种文化。但是，事情要是这样简单就好了！霍尔在《隐藏的一面》中写道：文化会渗透到神经系统末梢。像微笑、皱眉头和眨眼睛这样的面部表情、说话的节奏，站立、坐卧或看人的方式——我们所有的细微的、无意识的示意动作——都各自具有文化特色。更为重要的是，它们不是可以和它们所表示的感情截然分开的纯粹肌肉动作，而是对被我们称之为文化的天地万物的共同阈下的一部分。"①对此美籍犹太人哲学家喀兰（Kallen）是这样认为的："人或多或少可以改变自己的服装、政治观点、配偶、宗教、哲学，但是却无法改变自己的祖父。"②这是值得我们反思和重视的问题。如何在保持少数民族传统文化与主流文化之间找到民族高等的教育的契合点是一个需要长期研究和探索的问题。

三、促进少数民族高等教育发展的策略

（一）从各民族的特殊性，坚持"多元一体"的思路，整合民族高等教育与少数民族文化的关系

费孝通对中华民族文化特征有着深刻独到的见解：多元是指各兄弟民族各有其起源、形成、发展的历史，文化社会也各具特点区别于其他民族；一体化指各民族的发展相互关联、相互补充、相互依存，与整体不可分割的内在联系和共同的民族利益。这种一体化，集中表现在社会统一和整个中华民族的大团结，表现为共同争取与关心祖国的完全统一与繁荣富强，大陆上各民族坚持党的领导和社会主义道路。所以，中华民族的一体是各兄弟民族的多元中包含着不可分割的整体性，而不是其中某个民族同化其他民族，更不是汉化，或者马上实行民族融合………各民族的差异性与中华民族的共同发展是辨证统一的。③ 我国 56 个民族各自具有自己的语言、文化体系、民族习惯等，在民族发展的过程中，汉族所拥有的优越的地理位

---

① 凯·S.希莫维茨.美国公立中小学中的文化自尊与多元文化论[J].比较教育研究,1994(2).

② 王军.世界跨文化教育理论流派综述[J].民族教育研究 1999(3).

③ 费孝通.中华民族研究新探索[M].北京：中国社会科学出版社,1991.

置、庞大的文化体系以及良好的经济环境，使其逐渐演变成中国的主体民族。同时，各个少数民族也与汉族结成了千丝万缕的联系。在历史的发展过程中，各民族也逐渐形成了汉族的发展离不开少数民族，少数民族的发展也离不开汉族的共识。正因为如此，在我国，少数民族教育总是在少数民族与主体民族的相互联系和影响中存在和发展的。少数民族应保持本民族教育特色，但过分地强调捍卫民族教育的纯洁性，完全拒绝、排斥主体民族文化教育的影响，这是不实际的。而主体民族无视民族教育的发展规律，否认少数民族教育的特殊性，否认少数民族按照本民族的意愿坚持和发展本民族教育，也是行不通的。在我国承担少数民族高等教育任务的主要有三类高等院校，即民族自治地方的高等院校、民族学院和各普通高等学校举办的民族预科班，形成了中国独特的民族高等教育体系。笔者认为这三类院校应该主动承担起整合民族高等教育与少数民族文化之间关系的任务。这意味着各院校不仅要继续坚持对少数民族学生的优惠政策，提高少数民族学生的入学水平；而且要在课程设置上适应少数民族地区和学生的发展需要，在校园环境上沟通汉族与少数民族以及少数民族之间的文化交流，达到各文化之间的相互理解、协调沟通，从而真正实现民族教育的多样化、多民族性。

（二）从少数民族高等教育的特殊性出发，审视和规划民族高等教育的发展

民族高等教育既受高等教育规律的制约，又受民族教育自身发展规律的影响。少数民族高等教育的发展问题，不仅需要从普通高等教育理论加以阐释，还需要从民族问题的特殊性出发，从民族学和人类文化学的角度进行研究。

民族高等院校是高等教育的重要组成部分，因此它在适应社会发展变化时一定要遵循高等教育发展的内在规律。民族院校同普通院校同样面临着教育现代化，同样肩负着提高国民素质的重任，同样是知识创新和高层次创造性人才培养的基地，同样需要强调规模、结构、质量、效益的协调发展，在培养人才、科学研究、服务社会、主动适应社会发展方面发挥重要的功能。

民族高等教育自身具有独特功能，它兼有民族教育和民族工作的双重属性，民族工作的长期性、复杂性、重要性和少数民族地区历史、文化、语言、宗教、居住地域的特殊性赋予了民族高等教育的特殊性，使少数民族高等教育具有一般高等教育无法取代的特殊意义，这也构成了民族高等教育存在和发展的基础。我国少数民族高等教育不能脱离少数民族及其地区的自然生态环境、社会发展水平、文化特征。当前,除了个别民族以外,我国绝大多数少数民族的经济发展还落后于汉族的平均发展水平。这种状况,在面对市场竞争时,少数民族在经济、科学技术方面陷入了被动的局面。如何从少数民族自身的特质出发,实现少数民族地区的现代化不仅是民族高等教育急需解决的重大的理论问题,也是重大的现实问题。同时这也是真正解决前面所指出的少数民族高等教育中的问题的核心途径。少数民族大学生无疑是其中的关键。少数民族大学生不仅应该成为民族地区和汉族地区、少数民族与汉族之间的纽带,而且应该成为少数民族文化的传播者、先进科学技术的传播者,为民族之间的团结和融合、为民族地区的现代化做出自己的贡献。因此,我们在强调少数民族高等教育适应社会发展需求时,要把握这一特殊性,既不能套用其他领域的做法,也不能用我国普通高等教育代替少数民族高等教育。在招生、分配、投资、教学、课程设置、管理等方面都要充分考虑少数民族高等教育的特殊性,不仅要在普通高校处理好少数民族与汉族学生之间的关系,而且要在民族院校内处理好各少数民族学生之间的关系,既要弘扬少数民族的优秀传统,继承和发展少数民族的独特的知识体系,又要处理好少数民族文化与主体文化、少数民族传统与现代化、少数民族文化与先进的文化知识、科学技术之间的关系,从而适应和推动少数民族地区的全面发展和进步。

(三)加强少数民族教育立法工作

从长远来看,针对我国少数民族教育的现状,制定我国少数民族教育的基本法——《少数民族教育法》,势在必行。台湾"原住民"教育发展的经验与教训表明,缺乏专门的法律与法制,"原住民"教育的发展就缺乏足够的尊重与保障。自1945年以来,台湾地区"原住民"教育的实施,大多以行政命令、政策文件为依据。由于缺少直接相关的法律,因此在课程教学、师资培育、经费分配、学校制度、升学辅导、社会教育、评鉴研究等方面,"原住民"教育一直没有得到应有的保障。[①] 就此而言,根据国家的教育立法规划及教育立法的实际进程,《少数民族教育条例》现处于前期调研阶段。而《少数民族教育条例》起草工作的完成至正式颁布实施,可能是

---

① 陈立鹏.台湾《原住民族教育法》简述[J].民族教育研究,2002(4):80-84.

几年甚至十几年以后的事情。在此基础上，制定《少数民族教育法》，将会经历更长的时间。[①] 但利用少数民族教育法制法规建设，明确政府在民族教育与民族高等教育中的作用，积极保障少数民族的受教育权和教育机会平等权、规定少数民族教育经费的来源、师资等核心问题将大大促进少数民族教育和少数民族高等教育的发展。因此加强有关民族教育的研究以及民族教育立法的理论探讨、加快少数民族法制进程将是一个必然的选择。

---

① 陈立鹏.台湾《原住民族教育法》简述[J].民族教育研究,2002(4):80-84.

时代与个人的互动：一个偏远村庄
辍学问题的田野调查[*]

辍学问题是一个世界性的教育难题,其中偏远农村地区的"辍学问题"是最值得关注的问题之一。事实上,农民并不缺乏"知识崇拜"的情结,也不乏"倾家荡产""砸锅卖铁"以实现子女"上大学",改变人生乃至整个家族命运的梦想与行动。值得关注的是,即使在偏远农村少数民族聚集村庄,也有不少家庭培养出了大学生,其中不乏女大学生。那么,为什么经济情况类似的家庭有的培养出大学生,有的家庭的子女却早早辍学呢？为什么现在农民的生活相对于过去有了很大改变,农村大学生数量反而减少了呢？"重男轻女"是导致女童失学的主要原因吗？为什么在一些家庭里却是女孩最终成为大学生,而男孩却"辍学"呢？经济贫困是学生"辍学"的根本原因吗？影响村民家庭做出升学还是辍学行为的因素有哪些？而这些问题的回答事实是希望解决三个基本问题,即辍学的本质是什么？影响辍学行为的因素有哪些？这些因素是如何影响家庭的行为决策的？本研究以某一村为研究对象,以家庭为基本研究单位,试图运用田野调查的方法,对全民教育中"辍学问题"进行重新解释,构建偏远农村地区村民教育行为选择的理论模型。

一、文献综述与研究路径

学生为什么辍学？不同的被调查者和研究者从不同的角度得出了不同的结论。相关的研究表明,影响辍学的因素包括年龄、性别、社会经济背景、种族、母语、

---

* 原文发表于《中国教育:研究与评论》2012年第15辑。

地区、迁移、能力、学校的大小与类型、家庭的结构。[①] 也有研究者从个人的学习经历、个性心理特征以及家庭因素和学校因素总结导致辍学的危险因素。[②] 这样的研究几乎将所有与学生学习相关的因素都列入到了导致辍学的范围,但却缺乏对辍学这一特殊问题的专门探讨,也无法分析影响辍学问题的不同因素之间的地位。

关于就业市场、经济结构对辍学的影响是国外研究者关注的一个问题。研究者认为雇佣市场及其经济结构对辍学将产生重要的影响。农村的辍学问题会因为矿业与制造业对工人的技术要求低而继续存在,但研究也发现随着矿业与制造业的技术升级与改造,与之相关的辍学问题也逐渐消失,但农村的女性辍学问题和年轻人完成学业的比率仍没有明显的提高。[③] Ehrenberg 等人的研究则表明提高工资水平的情况下,会增加学生的辍学率。[④] 这样的研究结论在其他许多国家也得到了验证不少研究关注到了宏观教育政策对于辍学的影响。[⑤] 研究者认为,提高学业标准、[⑥]通过扩大大学系统因而降低二级后教育成本的方式、[⑦]以及温和的升级政策,甚至自动升级让不具备升级能力的学生硬性升级可能会导致早期辍学行

[①] 可查阅 What do we know about dropout prevention[EB/OL].(2007-11-13)[2011-10-13].http://www.ncset.org/publications/essentialtools/dropout/intro.asp.

[②] Youth Who Drop out[EB/OL].(2000-04-20)[2011-10-13].http://www.fo-cusas.com/Dropouts.html.

[③] Smith E D.Reflections on Human Resources in the Strategy of Rural Economic Development[J].Review of Regionalstudies 1989,19(1):13-22.

[④] Ehrenberg R G,Brewer D J.Do School and Teacher Characteristics Matter? Evidence from High School and Beyond[J].Economics of Education Review,1994,13(1):1-17.

[⑤] Kristam Perreira,Kathleen Mullan Harris, Do-hoon Lee.Making it in America:High School Completion by Immigrant and Native Youth[J].Demography,2006,43(3):511-536.

[⑥] Mark W Lanier.Educational Excellence and Potential Dropouts:Theory, Research, and Policy Implications[EB/OL].(2008-10-15)[2011-10-13].http://www.eric.ed.gov/ERICWebPortal/search/detailmi-ni.jsp? _nfpb=true&_&ERICExtSearch_SearchValue_0=ED300866&ERICExtSearch_SearchType_0=no&accno=ED300866.

[⑦] Kelly Bedard.Human Capital Versus Signaling Models:University Access and High School Dropouts[J].Journal of political Economy,2001,109(4):749-775.

为。① 与此同时,在一个中观的环境里考察社区或居住区对辍学的影响,也是国外辍学研究的一个热点问题。近年来的研究表明,邻居的条件的确会影响教育的获得,即在控制了家庭背景、地区、城市大小以及当地的经济条件的情况下,这些影响是肯定存在的。② 根据巴西里约热内卢的相关数据发现,居住在富人区的贫民学生的辍学风险较高。③

尽管研究者列举了复杂而多元的因素与结论,但有三点结论是值得关注的:第一,尽管相关研究列举了大量导致辍学的因素与重要指标,但没有一个指标是决定某一个学生早期辍学的唯一因素,多种影响因素的同时存在增加了辍学的可能性。而且,这些因素与辍学的关系都是非因果联系,相关研究能够帮助我们了解哪些学生处于辍学的危险之中,但并不暗示,这样的因素必然导致学生的辍学行为一定发生,事实上,由于辍学本身的复杂性以及个人出于本能的理性行为选择(尽管在别人眼里可能是失败的证明),使得关于辍学的相关解释本身值得质疑和商榷。④ 第二,辍学行为的决定,并不是一个突然的决定,而是一个逐渐脱离的过程,它与辍学者本人、他们的家庭、学校和社区密切相关。这样一个决定是个人的,反映出他们独特的生活环境,同时也是逐渐脱离学校的过程。⑤ 第三,关于经济结构、劳动力市场对于辍学问题的研究,也暗示我们事实上就辍学而言,在不同的历史时期影响辍学行为决定的情境和主要因素是不同的,因此,需要我们更加关注历史不同时期辍学问题的共性与个性问题,从而更加清晰的了解不同时期辍学问题的基本规律。

---

① King E M,Orazem P F,Paterno E M.Promotion with and without Learning:Effects on Student Enrollment and Dropout Behavior[J].Policy Research Working Paper,2008,40(5):1-35.

② Overman,Henry.Neighbourhood Effects in Large and Small Neighbourhoods[J].Urban Studies,2002,39(1):117-130.

③ Alves F,Franco C,Ribeiro L C D Q.Urban Segregation and School Backwardness in Rio de Janeiro[J].CEPAL Review,2008,2008(94):129-144.

④ James P Markey.The Labor Market Problems of Today's High School Dropouts[EB/OL].(2002-08-24)[2011-10-13].https://www.researchgate.net/publication/247923308_The_labor_market_problems_of_today's_high_school_dropouts.

⑤ John M Bridgel,John J DiIulio,Jr.The Silent Epidemic Perspectives of High School Dropouts[EB/OL].(2008-03-10)[2011-10-13].http://hub.mspnet.org/index.cfm/13024%22.

女性辍学，是因为性别的原因还是一般性辍学的原因导致辍学，一直是研究者感兴趣的话题。有研究者分析了巴基斯坦农村地区的中小学辍学的影响因素，结果显示，家庭和学校都是重要原因。[①] 有研究者将导致女性辍学最主要的原因归因于贫穷，其次则归于传统。[②] 有调查显示，女孩的父母不认为学校教育是适合女孩子或者他们觉得接受教育的风险与代价太大也是很重要的原因。但更多的研究表明了女生生活中的特殊事件往往是导致女性辍学的主要原因，其中就包括怀孕与结婚，对非洲国家的调查显示，怀孕往往是导致女性辍学的主要原因[③]。但来自印度部落的调查显示不同部落经济、社会、文化背景的不同需要必须受到重视，才能够理解读写率差异的本质和印度部落女性教育的投资情况。[④] 与此相关的，民族、种族与辍学的关系也是研究者重点考察的问题之一。大量的研究表明，种族与民族特征是导致辍学的重要因素。[⑤] 不同种族的移民以及不同代的移民因为不同的种族、不同的文化以及不同的社会资本而获得的教育水平也不一。[⑥] 这一结论得到了其他研究的证实，在对劳动力的市场观察发现，拉美裔与非洲裔相比，即使面对相同的劳动力市场条件，也会表现出不同的行为方式。[⑦]

---

① Lloyd C B，Mete C，Grant M J. The Implications of Changing Educational and Family Circumstances for Childrens Grade Progression in Rural Pakistan：1997—2004[J].Economics of Education Review，2009，28(1)：0-160.

② Patricia Lone. Keeping Girls in School[EB/OL].（2010-02-02）[2011-10-13]. http://www.unicef.org/pon96/edgirls.htm.

③ Ahmed M G. Pregnancy-Related School Dropouts in Botswana[J].Population Studies，1999，53（2）：195-209；Parfait M. Eloundou-Enyegue. Pregancy-relateddropout and Gender Inequality in Education：A Life-table approach and Application to Cameroon[J].Demography，2004，41(3)：509-528.

④ Mitra Aparna，Singh Pooja.Trends in Literacy Ratesand Schooling among the Scheduled Tribe Women in India[J].International Journal of Social Economics，2008，35(1-2)：99-110.

⑤ Alan Sorkin.Poverty and Dropouts：The case of the American Indian[J].Growth and Change，1970，1(3)：4-18.

⑥ Kristam Perreira，Kathleen Mullan Harris，Do-hoon Lee. Making It in America：High School Completion byImmigrant and Native Youth[J].Demography，2006，43(3)：511-536.

⑦ Kirdar，Murat G.Explaining Ethnic Disparities in School Enrollment in Turkey[J].Economic Development and Cultural Change，2009(2)：297-333.

但对于这些特殊人群的关注,也引来了研究者的批评。过分对辍学者种族与民族身分以及性别的强调,对于这些特殊人群而言是否是一种错误,是否会削弱研究者对其他普通辍学者的关注?有研究者发现在控制其他因素之后(尤其是社会经济地位),因为种族原因而辍学的居然为零,[①]英文水平较低的学生或者在家不说英文的要比英文为母语的学生更容易辍学。[②] 因此,民族或种族究竟在多大程度上影响辍学行为的决定,仍是需要不断探索的问题。我们是应该更加强调那些行为与背景不认为具有辍学典型特征的学生,还是更加关注那些具有民族和种族身份特征的辍学学生呢?更为重要的是,国外的研究过分重视量化研究,这样的研究在为我们提供丰富的、让人信服的数据分析与说明的同时,却忽略了隐藏在数字问题背后的特殊性问题,我们在确定学生家庭的社会经济背景对辍学将有很大影响的同时,却无法确定这一因素究竟是如何影响到家庭的教育决策行为的,也无法了解当性别、种族或民族、学业成绩等不同因素共同作用于辍学这一问题时,家庭是如何看待这些标准,并如何进行取舍的,而国外的研究在多大程度上符合中国关于辍学问题的解释也是需要探讨的问题之一。

与国外相比,国内对辍学问题也相当重视。特别是在基本实现"两基"后,针对农村地区出现的"辍学率反弹"现象,教育研究人员、社会学家、新闻媒体等都对辍学问题投入了更多的关注,也有许多辍学研究成果,但这些研究往往注重对辍学因

---

① Rumberger R W.Dropping out of High School:The Influence of Race,Sex,and Family Background[J].American Educational Research Journal,1983,20(2):199-220.

② Schargel F P,Smink J.Strategies to Help Solve Our School Dropout Problem.Larchmont [M].NY:Eyeon Education,2001:240-265.

素的分析,并把这些因素归为政府、教育、思想认识、社会环境以及家庭。[①] 与国外研究相比,我国大量的辍学研究报告大同小异,除了有一些区域性数据差异外,对辍学原因的说明、对策建议等基本一致,缺乏对研究地点新形势、新情况下辍学行为走势的新判断和具体描述,难以结合本地区实际情况真正提出能够有效解决当地农村初中学生辍学问题的有针对性的具体可操作性策略。

但无论是国外研究还是国内研究,在研究方法上都存在一个不足,即就辍学问题谈辍学问题,这样的研究只能剥离辍学问题与其他农村教育问题的相关性,而无法深入地了解辍学的本质。事实上,辍学问题与女童教育问题、高等教育改革等方面都是密切相关的,村民之间的行为也是相互影响的,特别是一些特殊事件也会对村民的行为产生很大的影响。因此,单单采访辍学儿童家庭、并单纯询问辍学的原因,并不能真正深入了解辍学的本质。只有在更为深入地了解某一村庄的经济、地理、文化、教育的全貌基础上,探讨不同家庭乃至家族之间经济、文化、教育水平与观念的差异,进而分析这些差异是如何影响村民对其子女的教育行为选择的,才能剖析出影响辍学问题的一般规律与特殊情境。这也意味着辍学与升学其实是一个问题的两个方面而已,人们在做出一个辍学的行为选择时,其实就意味着放弃升学这一行为选择。因此,我们在研究辍学问题的同时,也应该研究升学,我们在探索为什么人们选择辍学的时候,也需要探索人们为什么选择升学,并把这两个联系在一起的问题放在一定的时空情境下同时研究,比较差异。

其次,对于辍学问题的原因分析上,研究者一般从两个视角进行分析,一种强调的是个人意愿模式,强调个人主观的选择,寻求形成外显行为的内在心理影响因

---

① 雷忠勇.贵州省农村初中学生辍学问题及对策研究[D].杭州:浙江大学,2005;马建福,陶瑞.关于解决农村贫困地区女童失学问题的建议[J].民族教育研究,2007(01):108-112;吴建平.农村青少年辍学的文化再生产分析[J].青年探索,2003(05):53-55;袁桂林,洪俊,李伯玲,秦玉友.农村初中辍学现状调查及控制辍学对策思考[J].中国教育学刊,2004(02):4-8;闫万龙.初中生厌学问题的个案研究[D].上海:华东师范大学,2007;杨润勇,王颖.农村初中学生辍学的现状调查和规律研究——小康农村地区初中学生辍学现象研究之一[J].教育理论与实践,2004(01):36-41;郑真真,牛瑞琴,邢立强.中国10~18岁青少年就学的影响因素分析[J].人口与经济,2002(02):28-37;朱新根,王秀玲.浙江省少数民族地区学生失学或辍学原因的调查分析[J].浙江师大学报,2000(02):80-84.

素上,如分析农村居民的教育意识或者试图去关注辍学家庭中父母的基本想法等;一种强调的是结构决定模式,强调经济原因、教育制度等外在的因素。但这两种模式都存在一定的缺陷,个人意愿模式一方面由于研究者对父母选择辍学的教育意识只是简单地进行调查,得出的往往是比较粗浅的、表面的意识(如部分研究者仅仅归结为父母的失望心理),并没有真正了解村民内心深处的故事与经历,也没有分析社会建构对个人意识的影响以及个人内化社会结构的机制问题,因此并没有抓住问题的核心,也缺乏对村民之间相互影响的关注。另一方面,研究者往往对某一个问题进行研究,如专门对辍学问题或者女童问题进行局部的研究,因此也无法了解村民教育意识的基本观念与结构。而且由于这种模式忽略了时代与政策的影响,缺乏对宏观背景的把握。而结构决定模式则比较倾向于从国家政策以及经济制度与教育制度因素出发,强调外在因素的影响。但这种模式无法深入了解不同家庭对于辍学问题的具体运行方式,无法全面窥探到特殊情景下不同影响因素是如何影响到家庭决策的,简单地强调外在因素的影响似乎也无法解释相同背景下的村民却选择不同的教育决策,最后达到不同结果的现象。为什么父母会形成不同的教育行为(辍学或者坚持送孩子升学)等外显行为呢? 因此,我们需要全面地了解做决定背后的故事,分析不同的因素在不同时空下是如何具体影响到家庭决策层面上的,才能真正解决这一问题。

鉴于此,笔者将通过对一个偏远地区村庄的不同家庭自 1949 年以来关于读书与辍学的选择,指出不同时代影响辍学行为的基本因素是不断变化的。笔者考察的村庄槐村是湖北 H 县太平乡下的一个贫困村庄,它一直在笔者的身边,即使在我离开湖北之后,它的相关信息也经常在我与村民之间传递,但直到 2008 年,笔者才开始以"他者"的身份审视和反思在这个村庄的村民如何处理其教育问题的。

槐村是一个远离乡镇、以土家族为主要民族的村庄,距离乡镇约 25 里,村民的收入来源主要依靠种烟以及种植农作物为主,农闲时村民则采集山上的毛竹叶作为收入的重要组成部分,到目前为止,仍没有通公路。按照村干部的话说,"全县 204 个村,我们还是最穷的。县人大来考察的时候,说还没有见过这么穷的地方"。可以说,穷构成了该村最基础的特征。但是即使面对同样的贫困和苦难,不同的时代、不同的家庭与个人面对教育的行为选择却并不相同。

二、1949—1977 年：大时代背景下不同家庭的相同选择

槐村的教育历史可以追溯到新中国成立前，据村里的知情人介绍：

> 过去，我们村里只有三个读书的，其他的都差不多是文盲。他们是解放前读的书，都是地主家的。其他的最多读两天私塾。我参读了半年私塾，自己的名字都写不到。私塾一般是几家一起请。每家好多钱好多粮，各家分。（L-Y-Q-2008-8-11）

新中国成立后，1953 年村里开始正式办教育，但最初还属于由村里来组织教师教孩子识字，1954 年因为教师生病学校也就停办。1955 年，国家正式派教师来村庄教学开始了国家渗入村庄教育的历史。但 1977 年以前，全村没有一个人通过教育的途径改变农村人的身份。在此期间，唯一一个改变"农村人"身份标签的个人通过参军的方式实现了向上的社会流动，对此村民有着自己的看法：

> 你就拿我们村里第一个出去的人，他退休了自己的名字都写得不好。也只能说是命好些。我也不是吹，我当时至少也不会比他差啊。（Z-C-L-2008-8-11）

比较而言，其他的村民就没有这样的机遇，他们把这种命运归结于社会和时代的"错误"。其形式主要有两种：一种形式是在一定时代背景下因为超龄，早早离开学校。在这种情况下，经济条件、学业成绩、民族、性别都不是导致学生离开学校的主要原因，政策的变迁成为决定个人是否继续读书的主导因素。这一时期，辍学的概念还没有形成，读书对于村民而言并不是一个必须的选择。

> 我五年级都没有读毕业。那个时候国家发生大灾难，整个都往农村挤，国家要大搞粮食。那个时候就把我们都压下来了，就都没有读书了。我们又是

超龄生,我们班上的学生几乎全部压下来,都超龄了,所以回去搞生产。我爹是非要培养出来一个,总觉得一把辣椒非要有一两个辣的才行。大人还不是下决心要送我们,但那个时候政策不允许。(Q-W-D-2008-7-15)

主要是我们机会不好。老二成绩最好,只读四年级就被压下来了,说超龄就没读了。老大是解放前读了几年,解放后就没有再读。大姐一天书都没有读,也不是重男轻女,主要还是旧社会留下来的传统,那个时候私校都是不招女娃的。(Q-W-D-2008-7-15)

另外一种形式则是在以生产为学习主要内容的前提下,教育质量低下,使得大多数人无法通过教育的途径实现家庭和个人的教育目标。

我读的是五七中学,半工半读。我5岁就读书了,高中毕业才16岁。读书就是搞劳动。我只读了9年,小学5年,初中、高中都是两年。我们读书就是搞劳动。(L-Y-G-2008-7-13)

"文化大革命"的时候,课本也没有,大家就读点语录,贫下中农还要来上几节课,PSH一个字都不认识,老师在上课,他一来就喊老师出来,他来上课。(L-Y-Q-2008-8-11)

60年代出生的人,求生存是最大的目标,读书其实是次要的。那时候很少有人说读书改变命运的。我哥哥他们都吃过草。谁也没有办法。家里就这样的条件。(J-Z-Y-2008-8-11)

在这种情况下,时代决定了教育的内容与教育形式,无论个人是选择读书或是离开学校,其结果都是一样的。在Q家虽然一直希望能够培养自己的孩子读书,并为之付出了巨大的努力,但他6个孩子在这一阶段都以离开学校而告终,虽然这些孩子都成绩优异,是同村人中的佼佼者。其中4个孩子因为超龄离校,2个孩子因为其曾经担任过国民党时期的甲长,在推荐的机制下失去了参军、招工和读书的一切机会。正是在一个特定时代下,家庭和个人的选择性与主观能动性无法超越时代所规定的政策与限制。

三、1977—1980 年代：零星中专生和大学生的出现与辍学

1977 年,知识可以改变命运逐渐成为村民所熟悉的一句话。正是在这一年,村里走出了第一个大学生——QWC,随后两年,Q 家族又走出了第二个靠读书走出农村的中专生——QYY,其是 QWC 的侄女。1986 年,村里走出了第三个大学生——LYF,其是 QWC 的外侄。这也意味着一直到 1980 年代末,其他与他们同时期读书的人事实上都以辍学告终。QWC 在解释自己为什么会上大学时,这样认为:

> 我读书受大人的影响比较大,一个星期大人就把粮食、柴啊都给你送去,家里还要天天赶着去上工。都是利用放工的时候帮我们送到寄学的地方。第二天天没有亮又要赶回去搞生产。在这种情况下,你还是要对得住大人啊。这是最主要的原因。我自己是个个性比较强的人,我读小学三年级的时候还是一个白痴啊,不知道做作业,写字也写得不好。老师就把我留着一直留到天黑,走的时候,他让我给他敬三个礼。为什么呢？第一个,他说没有敬好,第二个说还是不规范,然后敬了第三个才让我走,然后他自己掉头走了。在整个小学阶段,这个老师最伤我自尊心。然后就刺激我要好好读书。(Q-W-C-2008-8-13)

以读书成绩好成为解释可以上大学的原因,似乎也得到了村里其他人的支持。成绩不好,读书没有意思也成为其他村民早早辍学的主要原因。1977 年,高考制度的恢复及其后的发展,意味着"以成绩为准绳"的选拔标准,成为影响个人教育选择的一个最重要的阀门。但是简单地以读书成绩较好、个性强并不足以很好的解释 QWC 为什么可以上大学。与他成绩一样很好的他的四哥,因为年龄超过 25 岁,失去报考资格,后来虽然也通过招工的方式进入城市,但却始终处于城市的边缘。而与 QYY 相差一岁的 QXY,在羡慕 QYY 可以读中专改变自己的人生的同时,也坚持自己人生中很多的苦难与读书没有读出来密切相关,而自己没有读书的

主要原因在于自己的父母没有送孩子读书的意识。

> 我爹娘没有能力没有志向,现在我的孩子只要他们想读,他们读到哪里就
> 送到哪里。我拼命都送,只要他们有地方读。我爹他们,哎!当时就只有我一
> 个人高中毕业,大弟初中没有毕业,二弟初中没有毕业,幺弟初中没有毕业,幺
> 妹小学没有毕业。大弟、二弟、幺弟是读不到就不读了。全家只有我一个人
> 读,而且都是我自己考取的,才读得成。如果我考不取的话,他们肯定也不会
> 再送了。你看,其他叔叔伯伯家,至少也出去一个,就我家没有。那时候我真
> 的好想复读啊。你不知道,QYY的一个同学复读了四届,第五届才考取。他
> 是有恒心,但别人家里也肯送啊。我爹对我们读书没有什么意识。他老的时
> 候说,别人屋里都出了一个,自己屋里一个都没得,我说那还不是你自己不送。
> (Q-X-Y-2008-7-28)

与之相对应的,QYY在解释自己可以读中专的原因时,除了说明因为自己从
小身体不好,根本不可能干农活,所以下决心读书考出去以外,也特别强调自己的
母亲是一个开明的人,对孩子的教育十分关心,希望自己的孩子能够走出去,"家里
攒的鸡蛋也会经常自己舍不得吃,带给老师,希望可以多关心我的学习(Q-Y-Y-
2009-2-18)"。而QYY的母亲在其考上中专的第二年去世了,随后他的四个弟弟、
三个妹妹除了大弟弟通过民办教师的途径转成公办教师外,其余全部都未小学
毕业。

当然更多的人在解释孩子辍学的原因时归因于经济条件差:

> 大女儿小学毕业。她要带小的还要做家务事,所以就没有读了。老二也
> 是小学毕业,家庭条件不好所以就没有读了。老三初中毕业就没有读了,没有
> 考取。我们那个时候连盐都吃不起,还送孩子读书,把她们养成人了,有口饭
> 吃就可以了,还能怎么样啊。我对读书还是很——,常说万般皆下品,唯有读
> 书高。但是读不起啊。确实读不起。(H-S-J-2008-8-13)

经济条件差的确是 20 世纪 80 年代村庄的一个基本现实，但值得反思的是，在集体贫困的背景下，事实上同样贫困的家庭对孩子读书还是辍学做出了完全不同的选择。无疑经济原因并不构成决定一个学生是选择读书还是选择辍学的必然因素，而家庭的教育观念，特别是教育价值观对教育行为选择有着重要的意义。这反映出家庭和个人在时代发展的过程中，其选择性和能动性有所增强。家庭和个人的教育愿望和理想可以通过家庭和个人的努力得到实现。当然关注孩子的教育，希望孩子能够通过教育改变其身份的愿望虽然能够支持学生接受教育的年限与质量，但并不必然带来满意的结果，村里的 L 家和 Z 家都曾支持自己的女儿复读 4～5 届的高三，但最终却以失败告终，反映了社会选择机制的"筛选"功能在决定家庭和个人的教育选择行为中的重要作用，而政策的不稳定性也成为这一时期造成辍学的特殊原因。

我只读到小学五年级。我考初中的时候，我的年龄被我的老师，也是我舅舅弄错了，结果就说我超龄了。不能读初中。我们那一批就是四个。那个时候规定，年龄超过 15 岁就不能读初中了。后头等把这些事情弄好了，别人都已经读了半年了，我就没有去了。那个时候主要由教育站决定，那年学生多，超龄就成问题了，学生少就没有问题。（Q-Z-S-2008-8-13）

四、1990—1999 年：中专生、大学生最多的时期与辍学

这一时期是槐村人依靠读书走出农村最多的一个时期。据统计，全村近 50 年依靠读书而走出乡村的一共有 15 人，而这一时期就有 9 人，占总数的一半以上。同时需要关注的是：一是其中 6 人读的是中专，只有 3 人读大学，2 名女性读了大学；二是同前一时期读书成功者都是 Q 家人或与 Q 家有亲戚关系的人。Q 家也成为村里比较有影响力的家族。不同的是，这一时期，Q 家人占了 5 人，其中 2 个女大学生都是 Q 家人。对此，村中一直流传"Q 家有读书的根盘""Q 家的祖坟埋得好，特别是偏女方"的说法。事实上，Q 家人读书的根盘源于一方面延续了长期以来保持的教育传统，对子女的教育倾注了大量的心血，这 5 个人读书都离开了乡镇

的教育系统,通过借读的方式,用高额的学费享受了县城的优质教育。

> 其实我们 Q 家还是比较开明。希望子女读书。太爷爷就是读书人,太爷爷搬了无数次家才搬到上面(指槐村)去的。搬了之后,就送了大爷爷读书,两个小的,就都没有读书。那是社会不好,太穷了。所以爷爷就希望送孩子读书,结果只有一个送出来了。所以父辈又都送子女读书。(Q-Y-Y-2009-02-18)

而 Q 家和 T 家为了子女读书也成为村里的传奇,不仅得到了全村的同情与支持,而且其送学生读书与"非法"挣钱结合在一起的时候也得到体制的相应谅解。

> 放暑假回来,第二天姐姐就开始弄饭、洗衣,我们包括她弟弟都上坡除草、卖木材。放暑假,我们三个没有哪一次肩膀不掉皮的。卖木材一天三回。我们大人扛三根,他扛一根。那个时候一根檩子树只 7、8 块钱。还要偷着搞,不能被森林保卫科的看见。我们还好,那个时候林站的都不怎么管我们,他们周边的人都说,天,他们两口子你们就管不得啊,他们两个小孩读书,你们林站的不要抓他们。好多人也帮着讲也就没有抓。(Q-W-D-2008-7-15)

> 供他们读书辛苦啊。反正要让他们读啊,反正就是日夜做啊。每天睡几个小时,日夜盯在场子上。送点饭吃了,就日夜做,有事情就做,没有事情就打个盹。(T-X-L-2008-8-25)

> 我们把屋卖了送他们读书。如果不是卖屋、贷款,他们也是读不成的。还欠了一万多块钱的账。村里好多人都是我的账主子。几十块钱我都借了的。整个村里,我借了几十个,30的、50的都有。有次放暑假,我去杨家沟借钱,杨家把一角一角的钱都搜出来借给我了。结果一共借了 60 多块钱。刘家自己有个小孩考上了中专,他还是给我借了 100 块钱。他说我只一个,还是比你轻松些,我还是给你借。(Q-W-D-2008-7-15)

正是以这样一些村民的行为为榜样,送子女读书成为村里人试图改变自身身份、追求更好生活方式的一种最重要选择。刘家、李家、钟家以及田家都先后培养出了四个中专生。

> 我们村就是看到我们下决心培养，其他人才跟着送的。考取的时候，我们去整酒接客，好多人都羡慕我们，说你们家出去那么多。我们一个都没有送好，你们往外面送几个。我们虽然很穷，但送读书送到后面，我们还是心情舒畅。跳出了这个地方。我们都已经成经典了，太平乡里都在传，说我们这里为送孩子读书把屋都卖了是第一例。（Q-W-D-2008-7-15）

另一方面，从 Q 家走出第一个大学生开始，族内人之间的相互帮助和竞争也促进了各个独立的家庭对子女受教育的进程和方式。家族是中国传统文化的堡垒，以血缘和亲情为基础的家族之间的关系往往能够超脱金钱和利益的约束，成就家族内亲朋之间的互助行为。如 QWD 的两个孩子在村里读完小学一年级和三年级之后，将孩子寄学到 QWC 家，随后 Q 家的另一个亲戚也将孩子转学到城里，希望 QWC 可以多加照顾和管理。而 Q 家的老四在身份逐渐放松管制的情况下，利用招工的方式来到了县城，其儿子在初二时留级并最终考上了中专。而这一行动事实上就是在 QWC 的帮助和劝说下完成的。联系到前一时期的 LYF 在是否复读的问题上，QWC 专门回来劝说并联系学校等行为，可以说 Q 家人内部之间的相互帮助，特别是对教育行为的支持不仅加强了 Q 家延续通过教育离开农村的模式，促进了家人之间的身份认同，也为村里的读书人提供了可供选择的模板与榜样。当然家族内不仅充满了相互之间的帮助，事实上各个家庭之间微妙的竞争也是促进子女教育的润滑剂，比较每个在学孩子的学业成绩、讲述 Q 家光荣的读书史成为每个家庭传统的保留项目，按照子女读书的地位来确立家庭在族内的地位与面子使父母更加关注子女的教育，而这种思想也逐渐成为全村送子女读书的一个主要动力，最具表现力的一句话就是"别人家都送出去了的，我们也要送出去一个啊，肯定大家都是那么想的。一把辣椒总还是要有个把辣的才行啊"。（H-C-L-2008-7-27）当然，Q 家事实上并不是一个真正意义上的家族，在整个槐村也并不存在严格意义上的宗族，而只是血缘最亲的家庭松散地形成了所谓的"Q 家人"或者"L 家人"。

而这一时期,村民纷纷选择中专作为教育的目标则是耐人寻味的。1990年到1995年考学的所有学生都不约而同地选择了中专。中专曾是许多农村学生的首选,而村民也不惜通过自费的方式去争取中专的名额,其价值在于它能够用较短的时间获得稳定的收益,保证村民直接"农转非"。随后,中专不包分配,价值衰落,由此村里也出现了中途退学的情况,而在2000年,村里还出现了考上大专不去读的情况,尽管Q家人都反复给她做工作,但她最终放弃了。由于她父母为他哥哥读书花费了不少的金钱和精力,包括送他去县城读书,然后又反复转学,最后通过职业高中的照顾名额进入大学学习,而她却失学在家,被村里人普遍认为是其父母重男轻女的典型户,但在调查中我们却发现这样的失学与其说是性别失学,不如说是功利教育价值观导致的失学。

> 小儿子是农校毕业,正规分到农机站。大儿子也复读了几年,后来买了一个中专来读,小儿子先读包分配,后来中专不包分配了大儿子才读了一年也就不读了。(Z-W-G-2008-7-13)

> 如果我考取的是本科就读了。我专科刚上线还要自己读本科。我就不想读了。我妈让我去复读,我不读。算了,我怕搞不好。三爷爷他们为了孩子读书把屋都卖了,那个时候包分配啊。现在连本科都不包分配了,我也就懒心了,不读了。(Q-H-L-2009-2-15)

正是这种功利性的教育价值观构成了这一时期辍学的主要理由,其直接表现形式为以成绩为指标,无视性别。虽然从读书的年限和读出来的总数按性别分类来看,村里的女性获得的机会要少很多。但在这一时期,性别的确不是决定家庭做出教育决策行为的第一要素,而是学业成绩。女孩子因为成绩比家庭中的男孩子成绩更好,所以获得了更好的教育机会;同样,男孩子也可能因为成绩比家庭中的女孩子成绩更好,获得更好的教育机会。

> 说老实话,我还是想让男孩子读大专。女孩子读了中专可以了,主要是女孩子好安家些。男孩子没有文凭不好安家。但一直以来他姐姐更听话,成绩

更好，所以后来还是让姐姐读了大学，而弟弟读了中专。(X-F-G-2009-1-7)

虽然性别也可能是导致女性辍学的原因，但在调查中，我们发现了唯一一个宣称坚持不送女儿读书的例子。

> 姑娘读书成绩就好啊。我送不起，她要读，我不许去。我就说，你自己看，你考取了我都不送，你是人家的人。她当时听了就晕死了。儿子读不到书，初中没有毕业也就没有读了，也差不多了。(Q-Z-H-2008-8-11)

但这种情况越来越少见了，按村里人的说法："他哪里是不送女儿读书啊，他是哪一个都不送，男娃女娃都不送。"由此可见，这类辍学与其说是性别导致辍学，不如说是因为教育价值观而辍学。

五、1999 年后：打工时代的来临与辍学

20 世纪 90 年代后期，虽然"经济条件不好""没有钱读"仍然被许多家庭作为辍学的主要原因，但经济对辍学的影响明显降低，一方面是因为整体经济发展水平的提高，农业税的减免、村民经济收入来源明显扩大，无论是出门打工，或者在家种烟、采山货，他们获得收入的来源和数量都明显增加，另一方面则是国家实行减免学费的政策，使得不少村民都可以读书。在这样的情况下，村民关于读书的观念日益分化。一方面村民愿意为孩子读书投资的热情增加，另一方面也出现了成绩好，但仍有学生辍学去打工的现象。由于村里的小学拆除，很多家庭都选择了一个大人去乡镇陪伴孩子读书的做法，事实上是增加了对孩子的教育投入。

> 小孩在太平读书，妈妈在下面陪读，帮她弄点饭。早上送晚上接，中午 12 点就放学了，下午就没有读书。硬是要绑着一个人，什么事情也做不了。现在我就想她读书读出去。读出去了，她一辈子也好过日子。(L-H-2008-8-11)

　　另一个重要的表现则是给孩子买学校读书的情况急剧增加,在 1999 年以前,村民给孩子买学校的现象还是凤毛麟角,而且主要集中在可以包分配的中专和大专类型,但 1999 年后村民买学校的类型和投资都大大增加,据初步统计这一时期给孩子买学校读书的情况不下 15 例。在学校类型方面,不仅包括中专、职业技术学校,还包括"三本"大学;在投入方面,从最初 1 万元就是极限到现在一个普通的职业技术学院至少花费 2 万元,而投入"三本"大学的花费则远远超过 5 万元。

　　　　女儿毕业了去荆州职业学校读的幼师。她不是考取的,等于是买的学校。刚开始 5000 多块钱。报名费 3000 多,后来一年 1 万,包括生活费。她读了两年,花了 2 万多块钱。不送她也没有办法。她回来搞不好生产。(H-S-J-2008-7-11)

　　　　这个三类读了学不到什么,以后又没有安排工作。还要读四年。出来要花 7、8 万。但我们还是送他读。他们三个我们都是买的学校。(L-Y-G-2009-1-28)

　　但是经济上的好转,并没有带来村里辍学现象的减少。这一时期,村里读大学的学生只有 3 人,而且进入高中学习的学生都大量减少。很多学生在未完成初中学业的情况下辍学。据在乡里初中的老师介绍:

　　　　现在学校里一个年级就有 70 多人辍学,各个年级都会少,光初三就要少六七十人。大家虽然都是希望自己的小孩能读出去,但很多情况会发生。比如被欺负、东西被偷、有时候饭也吃不上、有时候外面的人一邀(学校外面的人来找学生出去玩),七搞八搞希望就破灭了。家长也就觉得自己的孩子不可能读高中了,因此即使知道去外面打工会受气,反正考学也没有指望。特别是在我们这种学校,能考取的太少了。一两百人只能考取十几或二十几个人。所以有 10% 到 20% 的学生,最多有 30% 到 40% 的学生还竞争一下,好好学。剩下的 60% 到 70% 的学生,到了初三就不要笔、不要纸、不要书。什么都不要了,就来玩。(Q-H-F-2008-8-13)

这一时期，辍学的原因，首先来源于打工精英对家庭教育观念的冲击。自 20 世纪 90 年代末期，由于沿海地区的"民工慌"，使得村民出门打工的现象急剧增加。出门打工对于很多村民而言，不仅意味着离开农村，离开又苦又累的农村生活状态和生活方式，而且意味着享受城市生活的氛围和现代生活方式。在总结过去村庄读书比较有成效的原因时，唯有读书这一条路可以帮助村民实现身份的转变，成为最重要的理由。

> 这里的人比较诚实，大家没有什么世面，没有接触其他东西，他们就没有其他的路可以走，只有读书。(L-Y-Q-2008-8-11)
> 那个时候觉得除了读书也找不到其他的路啊。你不好好读书，回来就只有挖石头，苦死、累死。当初的要求就是离开农村，这是唯一的要求。那个时候觉得那些人能考出来，真好。有工作、有工资、有钱。但是现在读书不一定是唯一的。(Q-Z-H-2009-2-17)

90 年代后期，由于外出打工也是"离开农村"的另一个选择，读书的诱惑事实上逐渐褪色，而读书还意味着一条更加艰苦、更加枯燥、更具有风险的选择，因此 90 年代末期以来，考上大学的学生也在逐渐减少。过去，村民最羡慕的人是大学生，对培养出大学生的家庭怀有羡慕、嫉妒、尊敬等复杂的情感，但现在除了大学生以外，另外一类人——打工精英也成为村民羡慕与尊敬的对象，这类人往往是辍学者——符合村民的一般身份特征，能言善道，挣钱不少——符合村民的希望，同村里的文化精英那种戴眼镜、不爱说话、内向以及疏离的形象相比，打工精英更能赢得村民的好感，而打工精英往往比文化精英挣得还多的事实也打击了家庭投资子女教育的积极性，打工精英所宣扬的"文凭无所谓，关键是要有能力""文凭就是装点门面"的观点也在村里流行起来。

> 人要读书，只是读书多和少的问题。现在一个文盲走出去，绝对没有活路。多少要识字。我出去发现很多人书都没有读，当老板的多得很。(Q-J-H-2008-8-13)

书要读,但是读到什么程度无所谓,读到一般化就行了。读到读不到无所谓,人不傻,有精干子(有能力)就行的,搞生意,搞大生意,怕好了! 你考大学,可能还要开点后门才能给你搞点事情来做。送孩子读书主要还是想孩子们轻松点,找个事情做啊。大学生现在多得很,还要自己找工作。你只要不上当,做点生意,也不会差。(W-Z-P-2008-7-11)

出门找工作讲的是本事,不是文凭。真正做事情的时候,不是讲学问。(Q-Q-2008-8-11)

其次,则是大学神圣形象的破产。如果说打工精英的形象覆灭了传统大学神圣的基本观念,那么大学自身在 1999 年以后的改变,则加速了这一蜕变。大学神圣的观念源于大学文凭的象征价值,它不仅是身份改变的象征,也是实现从文化资本向社会资本和经济资本转化的起点。过去的观念是大学——大学文凭——城市人、稳定的工作——稳定的收入,但随着大学就业制度的改革,这一观念已经发生了很大的改变,过去的铁饭碗早已打破,代之以就业市场的能力原则,即能力——好的工作和收入,文凭的价值大大降低。经济危机期间,正值村里一位一向被看好的大学生找工作,前景的黯淡与招聘市场的冷清让他颇有些惭愧,最后他只能抛弃过去想留在大城市的想法,前去新疆的一个油田工作,虽然他的母亲反复强调说:

打工必然不长久。打工的年龄过了就没有机会了,始终离不开农村。(X-F-Y-2009-1-28)

过去大学在村民中的地位已不复存在。而"三类"大学的出现,以其高收费、低质量、低价值(就业市场)的特征,使神圣大学的形象面目全非,也降低了大学在劳动力市场的竞争能力。Kelly[1] 的研究表明,增加大学机会,通过扩大大学系统,降低二级后教育成本的方式将增加高中辍学率。由于就业市场雇主选择工人时,往

---

① Kelly Bedard. Human Capital Versus Signaling Models: University Access and High School Dropouts[J].Journal of Political Economy,2001,109(4):749-775.

往根据工人所要求的工资水平和教育程度所能带来的最大利益为标准，而工人也会比较教育成本与工资之间的关系并选择能带来最大价值的教育水平与程度，因此教育机会的扩大使得文凭的价值降低，从而增加了辍学的可能性。这一结论与槐村的教育辍学现象是一致的。

> 三类不考虑，考起了也不送。二类以后考公务员还有点资格，三类读着有什么作用啊。（Q-H-F-2008-8-13）
>
> 三本读着也没有多大意思。我说，读书要么就好好搞，找个正式的工作；搞不好的，差不多就行了。我有个同学，没有读大学，做销售一样一个月一万多。（Q-J-H-2008-8-13）
>
> 过去投资教育的收益是稳定而可见的，因此没有特别情况，学生辍学的主要理由是因为成绩不好，或者是条件差，成绩也不好，但现在投资子女的教育其收益是不确定、风险很大的行为选择，在这种情况下，学生对读书的排斥也溢于言表，村民的辍学现象不仅没有减少，反而出现了成绩不错也辍学的情况。
>
> 读书也苦。唉，难得读。（H-H-K-2008-8-20）
>
> 现在努力读书的人不多，不读的人没有。现在社会环境好了，生活过得太舒服了，对读书也没有兴趣，没有什么理想了，觉得过得舒服就行。（L-Y-Q-2008-8-11）
>
> 现在一般读完初中就不读了。现在生活水平好些了，不觉得读了书能更好一些。出去打工也能赚钱，觉得还潇洒些、舒服些。比你读书的人拿钱拿的不会少。（P-Q-L-2009-1-28）。

六、时代与个人的互动：辍学因素的重新考量与分析

一般而言，辍学是指学生没有完成规定学业所发生的中途退学行为。以上的材料显示，辍学是一个与读书相对应的概念，其内涵与外延会随着时代与社会的发展而变化。而影响辍学的因素也随着时代与社会发展，其地位与影响力也发生了

重要的改变。

（一）不同影响因素的地位变化

1.经济因素

家庭贫困是各个时期被访者最经常提及的主要原因之一。而相关的研究也证明辍学者往往来源于低收入家庭。但是在各个时期，经济贫困对辍学的影响程度并不相同，在极端贫困的条件下，经济因素对于辍学的影响是决定性的，随着社会的发展，经济因素对于辍学的影响力在逐步下降。调查显示，学生因付不起学费辍学的比例大约为 32.8%，排在孩子不愿意上学（48%）之后。[1] 而研究也表明东部农村地区，收入约束并不能成为这些地区农户子女辍学行为的绝对解释，非经济层面的因素正从某种意义上对这一行为产生更大的影响。[2] 而且，即使在相同的经济条件下，学生所接受的教育年限可能也是不一样的，即使在经济最贫困的六七十年代也是如此。

2.性别因素

有研究者将导致女性辍学最主要的原因归于贫穷，并认为当一个贫困家庭考虑一个女孩能帮助做清洁、做饭、收集柴火、打水、照顾年幼的孩子，考虑到一个女孩即使受了教育也很少有机会获得一份有报酬的工作时，女孩就更容易辍学。即使女孩有机会上学，家务的负担往往也会取代教育学习的过程。有关莫桑比克初等教育的研究表明，导致学习成绩差最重要的一个因素就是孩子在学习之外劳动所占用的时间与强度。[3] 但在贫穷的家庭，无论男孩子还是女孩子都是需要做事情的，只是他们做的事情性质不一样。女孩更倾向于家务，如做饭、洗衣、照顾年幼的小孩，而男孩则更倾向于干一些体力活，如背柴、种田，在笔者所调查的家庭里，几乎所有的男生或者女生都需要在农忙时、放假时尽自己的所能来帮助家庭。简

---

① 蒋中一.关于普及农村九年义务教育中的集资和学费问题——东、中、西部典型村情况的比较[C]//中国扶贫论文精粹.:中国扶贫基金会,2001:483-491.

② 苏群,丁毅.初中阶段农户子女辍学行为影响因素分析——以闽北农村地区为例[J].中国农村经济,2007(06):39-45.

③ Patricia Lone.Keeping Girls in School[EB/OL].(2010-02-02).http://www.unicef.org/pon96/edgirls.htm.

单地将女性辍学归因于女性更适合做家务，忽略了男性也承担一定家庭责任的事实。通常情况下，如果家里有多个小孩读书，最有机会读书的人往往是最小的孩子，而不一定是男孩子。在对母亲劳动参与率的研究中发现，家中有年长女童照料孩子会显著提高母亲就业参与，但会影响年长女童的入学率。同样，男孩是父亲劳动的有效替代者，父亲劳动较忙，对于男孩教育也会有影响。①

很多研究将女性辍学归因于传统——逻辑上，人们认为儿子将成为未来家庭的主要支柱以及父母的主要赡养者，因此他们必须接受教育。相比较而言，尽管女性的工作，时间可能更长、强度可能更大，但并不能直接带来货币收入。而且，一般的传统文化认为，婚姻往往使女孩成为其丈夫家庭的一部分，因此，对于女孩接受教育的动力也就小得多。②但传统观念的影响在中国也有逐渐下降的趋势。根据对山东、四川、内蒙古以及陕西农村家庭的调查显示，约有91.3%的农民认为男女受教育应该一样多，只有8%的农民认为男孩应该接受更多的教育。由此可见，农民的教育性别观念已经逐渐淡化，这也与本研究的结论基本一致。③

更多的研究表明了女生生活中的特殊事件往往是导致女性辍学的主要原因。一份来自埃及的研究报告表明，当学校与住家的距离超过三公里的时候，女性的入学率将只有30%，如果学校与住家的距离在一公里之内的话，则女性入学率可以达到70%。在调查中，我们也发现了这类生活特殊事件对女性辍学的影响，但这种案例是非常特殊而少见的。事实上，随着家庭结构的变化，男孩与女孩的差别已经不再重要，传统重男轻女的思想遭到了很大的冲击，由于大多数家庭一般只选择生一个小孩，或者两个小孩，性别因素已经不是导致女性辍学的主要因素了。

3.民族或种族因素

研究者就性别、种族和区域特征对学生辍学的影响进行了大量研究，其结论认

---

① Rumberger R W.Dropping out of High School：The Influence of Race，Sex，and Family Background[J].American Educational Research Journal，1983，20(2)：199-220.

② Patricia Lone.Keeping Girls in School[EB/OL].(2010-02-02)[2011-10-13].http://www.unicef.org/pon96/edgirls.htm.

③ 许林.农民教育观念的变化与更新——基于四川、山东、甘肃、内蒙古部分农村地区的调查[J].教育发展研究，2007(07)：50-53.

为种族的影响远大于性别对学生的影响。在对劳动力市场观察研究也发现,拉美裔与非洲裔相比,即使面对相同的劳动力市场条件,也会表现出不同的行为方式。① 但也有研究者发现在控制其他因素之后(尤其是社会经济地位),因为种族原因而辍学的居然为零。② 但我们必须认识到,由于中国乡村以及民族的差异性,在本研究中,村民虽然是单一的少数民族,但其民族特色、性别观念并不十分突出,而且在少数民族聚居地,少数民族的观念事实上也非常淡薄。因此民族与性别的影响十分微弱,比较而言,其他民族的性别观念或者民族观念会对教育投资行为产生很大的影响。但民族因素往往需要通过与其他因素一起对辍学产生影响,随着社会的发展和进步我们相信,民族与性别的影响逐渐减弱必然成为一个事实。

4.教育筛选制度

由于高考制度确立了按照成绩的选拔标准,学业成绩也成为辍学者最常提及的重要因素之一。学业成绩好坏往往是判断一个学生是否会辍学的一个指针。教育筛选制度不仅是功利教育价值观形成的重要原因,也是学生辍学的强制性外在因素。教育筛选制度作为一种社会存在,其选拔标准代表国家、社会和时代的意志,直接对学生是否辍学施加强制性的、直接的影响。可以说,教育筛选制度的存在是当前中国农村地区辍学的重要原因。此外,还包括教育政策因素、家庭结构与特征、劳动力市场、学校因素等。

(二)教育价值观的影响

重视对辍学因素的罗列与分析,很可能发现影响辍学的因素越来越复杂。在辍学因素不断分解与细化的过程中,我们仍无法确定地解释学生辍学的因果联系。一般性的常识认为,学生因为成绩不好所以辍学,因为家庭贫困所以辍学,这也是我们在调研中最常听到的解释,但这很难解释为什么在村民的贫富差异并不很大的情况下,有的家庭选择义无反顾地读书,有的家庭则选择辍学,也无法解释有的

① Stephanie O. Crofton, William L. Higher Real Minimum Wages Lead to More High School Dropouts? ——Evidence from Maryland Across Races,1993—2004[J].American Journal of Economics and Sociology,2009,68(2):445-464.

② Rumberger R W.Dropping out of High School:The Influence of Race,Sex,and Family Background[J].American Educational Research Journal,1983,20(2):199-220.

家庭在孩子没有考上高中的时候仍然愿意交钱让孩子读书。人力资本理论认为当读书的回报和收益小于付出的成本时，学生就会辍学，但这样的观点无法解释为什么还是有很多学生仍然愿意去读"找工作很困难的三类大学"；理性选择理论认为由于求学意味着需要冒更大的风险，因此选择辍学在家务农是一个更为理性的选择，但在有些家庭花了很多钱送孩子读书失败（孩子仍没有考上大学）后，仍有家庭选择这样的道路。在这些特殊的案例背后，我们有必要探讨教育价值观对辍学的影响。

教育价值观是人在教育活动中对所追求的价值理念和目标的反映，是人从特定的背景、立场和发展需要出发对教育活动的价值和功能的看法和认识，也是对人自身发展需要的检视。[①] 一个人对于教育不同的价值评价会产生不同的教育行为。[②] 在槐村各个教育历史时期，我们都可以看到不同的教育价值观对于村民教育决策的影响，它可以超越不良经济条件、性别以及其他因素的制约，表现出家庭与个人对于教育投资的能动性，也可能在各种影响因素逐渐改善的情况下，坚持辍学行为的选择。在笔者看来，教育价值观是以教育期望为基础的对影响教育因素的判断、权衡与博弈，并对教育投资行为产生影响的看法与认识。如果说，在政治因素的影响下，个人的能动性在一定特殊时期往往是无力或者有限的，那么在政治因素逐渐减弱的前提下，一个家庭的教育价值观往往是反映个人主观能动性的一个重要指标，它能够超越性别因素、不良经济的影响成为家庭支持孩子读书的基本动力，并直接表现为对坚持读书行为的坚定性、持久性。

教育价值观教具有个别性、多样性与统一性的特征。在社会生活和教育实践过程中，个体的经济政治地位、教育文化的传统与熏陶、特殊的文化背景与人格特征等都对教育价值观具有重要的影响。这就使不同时期、不同地区、不同家庭的教育价值观呈现出整体上的复杂性与多样性，这也意味着虽然从统计学意义上，我们可以归纳出影响辍学的一般性因素，但具体到家庭与个人的教育行为选择却是特

---

① 刘旭东.对教育与生活关系的思考[J].教育研究,2007(08):53-57.

② 赵玉芳,毕重增.教育价值观的心理学思考[J].西南师范大学学报(人文社会科学版),2004(02):45-48.

殊的、个别的,具体的、主观的。虽然教育价值观是一定时代不同客观因素的反映,但在对各种因素取舍、权衡与博弈的过程中,家庭与个人的主观性明显。因此,在同样贫困、同属于一个时期、民族、性别、地区、村庄、学校的不同家庭最后做出的教育选择行为也可能是不一样的。这样的选择偏好反映了各因素作用于不同家庭的特殊性与整体性。这也是为什么各个时期,村民都坚持家庭经济不好是导致辍学的重要因素,却无法解释同样条件下其他家庭却可以坚持送孩子读大学的原因,因此只能将之归因于命运、根盘或者"祖坟埋得好"这些无法证明的因素。事实上,在教育价值观的形成过程中,经济因素与性别因素、学业成绩因素、时代因素等已经整合成一种判断,形成了辍学还是上学的基本决策,因此,我们在分析时无法区分究竟是哪一个因素在决策过程中起着更加决定性的影响,只是经济因素往往是更直观与常识性的原因,所以被村民更加频繁地提及。

同时,人又总是生活于一定社会条件和一定的社会群体之中,不同社会主体的相互交往、相同的社会经济政治地位、相同社会群体中人们共同的社会生活和教育实践的经历、共同的教育文化背景,使人们的教育价值观在一定时期和一定的群体中又具有共同性和一致性。就农村教育价值观的形成而言,村民之间的相互影响有着重要的意义。在信息不对称的情况下,村民之间,特别是村民与外出者之间的交流,往往反映出国家宏观政策、劳动力市场的变化与趋势,从而对村民的教育决策提供了重要的信息途径,这也正是国外关于辍学研究中所强调的邻居效应的问题。与宏观的经济背景或政策研究不同,也和个人与家庭的特征与背景研究不同,邻居效应关注的是在一个中观的环境里考察社区或居住区对辍学的影响,其目标在于揭示已经发生的社会现象与个人的动机、选择、行为与社会地位以及具有相似的特征的居民区之间的因果关系。近年来的研究表明,邻居的条件的确会影响教育的获得,即使在控制了家庭背景、地区、城市大小以及当地的经济条件的情况下,这些影响肯定仍然存在。邻居质量(主要指财富和社会经济地位)越高,学生从高中辍学的可能性越小,同时他们完成大学学业的可能性也更大。

槐村村民接受教育从而达到改变农村人的身份状态和生活方式曾经成为一种主流的社会流动渠道,过去大家所熟知招工、参军等途径,其所产生的社会流动意义,已经逐渐被遗忘和淘汰,一方面,参军和招工的人在社会发展中,由于学历偏低，在经历了企业职工下岗的过程后，其中的很多人大都进入下岗的行列，他们虽然在城市生活，却生活得更像城市里的农民，成为被城市所抛弃的群体，只能靠一点微薄的工资来维持生计；相比较而言，那些靠读书走向城市的人却真正成为城市的一分子，他们因为自己所拥有的专业知识和技术从而拥有了正式的身份，他们大都从事医生、公务员和教师的职业，虽然都是"饿不死、富不了"的职业，但也是真正靠自己的能力吃饭的职业。这样的对比为后来的读书人提供了更加充分的理由选择读书的途径来改变自己的身份和命运，在这种情况下，大学文凭作为一种象征资本更容易转化成经济资本和社会资本，村民对教育的投资热情也得到了不断的增强。但进入 21 世纪以后，村民对于"城市人"的身份的兴趣逐渐降低，而代之以对金钱的直接追求，相应地，文凭作为取得城市人身份的有效路径，其地位与价值也大大降低，村民对教育的投资热情随之降低，而打工也成为许多家庭和个人在放弃教育投资之后的第一选择。

在打工时代来临时，村民对教育的价值观遭遇着来自不同信息的冲击与重构，一方面，打工为年轻的辍学者们找到了一条离开农村苦生活的道路，这既不像以前只有天赋聪明的读书者通过家庭的沉重的付出才能离开农村，也不像六十年代的招兵、招工，需要一定的社会关系和能力才能离开农村。从某种程度上说，出门打工区别于过去的"文化精英路线"成为大多数人能够离开农村的自助选择的"民众路线"。在这种情况下，给村民的教育观念带来了很大的挑战，一时间主动辍学、对学业缺乏动力成为主要的选择。但随着打工者的返乡，对打工的反思与重新认识也逐渐在村民之间相互流传，"打工挣不到钱""给别人打工很下贱""出门尽被骗""出门还是要识字才行，不然坐车都要坐错"这类评价成为基本的共识。2006 年村里有 5 个人因在煤窑打工死亡，年龄最小的 18 岁，最大的只有 41 岁。对此，村民的基本评价就是，"没有文化的人想赚钱就只能是去挖煤，结果连命都没了"。在这种情况下，村民对于读书的看法分化成两类：一类认为，读书还是要读的，但是如果不能读到一类、二类大学，那还不如去打工。但没有知识打工也面临困境，因此强调至少也要初中毕业，以后随着时代的发展还需要进一步提高文化水平；另一类认为，多读点书，多识点字总还是要好些，所以希望尽可能地让孩子多读点书。毫无疑问，这种观念上的转变事实上有利于提高村民的整体文化素质。在经历了辍学打工的阵痛之后,过去小学或初中还未毕业就辍学的教育观念逐渐转变成至少要读初中毕业的观念和认识。而这正是过去仅仅靠《中华人民共和国义务教育法》的法律效力无法达到的。

另一方面,村民对于"买学校"的宽容度越来越高。在过去,村民对于"买学校"深以为耻,"买学校绝对不干"几乎成为一个普遍的行为规则。但随后无论是出于父母"自己没有读好书,希望孩子多读点书"的补偿心理,还是出于"别人都在读,我们的小孩也要读"的比较心理,买学校读书的行为开始占有一定的比例。在乡村生活里,虽然人与人之间的关系越来越倾向于用金钱和利益作为人际关系的重要方面,计算和理性预期的回报成为人际交往的动机,但在祝贺考学成功者的酒席上,大家对其家庭的资助事实上却更多的带有帮助和鼓励的成分,尽管自己家里已经没有人会因为读书、考大学摆酒席,但大家仍会"凑钱,帮小孩读书",即使在对方没有邀请的情况下,有人也会主动去参加酒席。不过,这样的行为也逐渐形成了相应的规则,即仅限于正式考取的家庭,对于现在所谓的"买"的学校,一般家庭都不办酒,即使考上了三类大学,也不会办酒,"觉得没有必要办酒,又不是正规的",在村民看来,读这类大学还不如直接去打工。但在几年之后,虽然仍有部分村民坚持"坚决不送"的态度,但也有部分村民面对是否会送小孩读三类大学的问题,出现了松动,"到时候再看吧。现在还是要鼓励他说不送,但以后的事情说不清楚";"如果他想读,还是会考虑。多学点东西总还是要好些"。

从以上的分析,笔者认为,农村已经出现了两种完全不同的教育价值观,一是功利型的教育价值观,一是学习型的教育价值观。前者家庭投资子女教育的目的是子女能够改变"农村人"的身份,离开农村,成为真正的城市人,因此重视家庭教育投资与收益的矛盾,当收益稳定的情况下,会刺激家庭教育投资行为,并超越经济条件的限制;当收益不稳定或风险较大时,家庭教育投资也会相应减少,其表现形式是按照学业成绩的优异与否,决定教育投资的行为,而忽略性别、家庭经济条件以及其他相关因素,这种教育价值观曾经支持农村教育取得了很大的成绩,槐村出现第一批大学生以及90年代初期大学生激增的现象正是这一教育价值观扮演了重要角色。但进入高等教育大众化时代以后,农村教育的经济发展水平有了一定程度的改善,大学数量的增加以及就业市场的变化等原因,学习型的教育价值观逐渐形成,并在村民中形成了对于子女教育问题不同的看法。这种教育价值观更关注文化教育对于提升个人文化素质与学习能力的提高,强调教育是为了更好地生活,而不是改变农村人的身份,在他们看来,即使在农村生活也是需要相当的文化知识与水平的,因此"多学点知识总比不学、少学更好",虽然这类教育价值观也希望子女能够通过教育获得更多的机会,不排斥教育的功利性价值,但他们往往能够超越学业成绩与收益风险的限制,不排除买学校读书的可能性,更加关注经济投入与教育质量之间的矛盾。目前农村家庭对于读三类大学以及其他职业技术学院的态度证明了这一教育价值观的存在及其合理性,它为提高农村的整体文化素质有着积极的促进作用。

虽然,这种类型的教育价值观目前还处于式微的状态,但相信随着农村社会条件的进一步改善,这类教育价值观会对农村教育投资行为带来更加深刻的变化。下面就是笔者就两种不同的教育价值观的机制、条件与特点所作的一个简单的总结(见表1)。

表1 乡村生活中两种教育价值观的比较

	功利型教育价值观	学习型教育价值观
对教育的基本看法	重视教育的功利性目标 强调教育对于社会流动的意义	重视教育的教育性目标强调多学知识的意义
基本条件	在收益稳定的情况下会刺激教育投资行为	在经济发展到一定程度下会增加教育投资行为
关注的焦点问题	关注经济投入与收益的矛盾 在乎学生的学业成绩	关注经济投入与教育质量之间的矛盾 在乎学生是否多学了知识,增长了能力
对买学校的态度	反对	不介意
对三类大学的态度	读这类大学没有意义,坚持不送	只要孩子愿意读书,我们就愿意送

(三)农村家庭教育选择行为模型的建构

造成青少年辍学的原因是多元和复杂的,国外研究者根据辍学生的背景特征、学校特质、受教育环境、外部因素、学校表现和留校意愿等因素分别加以探讨,建构出不同的辍学模式,主要有 Tinio 的"中途辍学概念模式"、Miner 的"中途辍学修正模式"、Ekstrom 等的"中途辍学路径模式"和 Barr Rort 的"一般系统理论辍学模式"①。根据笔者对槐村的调查与理论分析,笔者认为在农村家庭的教育决策中,宏观的经济、政治与社会政策背景通过邻居效应以及信息交流等渠道逐渐内化为具体的家庭经济因素、性别民族因素等其他影响因素,从而使得农村家庭在一个相对比较封闭、狭小的社会空间内做出是否继续教育投资行为的选择,其核心问题是读书与辍学的矛盾与选择,其直接影响因素是家庭或个人的教育价值观与社会筛选制度,其中教育价值观的形成则是时代与社会发展中的各类因素的综合、认识与权衡(见图 1)。

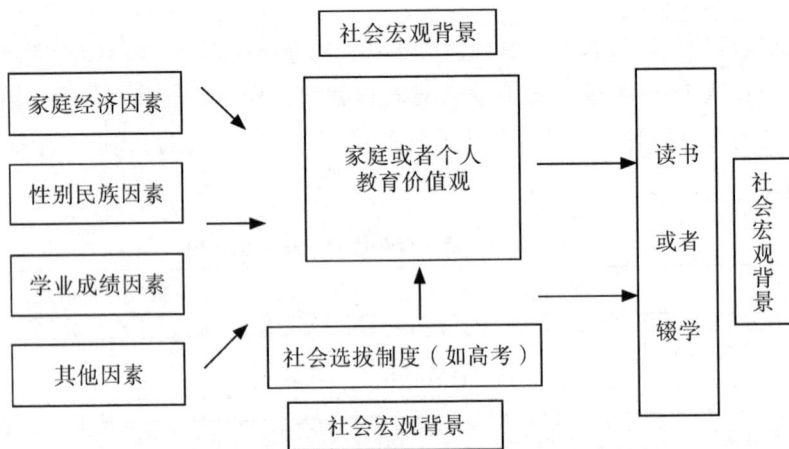

图 1　农村教育决策行为模型

七、结论

基于前面的分析,我们可以得出以下的结论:经过时代与社会的变迁,我们的教育价值观在不断发生变化,影响我们读书或者辍学的因素其实也在发生变化,这些因素在决定我们的行为选择的地位也在不断发生变化。经济的、市场的、民族

① 魏莉莉.关于国外的辍学理论研究述评[J].当代青年研究,2008(09):60-67.

的、性别的因素其影响在不断减弱，个人的教育追求与价值观的作用在家庭教育决策行为中扮演着愈来愈重要的角色。当然，本研究仅仅是立于一个村庄的特殊经验与总结，在民族因素对于教育决策的影响上还需要不同民族的经验调查才能得出更加令人信服的结论，所归纳的关于辍学的因素与模型在多大程度上反映了中国农村家庭教育决策的基本模式，还需要更多材料与地区访谈的经验支持，如何在统计学上印证这一模型的合理性也是本研究需要进一步深入与拓展的领域。

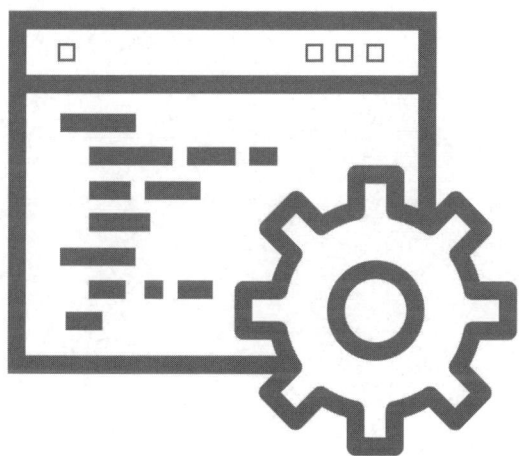

第二编

教育史研究

摇摆与反复:美国"百分比计划"
进展与走向*

"肯定性行动"(Affirmative Action)是美国政府为消除种族歧视,向少数族裔群体适度倾斜与照顾的特殊政策,但这一政策从一开始就遭到批评与反对。在教育领域,加利福尼亚州、得克萨斯州和佛罗里达州率先取消"肯定性行动",代之以"百分比计划"(Top Percent Plan),从而对美国的少数族裔高等教育入学机会产生了重要影响。但"百分比计划"并没有从根本上解决"逆向歧视"的问题,也无法回避来自公平与效率的质疑。加利福尼亚州、密歇根州的最新动议以及联邦最高法院的判决显示美国少数族裔招生政策具有很强的反复与摇摆性,"百分比计划"的未来走势不容乐观,其讨论的焦点问题值得我国制定少数民族招生政策时仔细研读与反思。

一、从"肯定性行动"到"百分比计划"

1965 年美国总统林登·约翰逊(Lyndon Johnson)签署第 11246 号行政命令,要求政府采取行动帮助不同种族的公民获得平等的就业与受教育机会,标志着"肯定性行动"的正式出台。在此背景下,美国大学积极制定少数族裔学生特殊的录取政策和资助政策,保证黑人、印第安人以及拉丁裔学生可以优先录取获得高等教育入学机会。但"肯定性行动"以道德与良心为出发点,以种族为基础,强调通过补偿与照顾,试图以不平等的手段达到结果平等和实质平等与宪法平等原则产生了冲

---

* 原文发表于《比较教育研究》2018 年第 1 期(合作作者:杨玉婷)。

突。因此,自 20 世纪 70 年代以来,大学的肯定性录取政策频频被诉之于联邦最高法院。[①] "配额制"和"加分制"都先后被宣布"违宪","逆向歧视"将"肯定性行动"推向了舆论的中心。联邦政府也一度试图取消该政策,最后决定"修补但不终止(mend it,not end it)"大大削弱了该政策的有效性。20 世纪 90 年代"霍普伍德案"(Hopwood V.University of Texas Law School)对"肯定性行动"产生了决定性的影响,第五巡回上诉法院宣布种族不能作为高校录取的依据,否则违宪,[②]从而直接动摇了肯定性录取政策的基础。由于巡回法院管辖范围包括得克萨斯州、密西西比州及加利福尼亚州,这也意味着这些州的"肯定性行动"面临大的变革。

1995 年,加州大学校委会率先通过禁止加州大学实施肯定性录取政策的方案;随后 1996 年加利福尼亚州通过了取消肯定性录取政策的"209 提案(California Proposition 209)";1997 年,加州大学董事会以 13:1 的投票表决通过了这一政策,并于 1998 年全面实施。1999 年,加利福尼亚州州长格雷·戴维斯(Grey Davis)在其就职演说中首次提出,每所公立或私立高中班级排名前 4% 以上的毕业生,都将被加州大学录取。同年 3 月,加利福尼亚州政府颁布了"本地录取"项目,即"前 4% 计划"(Top 4% Plan)的高校录取政策,并确定三年后实施。2001 年,该计划将年级排名的标准调整为前 9%。为了确保不同政策条款的相容性,加州大学董事会同意以双重录取方案对"前 4% 计划"加以补充完善,对年级排名前 4% 至 12.5% 的学生予以临时录取,如果这些学生在社区学院内完成前两年课程且获得的 GPA(General Point Average)不低于 2.4,也可转学进入申请高校就读。[③]自此加利福尼亚州成为第一个以州提案形式废止肯定性录取政策、实施"百分比计划"的州,并促进与推动了其他州的发展。[④]

紧接加利福尼亚州,得克萨斯州于 1997 年通过了《588 法案》(House Bill

---

① 覃红霞,刘海峰.美国弱势群体入学政策的法律审视与启示[J].高等教育研究,2015(3):91-96.

② 詹姆斯·科尔曼.普及知识:被忽视的公共教育目标[J].教育与考试,2016(5):21-30.

③ Top Four Percent[EB/OL].(2001-03-15)[2016-08-14].http://www.ucop.edu/news/archives/2001/nov15artl.htm.

④ Gorman S.The 4 Percent Solution[J].The National Journal,1999(19):774-775.

588)，即"前10％计划（Top Ten Plan）"。① 此计划规定在得克萨斯州就读的高中学生，不管是不是得克萨斯州居民，只要排名在其高中所在班级前10％即可自动录取到得克萨斯州37所公立大学中的任意一所高校。这一政策的特殊性在于此计划不仅仅面向得克萨斯州居民，而且面向全部在得克萨斯州就读的高中学生，而不考虑学生的标准化测验成绩或其他任何标准。高校可以要求学生提供推荐信和高中成绩单、组织面试和体检，并要求学生参加作文测试等，但过去录取的主要依据——SAT成绩或ACT成绩，仅仅成为判断学生是否需要学术辅导以及入学后跟踪评价的依据。为了保证"前10％计划"的顺利实施，得克萨斯州为参加这一录取项目的所有高校提供少数族裔奖学金，同时要求每所中学张贴公告保证学生们都了解"前10％计划"及其申请程序。②

2000年佛罗里达州州长吉布·布什（Jeb Bush）签署行政命令"一个佛罗里达动议（One Florida）"，即"前20％计划"。该决议取消了肯定性录取政策，确保排名在高中班级前20％且完成必修课的申请人可录取到佛罗里达州的11个公共高等教育机构。为此，佛罗里达州专门成立了一个委员会，每三年对录取的少数族裔学生进行专门评估，并将学生多样化作为考核大学校长工作的指标之一。州政府也增加2000万美元的财政预算为学生提供奖学金、资助相关活动并设立大学入学前学习培训班等。③ 与加利福尼亚州和得克萨斯州不同的是，佛罗里达州的"百分比计划"并不是法院判决的结果，而是由州政府强制推动实施的。它赋予高校一定自主权，并不强制要求州内的精英大学必须录取前20％的学生。如果学生的19门必修课成绩平均水平是B，或者他们的GPA成绩低于B，则董事会有权将学生的GPA成绩与入学考试分数按一定比例进行测算，并决定这些学生是否能够进入州

① Fullinwider R K，Lichte nberg J.Leveling the Playing Field：Justice，Politics，and College Admissions[M].Lanham：Rowman & Littlefield Publishers，2004：190.

② Long，M.C.Affirmative Action and Its Alternatives in Public Universities：What Do We Know？ [J].Public Administration Review，2007(2)：315-330.

③ Percent Plan：How Successful Are They？ [EB/OL].(2000-10-09)[2015-12-09].http://www.diversityweb.org/digest/vol7no1-2/percent_plans.cfm.

立大学学习。[①]

　　至 20 世纪末,全美先后有 8 个州取消了肯定性录取政策,除以上三个州以外,还包括华盛顿州、内布拉斯加州、亚利桑那州、新罕布什尔州和俄克拉荷马州。但这些州在废除肯定性录取政策后,出现了少数族裔学生进入公立大学特别是精英公立大学的人数迅速下滑的现象。为了缓解这一趋势,少数族裔集中的加利福尼亚州和得克萨斯及佛罗里达州开始实施"百分比计划"。三州的政策具有趋同性,均以"无种族色彩(color-blind)、种族中立(race-neutral)"为原则,对州内高中不论规模、贫富、地理位置和教学质量采取统一标准。其目的是避免肯定性录取政策所带来的诸多问题与挑战,同时各州政府也希望实施该项目能吸引少数族裔学生、农村学校学生进入高等教育机构,从而为学生提供多样的教育环境,实现特色、多样化的人才培养目标。[②] 在"百分比计划"实施过程中,各州都赋予高中非常大的自主权,规定由各高中自行决定年级排名的标准及符合排名标准的学生资格审核,其优先录取资格的有效期为两年,[③]即申请者在第一次申请入学当年的前两学年中任一学年毕业于州内公立或私立高中,且学业成绩 GPA 在高中毕业班级排名达到录取前 X％要求,即可向州内任意一所公立高等院校提出入学申请(加利福尼亚州仅指加州大学),且被该校自动录取。一般而言,学生可根据自己的真实情况申请,高校提前公布学校的录取计划与标准,并对申请者进行审核,筛选过程对所有参与计划的高中与全体学生公开,允许社会监督。

二、"百分比计划":影响与争议

　　"百分比计划"出台后得到广泛支持,作为无种族色彩的招生方案,"百分计

---

　　①　Percent Plan:How Successful Are They? [EB/OL].(2000-10-09)[2015-12-09].http://www.diversityweb.org/digest/vol7no1-2/percent_plans.cfm.

　　②　Texas House Bill 588, section 51. 803 [EB/OL]. (2009-07-20)[2015-12-09]. http://www.utexas.edu/student/admissions/research/HB588Law.html.

　　③　Cullen J B,Long M C,Randall R.Jockeying for Position:Strategic High School Choice under Texas' Top Ten Percent Plan[J].The Journal of Public Economics,2013(17):32-48.

划"被认为是提高少数族裔入学率的有效手段,更成为否定肯定性录取政策的充分根据。但随着实践的开展,对"百分比计划"的批评日趋增多,研究者普遍认为"百分比计划"是否能够完全取代肯定性录取政策令人怀疑。

首先,研究者发现三州自实施"百分比计划"以来,立刻出现了少数族裔学生迅速下降的现象,特别是在高选择性大学,高校学生构成多样化的目标远未实现。佛罗里达州最具竞争性的佛罗里达大学,2000年秋季新生中黑人占比11%,而2001年实施"前20%计划"后,黑人学生的注册率降为5%。[①] 加利福尼亚州实行"前4%计划"后,伯克利分校和洛杉矶分校的黑人注册比例明显减少。1999年加州大学不同族裔录取率为白人40.9%,黑人4.4%,西班牙裔15.8%,亚裔31.5%;实施"百分比计划"后的2000年录取率分别为白人学生39.5%,黑人学生3.3%,西班牙裔学生13.8%,亚裔学生33.3%。[②] 到2005年,加州大学录取一年级新生比例亚裔上升至40.1%,黑人学生下降为2.9%,西班牙裔学生下降为12.7%。至2010年,亚裔学生的数量仍占加州大学系统比例的39.8%,2016年这一数据维持在39.5%,远高于亚裔占加利福尼亚州人口总数的比例。对此,研究者指出废除"肯定性录取政策"后实施的"百分比计划"对黑人和拉丁裔学生造成相当大的影响,亚裔则成为"百分比计划"最大的受益者。这也从一个侧面反映出"百分比计划"的推行并没有实现公立高校学生构成多样化的目标。正因为如此,三个州不约而同对"百分比计划"进行了调整和改革。2013年加州大学录取28.1%的白人学生,27.6%的拉丁裔学生,4.2%的黑人学生。2016年加州大学白人学生数量比例只占学生总数的24.6%,拉丁裔学生占到24.3%。如果考虑到拉丁裔人口比例在2014年已经超过白人成为加利福尼亚州第一大族群以及白人人口迅速下降的事实,"百分比计划"离实现学生构成多样化的目标仍有很大差距。实际上由于"百分比计划"过分依赖高中为大学提供多元化的学生群体,因此当高中本身无法实现种族融

① Catherine Horn Stella Flores. Percent Plans in College Admissions: A Comparative Analysis of Three States' Experiences[J]. Access to Education,2003(26):76.

② Freshman Admissions by Campus, Ethnicity Fall 1994—2010. Admission and Enrollment. Infor Center. University of California. Retrieved on Feb. 28[EB/OL].(2011-02-28)[2016-02-19].http://data.university of california.edu/student/stu-admissions-enrollment.html.

合时,如得克萨斯州以黑人高中为主体,则必然出现学生构成单一的情况,而且考虑到高选择性大学毕业率低和高额学费等问题,少数族裔学生申请进入高选择性本科院校的比例非常低,这一矛盾仍是"百分比计划"中的症结性问题。

其次,"百分比计划"进一步激化了多方利益冲突与矛盾,加剧了种族隔离。加利福尼亚州"百分比计划"实施当年,部分少数族裔领导人便试图采取措施,呼吁已经收到秋季入学通知的黑人和拉丁裔学生拒绝入学,以此表达对新招生规则的抗议。他们的理由是"百分比计划"正改变少数族裔学生进入精英大学的比例,对少数族裔的阶层流动产生影响。但另一方面,在种族隔离比较严重的州或地区,如得克萨斯州存在大量以少数族裔学生为主体的高中,"百分比计划"以高中年级排名为单一标准保证了少数族裔学生数量有所增长,因此"百分比计划"得到一定程度的支持。但研究者批评这种现象也成为加剧种族隔离趋势的助推力。在得克萨斯州,"百分比计划"事实上刺激了种族隔离的高中学校与教育的推行,从而给废除种族隔离运动带来了消极影响。[①] 同时,研究者也发现,作为"肯定性录取政策"的替代政策,"百分比计划"不仅没有削弱"逆向歧视",反而激化了成绩较差的学生与成绩较好学生之间的矛盾。在私立精英高中,学生成绩普遍优秀却受"百分比计划"录取比例的限制无法被精英大学录取。但是在农村和郊区学校以及全黑人高中,却可以忽略学生的学业成绩和学校质量,根据各校排名自动获得录取资格。2008年开始的"费雪诉德克萨斯大学奥斯汀分校案(Fisher vs. University of Texas Austin)"两次上诉至联邦最高法院正是"百分比计划"下种族矛盾冲突的证明。该案虽然是由白人提出的"逆向歧视"诉讼,但也清晰地展示了少数族裔内部的隔离与冲突。值得关注的是,在实行"百分比计划"的三个州内出现了新的种族隔离现象,即少数族裔学生大多进入社区学院等开放录取的学校,而高选择性的精英大学却以白人学生为主,加剧了种族隔离的趋势,从而引发了对"百分比计划"更多的批评。

最后,"百分比计划"本身存在设计缺陷,导致了一系列实践问题。第一,"百分

---

① Moore J.Race and College Admissions:A Case for Affirmative Action[M].North Carolina:McFarland & Company,Inc.,Publishers,2005:188,187-191.

比计划"规定学生高中年级的排名是唯一录取标准，而学生的学术评估测试、美国大学入学考试等标准化考试成绩成了参考标准（其中得克萨斯州并无 SAT、ACT 成绩要求）。事实上，"百分比计划"录取的学生较之肯定性录取学生的 SAT 成绩有明显下降的趋势。这种录取标准的转变，从某种程度上说是一种误导，甚至是倒退——"高中成绩与分数"取代了综合评价，导致基础教育向应试教育方向转变，学生选课也越来越体现出投机行为，即只关注毕业排名的需要，在课程难度上避重就轻而忽略课程本身以及学生个人兴趣。第二，"百分比计划"导致生源质量下降，加剧了大学毕业率偏低的问题。在"百分比计划"下，许多没有达到精英大学学术标准的学生被自动录取，却无法达到高校的毕业要求，从而造成毕业率低下。事实上，如果没有入学后相应的辅助措施（如学业补习和辅导机制，免费住宿和费用减免制度，助学金和助学贷款等）缓和少数族裔学生的学业差距和经济压力，少数族裔学生基本上无法顺利完成学业。以加州大学伯克利分校为例，该校 2005 年白人学生的毕业率为 87%，黑人学生的毕业率为 70%，毕业率相差 17%。[①] 第三，"百分比计划"在一定程度上削弱了大学招生的自主权。"百分比计划"替代高校确定录取标准，即使在高选择性大学，如德克萨斯大学奥斯汀分校大约有四分之三的学生根据高中成绩排名自动录取，而只有四分之一的学生由高校根据申请者的高中成绩、SAT 成绩、学生家庭背景和个人素质等多方面综合录取。录取标准逐渐由高中而不再是高校决定。第四，"百分比计划"引发了美国式的"高考移民"问题。美国各州普通高中和重点高中、整合高中和全黑人高中存在整体水平和质量上的差别，"百分比计划"面向州内所有高中按比例统一录取，必然诱发学生转学到少数族裔数量占多数的普通高中或全黑人高中[②]，造成所谓"反常激励现象"（Perverse Incentive），即为了保证毕业成绩能够获得较好的学业排名，重点高中的学生宁愿

① Freshman Admissions by Campus，Ethnicity Fall 1994—2010. Admission and Enrollment. Infor Center. University of California. Retrieved on Feb. 28［EB/OL］.（2011-02-28）［2016-02-19］.http://data.university ofcalifornia.edu/student/stu-admissions-enrollment.html.

② Moore J. Race and College Admissions：A Case for Affirmative Action［M］.North Carolina：McFarland ＆Company，Inc.，Publishers，2005：187-191.

转学至普通高中或其他低水平高中,以获得精英大学的录取资格,[①]这与中国的"高考移民"类似,实质上却抢占了少数族裔进入本州大学的机会,也背离了"百分比计划"的初衷。

三、"百分比计划"的调整与走向

正如得克萨斯州州长佩里(Rick Perry)所言,"百分比计划"的录取方式可能会造成学校难以录取到相当资质的学生,因此按高中排名的录取方式不是最佳录取方式,有必要进行改革和调整。[②] 2004 年得克萨斯州政府首先举行州参议员听证会决定对"百分比计划"进行调整,这也意味着"百分比计划"已面临变动的命运。目前各州调整主要包含四个方面的内容:

一是改变单一依靠年级排名的招生标准,采用多种招生方案,形成多渠道录取模式。为了增加少数族裔学生比重,尤其是高选择性大学少数族裔学生比重,高校往往采取一定比例经由"百分比计划"招收学生,一定比例按学生种族因素招生的混合模式。同时,将 SAT、ACT 成绩优秀的学生也纳入招生范围。在得克萨斯大学和得克萨斯农机大学,其录取模式主要有三类:在支持"前 10% 计划"的前提下,有超过一半的学生来自"百分比计划"的自动录取;同时,对于 SAT 成绩超过 1300 分的学生也会考虑予以录取。那些经由"百分比计划"获得优先录取资格、却没有被录取的学生将自动转入该校实施的第三种录取方式——"2004 项目"(2004 program),该项目采用综合考察(holistic review)的标准,对学生的总体情况加以考虑,确定后即可被录取。[③]

---

① Cullen J B,Long M C,Reback R.Jockeying for Position:Strategic High School Choice Under Texas' Top Ten Percent Plan[J].Journal of Public Economics,2013(1):32-48.

② Jonathan D.Glater.Diversity Plan Shaped in Texas Is Under Attack[N].The New York Times,2004-06-13(A1).

③ Denniston,Lyle.Argument Analysis:Now,Three Options on College Affirmative Action [EB/OL].(2015-12-28)[2017-03-23].http://www.scotusblog.com/2015/12/argument-analysis-now-three-options-on-college-affirmative-action/.

二是为了避免学生单纯追求成绩排名而在选课上避重就轻的现象,增加必修课的要求,要求学生必须完成公立大学指定的高中课程才能获得"百分比计划"的录取资格。得克萨斯州州政府于 2004 年增加了对高中必修课程的要求,包括 9 个科目,共 30.5 学分的高中课程,学生至少完成其中的 26 学分。加州大学则规定和认可了 11 学分的必修课程,佛罗里达州则规定了 19 学分的核心课程。[①]

三是调整"百分比计划"的录取比例,限制本州学生录取人数,增加外地学生的录取机会。2009 年,得克萨斯州立法部门率先通过《SB175 法案》,强调得克萨斯大学奥斯汀分校可以自行调整该校所认可的班级排名标准(2015 年得克萨斯州年级排名的标准已降到前 7%),同时规定该校录取的新生中德州居民比例最多占75%。[②] 2010 年起加州大学也开始扩招州外学生,至 2015 年,加州大学招收外州学生比例接近 17%。

四是完善"百分比计划"配套保障制度。正如研究者所指出的,少数族裔学生的经济条件和学业基础决定了如果没有辅助措施,"百分比计划"将成为空壳。得克萨斯州率先设立了"得克萨斯州政府奖学金",保证被录取学生尤其是少数族裔贫困学生能够免除高额学费。根据规定,获得优先录取资格的学生将优先获得资助,以提升"百分比计划"录取规则的有效性。[③] 其他州也采取了类似措施。

但"百分比计划"改革的步伐并没有就此停止,实际上有关"百分比计划"的存废之争正在酝酿之中,部分州提出了完全不同的有关种族招生的新方案,联邦最高法院的判决对"百分比计划"和"肯定性行动"的未来发展产生了实质性影响,社会争论也因此出现反复与摇摆等倾向,使得未来"百分比计划"的走向呈现出不明朗

① Florida Department of Education. Education Information：Talented Twenty［EB/OL］. (1999-03-15)［2016-10-15］.http://www.fldoe.org/Talented20.

② The University of Texas at Austin For Eligible Freshman Applicants：Automatic Admission［EB/OL］.(2009-04-11)［2017-07-21］.http://bealonghorn.utexas.edu/freshmen/decisions/automatic-admission.

③ The Top Ten Percent Plan：Essential Facts for Parents，Students，School Administrators and Counselors［EB/OL］.(2014-06-10)［2016-11-05］.http://www.e-bookspdf.org/download/top-ten-in-texas.html.

的趋势。

2014 年加利福尼亚州参议院通过了一项编号为"SAC5"（Senate Constitutional Amendment No.5 的缩写）的宪法修正案提案，提出修改"209 提案"，恢复以肯定性录取政策为基础的考虑种族背景的录取方式，以保障拉丁裔学生的入学机会，而不是"任由亚裔占据名校的多数名额"。加利福尼亚州自实行"百分比计划"以来，亚裔学生的录取比例不断攀升（加利福尼亚州华人人口仅 15％，但加州大学系统里华裔学生占 40％）。比较而言，拉丁裔和黑人学生则由于成绩不达标大幅度减少，远远低于人口构成比例，使得加州大学少数族裔学生（亚裔除外）比例严重不足。少数族裔高等教育入学率既达不到适龄少数族裔人口在全州适龄人口中的比重，其至也达不到加利福尼亚州"209 提案"之前的水平。州政府认为应当限制亚裔新生的数量，提高拉丁裔和黑人学生在加州大学系统中的入学比例。[①] 在此背景下提出的"SCA5"的初衷是为了缓解加州大学系统中少数族裔学生所占比例过少的情况，希望通过修改宪法，允许公立大学将种族背景重新纳入招生考虑范围，增加少数族裔的高等教育入学机会，平均各族裔学生受教育机会的差异，实现校园种族和文化的多样性。但其实质则是试图根据人口比例分配加州公立大学教育资源，并将矛头指向更为边缘的少数族裔亚裔。[②] "SCA5"的提出也意味着肯定性录取政策在加利福尼亚州废止 18 年后，将重新面临写进州宪法的可能，而"百分比计划"也可能将随着"SCA5"的颁布彻底废止。毫无疑问，如果"SCA5"公投通过，将成为废止"百分比计划"、重启肯定性录取政策的标志，这势必对其他州的高校招生政策产生影响。[③]

---

① Senate Constitutional Amendment No.5.Retrieved on Feb.20.2014［EB/OL］.（2014-02-20）［2017-05-20］.http://Avuw.Ieginfo.ca.gov/pub/i3-］4/bill/sen/sb_000I-0050/sca_5_bilI_20130530_amended_senv98.html.

② Senate Constitutional Amendment No.5-Wikipedia，the Free Encyclopedia［EB/OL］.（2015-03-11）［2017-09-26］.http://en.wikipedia.org/wiki/Senate_Constitutional_Amendment_No._5.

③ Sun Weichi.Anger Grows Over Education Amendment［EB/OL］.（2014-04-25）［2017-10-02］.http://opinion.haiwainet.cn/n/2014/0425/c353596-20570100.html.

与加利福尼亚州相反,密歇根州终于在 2014 年通过了"密歇根动议"(Michigan Civil Rights Initiative,MCRI),要求废止本州的肯定性录取政策。密歇根州从来都是种族招生政策争论的主战场。2003 年,格拉茨诉伯林格尔案(Gratz v.Bollinger)和格鲁特尔诉伯林格尔案(Grutter v.Bollinger)宣告了联邦最高法院对于"肯定性行动"的一贯立场,即种族可以作为大学招生政策中的一个潜在因素,从而肯定了"肯定性行动"的合法性,但法院对于"肯定性行动"的限制也暗示了社会对于种族招生政策的不满。2006 年 11 月,密歇根州的选民以公投的形式、58%的支持率通过了"密歇根民权倡议"的提案。该提案禁止公立机构(如学校)以种族、肤色、性别或宗教为理由,对个人采取歧视或特别优惠政策。地方法院支持密歇根州的做法,但美国联邦第六巡回法院则判决该提案违宪。该法案历时 8 年终于得到美国联邦最高法院的支持,最高法院推翻了第六巡回法院的判决,裁定密歇根州禁止肯定性录取政策并不违宪。虽然联邦最高法院只是基于公投程序合宪为由承认了这一动议,强调密歇根州的选民认为肯定性录取政策不合理则有权将之废除并写入州宪法,联邦法院无权干涉,但其实质则是同意了各州可以在不违宪的情况下,取消高校招生对少数族裔的优惠政策。这实际上也给 2014 年试图在加利福尼亚州恢复肯定性录取政策的"SCA5"泼了一盆冷水。① 该提案的通过使得密歇根州成为继加利福尼亚州、得克萨斯州及佛罗里达州之后,第四个以公投形式取消肯定性录取政策的州,在美国引发了轩然大波,有关"百分比计划"与肯定性录取政策的存废与争论再次展开。

更让人扑朔迷离的则是联邦最高法院对"费雪案"的判决。2008 年"费雪诉得克萨斯大学奥斯汀分校案"轰动一时,直指得克萨斯州所实施的"前 10%计划"。费雪的学校排名不在 10%之内,在剩下的名额选拔中也最终落选,因此以大学录取考虑种族因素违反了宪法第十四修正案的平等保护权利提出诉讼。2013 年联邦最高法院大法官以 7∶1 的投票结果决定将此案发回联邦上诉法院重新审议,并

---

① Adler, Jonathan. Supreme Court Upholds Michigan Civil Rights initiative[EB/OL]. (2014-04-22)[2015-12-01]. https://www. washingtonpost. com/news/volokh-conspiracy/wp/2014/04/22/supreme-court-upholds-michigan-civil-rights-initiative.

指出如果学校能够提供足够的证据证明没有其他可行的种族中立录取政策保证机会平等以实现大学的多元化,则大学的录取政策仍可将种族作为考虑的因素之一,从而裁定"肯定性行动"仍可在大学招生中使用。① 第五巡回法院次年得出结论称,得克萨斯州在 1998 年实施了"前 10%计划",该法案以种族中立的录取方式,并不考虑种族因素,但未取得它所寻求的多样性。因此,后期予以调整并采用了多种录取并行的方式,恢复考虑种族作为整体招生方法的一部分,这符合宪法和现行法律。② 2016 年联邦最高法院 7 名大法官以 4∶3 的投票结果裁定得克萨斯大学奥斯汀分校在新生录取时考虑种族因素的做法并不违宪,判决肯定了种族因素在大学招生中的地位,给宣称"种族中立"的"百分比计划"带来重要影响。如果考虑到"密歇根动议"确认的各州可以在不违宪的情况下取消高校对少数族裔的招生优惠政策,可以说,"百分比计划"存废之争愈加不可捉摸。但无论如何,"费雪案"的结果直接导致加利福尼亚州一度被中断的"SCA5"法案卷土重来。2016 年 3 月加利福尼亚州众议会下设的教育委员会初步通过了由加利福尼亚州众议员邦塔(Rob Bonta)提出的"AB1726 提案"(即"亚裔细分提案")。该提案要求加州公共高等教育系统和医疗系统从 2017 年 7 月 1 日起针对华人、印尼等亚裔居民额外进行族裔详细情况的登记,并一度引发了华人社区的愤怒与抗议。

四、反思与启示

总体而言,"百分比计划"自实施以来虽然受到种族中立主义者的吹捧,但从实际情况来看却远未实现大学的多样化,也未有效增加少数族裔学生的高等教育入学机会,甚至助长了美国式的高考移民和种族隔离的趋势,因此面临大的调整甚至取消的可能性。从"肯定性录取行动"到"百分比计划",从加州"SAC5"法案的通过

---

① Fisher vs. University of Texas Austin[EB/OL]. (2013-11-05) [2016-08-19]. http://www.supremecourt.gov/opinions/12pdf/11-345_l5gm.pdf.

② Hennessy Fiske, Molly. For Black Students at Texas, Supreme Court Remarks Are a Burden Added[EB/OL]. (2015-12-20) [2017-05-22]. http://www.latimes.com/local/education/la-na-black-ut-students-story.html.

到"密歇根动议"再到"费雪案"的最新判决,政策的摇摆、反复反映出美国社会对于种族招生问题的矛盾与冲突,也勾勒出种族招生的争论焦点,值得我们反思。

第一,群体平等还是个体平等的艰难选择。"群体平等"与"补偿正义"相伴而生,成为美国"肯定性行动"的理论基础。布莱克门大法官(Blackmun)在1978年"贝克案"(Regents of the University of California vs.Bakke)中的名言——"为了克服种族主义,我们不得不先把种族纳入考虑……为了平等对待人们,我们不得不差异地对待他们"①也成为高校招生时考虑种族因素的有力依据。但肯定性录取政策一直面临存废的激烈争论,由此引发的"逆向歧视"等问题长期困扰着肯定性录取政策的合宪性解释。而标榜"种族中立"的"百分比计划"宣扬个体平等的基本精神,却使少数族裔陷入更加不利的局面,力图将"个体平等"和"群体平等"两者兼顾却又皆不可得,既无法真正实现个体平等,也无法解决群体平等的困扰,反而带来种族间更为激烈的对立与冲突,暗示了个体平等理论和"百分比计划"本身的局限性。理论的冲突导致了实践的摇摆与反复,密歇根州力图废除肯定性录取政策,而加利福尼亚州则希望废除"百分比计划"、恢复肯定性录取政策,两种不同取向的政策争论还将继续,而有关群体平等和个体平等的争论似乎始终缺乏共识。在我国,少数民族招生政策的争论与此问题基本一致。但少数民族招生问题涉及非常复杂的政治、经济、文化与社会发展等问题,不能单纯从平等角度进行解释,否则很难达成共识;也不能仅仅从个人利益出发,否则难以真正解决问题。"百分比计划"的变革与实践反映了我国给予少数民族特殊优待政策的合理性,但如何兼顾个体平等,考虑不同地区不同背景下个人高等教育入学机会的平等权利仍是我国高校招生政策需要改革的方向。

第二,多样化与质量的权衡与抉择。1978年大法官鲍威尔(Powell)提出了"多样性益处"(Benefits of Diversity),为高校招生中少数族裔的特殊优惠政策提供了理论支持。他援引美国宪法第一条修正案关于言论自由的条款,认为大学有

---

① Regent of the University of California vs.Bakke,438U.S.65[EB/OL].(1978-09-17)[2016-07-09].http://caselaw.lp.findlaw.com/scripts/printer_friendly.pl? page=us/438/65.html.

权制定政策促进学生来源和校园环境的多样化。自此多样化成为被法律认同、令人信服的、符合政府重大利益的标准,联邦最高法院也一直坚持种族可以作为大学招生中的一个潜在而灵活的因素,并认同大学在坚持多样化原则下对学生进行综合考量,而不必拘泥考试成绩的高低。同时,多样化也被认为是质量的一个组成因素,公众普遍相信一个多元化的学生群体将给学生以及高等教育机构乃至社会经济发展带来更多元的学术工具、手段和观点。但无论是肯定性录取政策还是"百分比计划"在增加少数族裔学生录取率,提高大学学生构成多样性,促进校园文化多元化的同时,却不得不面对学生质量下降的问题。通过降低学术标准、录取"不合格"的学生不仅影响教育质量,同时也牺牲了效率,政府不得不增加拨款,帮助这些学生进行"补习教育",造成一定程度的浪费。多样化理论为我国少数民族特殊招生政策提供了基础,同时也对单以民族身份为基础的民族招生政策和以考试成绩作为衡量少数民族考生质量的标准提出了挑战。毫无疑问,我国少数民族内部的差异和复杂性需要更加科学的政策考量;简单地以加分的方式实现对少数民族的特殊照顾既缺乏科学的论证,也在一定程度为少数民族考生刻上了"不合格"的标签。就此而言,我国少数民族的特殊招生政策需要进一步改革与完善。打破以民族身份为单一划分标准,统筹兼顾不同民族间的发展差异和水平差异,采取更加综合的招生评价标准,以促进不同民族之间的理解与融合应成为我国少数民族招生政策的基本取向。当然,在我国坚持多样化的前提下实现质量的提升还需要漫长的过程。增加教育投入,改善偏远农村地区、少数民族地区的教育设施和教师质量仍是我国民族教育和农村教育的重点。

第三,少数族裔学生入学机会与发展问题的争论与反思。据预测,2025年美国少数族裔适龄学生人口将占全美大学适龄人口的45%,如何提升低收入家庭学生和少数族裔学生进入大学机会的同时保证少数族裔学生的发展质量是美国社会的一个重大问题。研究发现,入学机会的增加并不代表少数族裔学生的发展,少数族裔学生的大学辍学率明显高于白人学生,而少数族裔学生的毕业率则远低于白人学生。"错配理论(The Mismatch Theory)"强调让不符合标准的少数族裔学生进入精英大学实质上损害了少数族裔的利益,因为他们不得不面对辍学和无法毕业的危险,因此建议少数族裔学生应该进入竞争较小、要求更低的学校而不是精英大学。实际上越来越多的少数族裔学生进入两年制大学学习，相反白人学生则更多进入四年制大学，这种大学内部的学生分化现象日趋明显，其结果则是种族隔离与矛盾更加尖锐。对此，研究者认为美国少数族裔高等教育问题的关注点不应该只停留在扩大少数族裔入学机会和录取人数上，更应该注重少数族裔学生被录取后的学业成就、发展以及融入大学生活和对校园内文化多样化的促进程度上。这无疑是"肯定性行动"与"百分比计划"都应该关注的问题，也是我国少数民族教育应该思考的方向。从关注少数民族教育的"入口"政策到关注少数民族教育的全过程，特别是少数民族学生的学习和"出口"问题反映了当前我国民族教育政策的新要求。我国应该适当增加综合大学招收少数民族学生的比例以实现不同民族学生文化共享、民族融合、相互学习的校园生态。同时，我国也应进一步完善对少数民族学生的跟踪调查、数据库建设与研究，探索高校学生学习评价的新模式，发展少数民族学生的竞争力，从而为少数民族招生政策和民族教育发展提供实践依据和改革建议。

中世纪大学自治的误读与重释[*]

　　在学术界,中世纪大学是研究者言必称的"希腊",是当代大学的精神家园。^①每当人们谈及大学的法人地位、自主与自治等问题时,研究者往往追溯到中世纪,充满了对中世纪大学的感叹与盛赞。可以说,中世纪大学已经成为近现代学者心目中"自主"和"自治"的形象代言。在学者们看来,中世纪大学及其自治由三个关键词构成:社团法人、特许状和特权。围绕这一形象,有些研究者将中世纪大学塑造成了为自主与自治权不惜流血牺牲、勇敢而具有斗争精神的群体,强调中世纪大学运用迁徙与罢课权,利用教权与王权的冲突,确立了其社团法人身份和独立地位;利用城市、教皇与国王颁发的特许状,获得了一系列令现代大学艳羡的权利与自治,限制了当权者的权力。但笔者认为,这其实是对中世纪大学自治的误读。当前学界对中世纪大学的解释充满了"想象"与"标签",需要研究者更加完整和客观地理解中世纪大学的自治,并对中世纪大学的社团法人地位、特许状以及特权进行理性分析,进而重新认识和研究中世纪大学的意义与价值所在。

一、中世纪大学法人身份不代表独立,其本质是特许法人

　　一般认为中世纪大学的社团法人身份意义重大。^② 中世纪最著名的两所原生型大学——博洛尼亚大学和巴黎大学首先取得行会地位,获得内部管理的自治权,成为自主自治的团体。在巴黎大学,教师行会对教师的入职、晋升进行管理,行会

---

　　* 　原文发表于《高等教育研究》2017 年第 6 期。
　　① 　希尔德·德·里德-西蒙斯.欧洲大学史:中世纪大学(第一卷)[M].张斌贤,程玉红,和震等译.保定:河北大学出版社,2008:8.
　　② 　粟莉.中世纪大学诞生与自治的思想渊源:中世纪的社团思想[J].高教探索,2011(1):103-105,128.

成员相互帮助,并就某些突发事件进行集体讨论与决策,或者对违反规范者处以驱逐或开除的惩罚。① 在博洛尼亚大学,学生行会是博洛尼亚大学学生群体权利意识萌芽的产物。有足够的证据表明,博洛尼亚市政当局采取了各种措施与行动反对与抵制外国学生的联合。② 学生们则利用博雅教育与技艺教育的差别为建立学生行会提供理论支持。③ 但行会的身份主要指向内部自治,缺乏保障。在很长一段时间内,学生"行会"只能定义为学生的自助联合体④,无法与其他行会一样享有"同市政当局谈判的权利"。⑤ 为此,中世纪大学以"行会"为基础,积极寻求教皇、国王以及城市当局的认可,逐渐由行会发展为拥有特权、章程以及誓约体系、具有法人地位的公共教育机构。博洛尼亚学生公会逐渐获得赋税等特权,学生享有城市市民权。1252 年和 1253 年,博洛尼亚大学章程分别得到市政当局和教皇的正式承认。⑥ 巴黎大学则先后获得了司法审判权、罢课权、制定大学章程权等,1246 年巴黎大学获得正式使用团体印章的权利,标志着巴黎大学法人身份正式确立。⑦ 研究者强调中世纪大学最让人称颂的是社团法人身份,它代表着独立与权力,确定了大学与城市、国王、教皇的权利框架,并在大学内部实行自治。⑧ 但这样的结论

① 海斯汀·拉斯达尔.中世纪的欧洲大学(第二卷)[M].崔延强,邓磊,译.重庆:重庆大学出版社,2011:19.

② KIBRE P.Scholarly Privileges in the Middle Ages,the Rights,Privileges and Immunities of Scholars and Universities at Bologna,Padua,Paris and Oxford[M].Cambridge:Mediaeval Academy of America Publication,1962:32.

③ OLAF P, NORTH J. The First Universities:Studium General and the Origins of University Education in Europe[M].Cambridge:Cambridge University Press,1997:143.

④ EBY F, ARROWOOD C F. The History and Philosophy of Education:Ancient and Medieval[M].New York:Prentice-Hall,1940:765.

⑤ OLAF P, NORTH J. The First Universities:Studium General and the Origins of University Education in Europe[M].Cambridge:Cambridge University Press,1997:143.

⑥ 艾伦·B.科班.中世纪大学:发展与组织[M].周常明,译.济南:山东教育出版社,2013:68.

⑦ POST G.Parisian Masters as a Corporation,1200-1246[J].Speculum,1934,9(4):421-445.

⑧ 希尔德·德·里德-西蒙斯.欧洲大学史:中世纪大学(第一卷)[M].张斌贤,程玉红,和震等译.保定:河北大学出版社,2008:61.

是值得商榷的。中世纪大学法人身份其实并不意味着独立的法律人格,其本质特征是特许法人,法人身份对中世纪大学的影响是多方面的。

第一,中世纪大学从"行会"到"法人",是大学追求特权与社会地位的必然结果,与追求独立的法律人格并没有多大的相关性。早期中世纪大学是自由生长、自由设立的行会,并不是一开始就具有"依法设立"的属性。最著名的中世纪大学如巴黎大学、牛津大学、博洛尼亚大学等都是先自由生长,然后获得法律承认的。但自由生长的中世纪大学为什么要争取法人身份呢?从历史发展来看,社团(universitas,也作 corpus 或 collegium)来源于罗马法,其本义是"普遍、一般、全体"的意思,作为法律用语则指各种行业社团。在罗马共和国时期就存在不同的社团,包括宗教性团体(collegia)、商业性团体(societas)、自由结合的社团(callegiu)以及慈善性团体(universitas)等。但这一时期的社团大都为私人自由组织,法律既不承认也不限制,并不享有法律人格。[①] 罗马帝国时期,《优利亚社团法》对社团的创设进行了专门规定,以公共利益为目的、拥有成员与财产、经由国家或皇帝特许成为必要条件。[②] 在罗马帝国后期,教堂、寺院和慈善团体都成为享有法律人格的社团。研究者往往根据这些原则解释中世纪大学的法人地位,但按照伯尔曼的观点,中世纪的社团,无需更高权威的特别许可。[③] 拉斯达尔也认为,所谓教皇或国王宪章是大学成立的合法依据乃后世法理学家的谬论。[④] 伯尔曼和拉斯达尔的观点反映出中世纪大学的发展存在从自由设立到依法设立的转变,或者说大学发展存在逐步取得法人资格的过程。

社团法人不是中世纪大学所独有的现象,而是中世纪特有的法律形式。伯尔曼的观点强调了中世纪重要的时代背景,即教会法从教会与世俗政权的对立出发反对法人须由国王赋予的观念,认为教会、医院以及大学等组织无需更高权威的特

① 曲可伸.罗马法原理[M].天津:南开大学出版社,1988:114.
② 曲可伸.罗马法原理[M].天津:南开大学出版社,1988:114.
③ 哈罗德·伯尔曼.法律与革命——西方法律传统的形成[M].贺卫方,译.北京:法律出版社,2008:213-214.
④ 海斯汀·拉斯达尔.中世纪的欧洲大学(第二卷)[M].崔延强,邓磊,译.重庆:重庆大学出版社,2011:45.

别许可都可以构成一个社团(因为教皇才拥有源于上帝的权力,世俗权力必须由教皇赐予)。① 但处于教会以及各种世俗政治体各自和交错管辖权之中的大学,需要不断整合自己的力量来面对不同主体与环境的挑战。从大学发展的历史来看,师生行会整体迁移的力量几乎是战无不胜的,因此当大学与城市、王权和教会的矛盾不断激化的情况下,大学更需要迅速团结,巩固其特权与地位。而社团法人的特点正是大学追求法人化的重要原因。社团整合学生、教师乃至学院的力量成为法律上抽象的"集体",社团法人的基本原则是任何成员的变更,甚至整体性的成员变动也丝毫不影响大学社团的存在,即大学并不因为成员的变动丧失其特权和地位。同时,作为社团,大学还可以拥有动产和不动产,享有对成员的立法与司法管辖权,并拥有自己的权力机关。② 这完全符合大学的利益与需求。可以说,维护大学的特权和利益正是大学法人化的原动力。

第二,中世纪大学法人的实质是特许法人。特许是中世纪最普遍的管理制度。早在罗马帝政时期,特许制度就成为罗马皇帝整合与管理社会、防止异己集团产生的重要工具,其内容是法人的法律人格必须由国家特许而获得。③ 中世纪,自治城市、行会、教会甚至慈善信托都先后成为特许法人。法人制度虽然是民法中的组成部分,但其起源却与"私法自治"格格不入:西方社团之所以争取法人地位,其目的是为了通过权力介入形成特权,实现行业垄断地位,而国家与政府也希望借此实现社会管理、加强对社会的控制。④ 当城市、国王以及教皇越深刻地意识到大学的功能与价值,他们就越倾向于将大学置于自己的控制与监督范围内,而不是任其自由成长。教皇或国王承认大学的合法身份、将特许状作为新大学创办的前提条件,其目的是加强对中世纪大学的控制与管理。从自由设立到特许设立的转变反映出中世纪大学对特权与垄断地位的诉求,也反映出外界权力对于大学控制的加强。"法

---

① 哈罗德·伯尔曼.法律与革命——西方法律传统的形成[M].贺卫方,译.北京:法律出版社,2008:274.

② 哈罗德·伯尔曼.法律与革命——西方法律传统的形成[M].贺卫方,译.北京:法律出版社,2008:394.

③ 仲崇玉.法人人格学说研究[D].重庆:西南政法大学,2006:38.

④ 方流芳.中西公司法律地位历史考察[J].中国社会科学,1992(4):163-170.

人说"的英文翻译为"concession theory","concession"一词本义为让步、妥协与承认,强调的是教会或者国家与团体机构、企业主或公司之间的相互妥协与承认,①反映了教皇与国王承认大学的合法身份,而大学也承认其管理的实质。应当指出,中世纪法人观念(主要是特许法人)与近代意义上的法人制度存在本质区别。中世纪法人更多源于政治统治与神学哲学上的考量,而所谓的"法人独立""法人权利""有限责任"等法人制度与思想则是国家现代化进程的产物,强调中世纪大学社团法人的独立意义是不符合中世纪法人基本特征的。

第三,法人身份对中世纪大学的影响是多方面的。特许法人本身是大学谋求外界权力承认,进而实现自身特权与发展的重要手段。因此,中世纪大学法人身份的确立意味着早期中世纪大学"自由"特征的消失。受到特许权保护的大学逐渐失去了早期行会相互帮助、自主自治的特色,按照特许的方式与范围行动更加限制了大学的创造力和自我调整的功能,大学因此越来越封闭和狭隘。法人强调整体和团体,但团体在带来益处的同时,也造成了巨大的威胁。历史证明,团体主义会极大地压抑个人的自由。② 事实上随着法人的确立,大学本身越来越脱离其成员而变得抽象化了,这一法人团体越来越不再是全体成员的代表,而被视为一个单独存在、虚构性的个人。③ 它逐渐拥有财产和固定的场所,制定章程,享有自己的特权体系,曾经需要全体成员集会共同决定大学事务的活动逐渐被交给一部分领导官员所决定。④ 而这些权力也逐渐被控制在有权有势的人手里。如大学校长必须拥有财产,德国的大学校长必须出身高贵,甚至是皇室成员⑤,这些人员甚至会改变章程以实现自身的利益。很多特殊章程只是为了满足少部分人的利益而制定,博

---

① 盛思鑫.法人人格理论:历史的视角[J].社会理论学报,2006(9):97-125.

② 蒋学跃.法人制度法理研究[M].北京:法律出版社,2007:235.

③ 泰格·利维.法律与资本主义的兴起[M].纪琨,译.上海:学林出版社,1996:109.

④ 希尔德·德·里德-西蒙斯.欧洲大学史:中世纪大学(第一卷)[M].张斌贤,程玉红,和震等译.保定:河北大学出版社,2008:125.

⑤ 希尔德·德·里德-西蒙斯.欧洲大学史:中世纪大学(第一卷)[M].张斌贤,程玉红,和震等译.保定:河北大学出版社,2008:136.

洛尼亚大学的大法官在章程中写道,他的后代永久享有申请大学带薪教席的优先权。① 可以说,大学行会最初的斗争精神、民主与自治因为个人权利与意识的压抑以及大学的抽象化而遭遇危机,这未尝不是中世纪大学衰落的原因之一。

二、中世纪大学特许状不是近代意义上的契约,而是身份协议

特许状与中世纪大学的发展如影相随,是大学获得法人身份的重要载体。学术界往往用大量的笔墨细细描绘大学师生争取特权与特许状的斗争,认为大学特许状的获得是大学师生斗争的结果,②往往付出鲜血与生命的代价,③特许状由此也被赋予特殊的含义,即意味着大学自治权的确立与扩大,意味着教皇或皇帝权力的限制④,"自由""限制权力""契约精神"成为特许状性质的关键词。但这样的观点似乎过分夸大了中世纪大学特许状的意义和价值。中世纪的特许与特许状司空见惯,没必要对中世纪大学的特许状赋予更高的意义。大学特许状的颁布也不能简单地理解为教皇、国王或城市与大学斗争失败后的被迫之举,很多情况下,教皇、国王以及城市也主动颁布特许状。同时,教皇、皇帝颁布的命令并不能都归入"特权"的领域,而更多地包含了管理的含义。如教皇颁布的关于服装、出席葬礼以及大学演讲标准的相关敕令,针对大学内部不同派别、不同民族团之间冲突的相关管理规定,国王颁布的关于解决大学与外部成员之间争议的命令等。⑤ 这使得中世

① 希尔德·德·里德-西蒙斯.欧洲大学史:中世纪大学(第一卷)[M].张斌贤,程玉红,和震等译.保定:河北大学出版社,2008:181.

② 孙华.特许状:大学学术自由的张力和社会控制的平衡[J].教育学术月刊,2010(3):3-7.

③ 雅克·韦尔热.中世纪大学[M].王晓辉,译.上海:世纪出版集团,上海人民出版社,2007:42.

④ 钱志刚,祝延.大学自治的意蕴:历史向度与现实向度[J].高等教育研究,2012(3):11-17.

⑤ ERIC G.Norman Scholars at the University of Paris in the Later Middle Ages:A Study of Educational Institutions,Demographic Representation,and Political Engagement(C.1360-C.1430)[D].Madison:University of Wisconsin-Madison,2009:19.

纪大学特许状的性质难以简单归类与定性。

首先,特许状颁发的动机十分复杂,但绝不仅仅是为了大学的发展,而是大学与外部权力为实现共同利益达成的妥协。必须承认,特许状在一定程度上促进了大学的发展,也通过法律的形式确认了大学内部自治的原则,但很难说发展大学本身是教皇或者国王颁发特许状的目的,君主的野心、政治声誉的渴望、大学的功能与价值、知识与人才的需求、缓解当地落后的经济状况等都成为创立大学或授予特许状的重要原因。最早的《安全居住法》的颁布,固然有同情学生的因素,但更多的是对博洛尼亚大学长期支持腓特烈一世的回报与交换。当博洛尼亚大学不能满足其要求时,腓特烈二世毫不犹豫地创办了那不勒斯大学,其目的就是与博洛尼亚大学竞争,培养其所需要的法学家。而特许状授予的背后也隐含了控制与拉拢大学、排除其他势力的意图。在城市,越来越多的教师由市政当局支付薪水,大学开始处于地方政权的控制之下,[①]当大学为学生提供获得未来牧师俸禄或谋取公共管理机构中任职的机会时,[②]大学实际上也成为教皇控制的一部分。此外,大学特许状还与忠诚和荣耀相联。虽然很多时候大学仍被认为是一个受誓言约束的实体,但这种誓言逐渐变成对国王、教皇或城市的忠诚与服从。在教会大分裂的时代,教皇们特许效忠他们的地区建立大学,并为自己的政治利益提供智力支持。[③] 可以说,大学师生固然与城市、教会以及王权进行了长期的斗争,但共同利益和期望才是大学与当权者之间通过妥协达成特许状颁发的根本原因。

其次,特许状的性质不是民法上的合同,而是身份认同协议。关于特许状最有代表性的看法是"大学特许状是大学与政府、教会或城市当局协商的产物,具有充足的契约性质,大学特许状的这种契约性质限制了政府任意改变大学的权利、义务

---

① 希尔德·德·里德-西蒙斯.欧洲大学史:中世纪大学(第一卷)[M].张斌贤,程玉红,和震等译.保定:河北大学出版社,2008:19.

② 希尔德·德·里德-西蒙斯.欧洲大学史:中世纪大学(第一卷)[M].张斌贤,程玉红,和震等译.保定:河北大学出版社,2008:21.

③ 希尔德·德·里德-西蒙斯.欧洲大学史:中世纪大学(第一卷)[M].张斌贤,程玉红,和震等译.保定:河北大学出版社,2008:43.

范围和性质的能力"。① 但中世纪大学的特许状本质上不是大学与教权、王权之间的权利契约,而是身份认同协议,反映出大学法人身份必须由法律或当权者确定、接受管理的事实。中世纪多元化政治体系是特许状产生的原因。② 当自治城市和行会越来越倾向于通过法律的认可获得自身权利的保障时,中世纪大学也复制这一模式,试图实现自身地位的认可、提升以及权利的扩大。大学与城市行会签订的租房、赋税等契约与大学从教皇、国王获得的特许状有本质的区别。城市经济契约更多的是协商,其内容主要是经济与义务豁免。但教皇与国王颁布的特许状很难定性为自由契约。最初,大学师生因为安全的需要寻求教皇与国王的庇护;因为与城市的斗争,寻求更高权威的支持;因为大学内部的冲突寻求外部权威的认可,特许状因此成为企图控制大学的教皇或国王与追求特权的大学社团间的一种妥协。随着大学设立的资格必须由当权者颁发,大学必须符合当权者利益与意图的趋势更为明显,当权者直接或者通过代理人向大学发布严格而具体的管理规章,严密控制和监督大学的运行成为普遍的做法。在教皇与国王看来,授予特许状标志着大学法人身份的建立,并且只有通过特许状的授权,大学的自治权与其他特权才能合法享有,大学的章程才能得到承认。在中世纪后期,民族国家的崛起事实上也只是把颁发或废除特许状的权力由教会转移到国家手里。这样,特许状也成为控制大学的利器,当权者可以按照自己的意志甚至喜好,有选择地将特许状及其特权授予得到承认的大学,而拒绝或延迟授予没有得到承认的大学。颁发特许状越来越成为当权者管理大学的一种手段。

最后,教皇与国王通过颁布特许状赋予大学一定的特权,但特许状所包含的内容有限,基本围绕大学最初设立的范围展开,尽管后期的特许状更为具体和细致,却没有超出大学发展的必备条件。而且教皇或国王固然授予大学某些特权,但不能说上位者的统治权和控制权被削弱了,只是在不同权力者之间实现了转移。以学界津津乐道的教师资格授予权为例,1213 年教皇宣布教堂教务长不再拥有教师资格任命权,1231 年教皇更是大大限制了教务长和主教的权力,但这一系列特许

① 孙华.特许状:大学学术自由的张力和社会控制的平衡[J].教育学术月刊,2010(3):3-7.
② 孙曙生.欧洲中世纪自由与法治理念生成的社会学分析[J].人文杂志,2008(2):78-83.

状的颁布并没有动摇教皇的权力,反而意味着大学越来越深地被纳入教皇的庇护下,接受教皇的控制。① 同样,1291、1292 年博洛尼亚和巴黎大学获得发放通用执教资格许可证的权利,但这一权利仍需要教皇的特许,其名义只是从主教或副主教手中转移到罗马教廷而已。即使是大学作为行会所拥有的自我管理的权力也需要教皇专门颁发敕令予以确认,当大学认为其自治权受到损害时也可以提起辩护,但基本围绕着特许状的内容展开。1231 年的"知识之父"特许状强调师生免于被逐出教会、停职以及剥夺教会权力的惩罚,但仍坚持其前提是"没有罗马教廷的特殊许可之下"。②

就此而言,中世纪大学的特许状在形式上是契约,但在实质上却包含了控制以及身份的认可;其本质不是双方当事人讨价还价、各方就此达成协议的近代意义上的契约,而是承认某种身份的协议,它所认可的正是当权者对于大学的保护与监督身份,换句话说大学因特许状而部分附属或依附于教会、国王与城市的管辖之下了,而教皇和国王只是通过颁发特许状表明自己是大学的合法创办者和保护人,有能力把大学置于自己的控制之下。③

三、中世纪大学特权的实质不是自由,而是特许权

如何评价中世纪大学权利的本质是一个富有争议的问题。中世纪大学的权利最初来源于保护个人安全和发展的需要,却逐渐成为大学甚至个人的特权,以至于有研究者追问,大学的自由究竟是独立还是特权(privilege)?④ "特权"一词在中世

---

① MCKEON P R.The Status of the University of Paris:An Episode in the Development of its Autonomy[J].Speculum,1964,39(4):651-675.

② KIBRE P.Scholarly Privileges in the Middle Ages,the Rights,Privileges and Immunities of Scholars and Universities at Bologna,Padua,Paris and Oxford[M].Cambridge:Mediaeval Academy of America Publication,1962:95.

③ 希尔德·德·里德-西蒙斯.欧洲大学史:中世纪大学(第一卷)[M].张斌贤,程玉红,和震等译.保定:河北大学出版社,2008:18.

④ 雅克·勒戈夫.中世纪的知识分子[M].张弘,译.北京:商务印书馆,1996:132.

纪频繁出现在特许状和法律书籍中,指可以求助于特殊法庭或者有权援用某种特殊的法律规定。① 研究者往往认为,特权保障了大学的自治与自由②,而自治对中世纪大学的生存发展起到了决定性的作用。③ 但这样的结论同样值得商榷。泰格·利维认为:"中世纪允许一个集体性团体享有内部自治,并不是本身具有什么重要意义,也几乎毫无近代意义。"④拉斯达尔则认为,大学每一项教会特权的获得,都意味着背弃了置于神龛顶礼膜拜的自由探究的原则。⑤ 从中世纪大学特许法人的身份出发,我们可以发现,中世纪大学的特权,其实质是特许权,而不是自由。特许本身意味着限制范围,即在特许的范围内自由,超越了特许之外则不受保护甚至会受到惩罚。因此,教皇或国王不断对大学的特权予以规定或确认。特权是中世纪大学发展的基础,但中世纪大学的特权具有典型的等级性、脆弱性与两面性等特点,与当代有的研究者所理解的大学权利、自由有很大的差异。

第一,中世纪大学特权的等级性。等级性是中世纪的基本特征,也是中世纪大学的基本特征,大学内部既不平等又不民主。因为"大学馆"的称号,大学有"重点"大学与普通大学之分,也有古老大学与新大学之别,大学也因此被赋予不同类型和程度的特权。因为注册费的差异,大学还出现了"昂贵大学"和"廉价大学"之分,不同阶级的人也需要支付不同的注册费,并使得一些人在大学能享受特殊的权利。⑥ 注册宣誓随着学生地位的变化而变化,新生所进入的大学与所处的社会一样不平等。⑦ 对于学生的等级性,多数学校有严格的正式条例,贵族、富人、穷人三等级划

---

① 泰格·利维.法律与资本主义的兴起[M].纪琨,译.上海:学林出版社,1996:46.

② 贺国庆.中世纪大学若干特征分析[J].教育学报,2008(6):44-48.

③ 钱志刚,祝延.大学自治的意蕴:历史向度与现实向度[J].高等教育研究,2012(3):11-17.

④ 泰格·利维.法律与资本主义的兴起[M].纪琨,译.上海:学林出版社,1996:108.

⑤ 海斯汀·拉斯达尔.中世纪的欧洲大学(第三卷)[M].崔延强,邓磊,译.重庆:重庆大学出版社,2011:45.

⑥ 希尔德·德·里德-西蒙斯.欧洲大学史:中世纪大学(第一卷)[M].张斌贤,程玉红,和震等译.保定:河北大学出版社,2008:202.

⑦ 希尔德·德·里德-西蒙斯.欧洲大学史:中世纪大学(第一卷)[M].张斌贤,程玉红,和震等,译.保定:河北大学出版社,2008:201.

分法随处可见。很多特权往往授予大学的上层,如教长、大主教或监事而不是大学。即使在博洛尼亚大学,许多特权也只有具有教会身份的人才能享有,其相关职位则指定给予教籍人士。随着大学逐渐形成学院、民族团等核心机构,这一分化的等级体系本身也与学者们的地位相适应。大学教师、各学院以及民族团之间也因领导权和内部选举产生激烈的冲突而强化了不同的等级。① 在巴黎大学,纪律法庭只能由四个民族团以及艺学院的领导者构成,②大学校长长期由艺学部的领导把持,学生既没有同乡会成员的资格,也没有参与大学集会的权利,更不要用说投票权。许多被大学吸引的人,如教师或学生的仆人、执礼杖者、差役、抄写员、书商等都被置于大学的管理之下,受大学的保护,但不能加入评议会,只是大学的附庸。③

第二,中世纪大学特权的脆弱性。大学特权的获得并不在于国王或教皇的仁慈,其背后有深刻的政治动机与企图。因此,大学的特权经常受到政治权力的干扰而发生改变。其中大学的学术权利尤其值得关注。为了吸引学生,维持学者的学术兴趣,国王和教皇都在一定范围内承认学者的学术权力,并支持学术权力的发展。如学者可自由制定获取执教资格的考试规则,评判学术演讲的时长、内容和方法;加强组织纪律;承认获取执教资格的学者可以在其认可地点获取教学资格。④此外,学者们还有休假权、学术研究权等。但在具体实践中由于缺乏相应的保障与

① ERIC G.Norman Scholars at the University of Paris in the Later Middle Ages:A Study of Educational Institutions,Demographic Representation,and Political Engagement(C.1360-C.1430)[D].Madison:University of Wisconsin-Madison,2009:18.

② ERIC G.Norman Scholars at the University of Paris in the Later Middle Ages:A Study of Educational Institutions,Demographic Representation,and Political Engagement(C.1360-C.1430)[D].Madison:University of Wisconsin-Madison,2009:12.

③ 希尔德·德·里德-西蒙斯.欧洲大学史:中世纪大学(第一卷)[M].张斌贤,程玉红,和震等译.保定:河北大学出版社,2008:39.

④ KIBRE P.Scholarly Privileges in the Middle Ages,the Rights,Privileges and Immunities of Scholars and Universities at Bologna,Padua,Paris and Oxford[M].Cambridge:Mediaeval Academy of America Publication,1962:326.

执行力度,学术特权与地方当局发生冲突时,国王和教皇确认的特权很难真正落实。① 在某些特定时期,国王和教皇就是直接限制学术权力的人。1306—1309年间,教皇敕令暂停了博洛尼亚大学一切教学和学术演讲活动,甚至驱散了学生和教学人员。1376—1377年,博洛尼亚大学与罗马教廷之间的冲突则直接导致了大学的停办。② 不可否认,随着多元政治体系的消失,大学办学经费越来越依赖于国王和议会,日益强大的王权直接对教皇授予的特权采取了限制与取消的举措,甚至直接宣布教皇赋予的特权无效。同样大学对于城市的特权也逐渐逆转,大学的内部生活遭遇了君主的干预,作为法人的大学实际上丧失了所有的自治。③ 显然,中世纪大学的自治和自由受到身份特权和政治权力的束缚,具有典型的脆弱性。

第三,中世纪大学特权影响的两面性。特权使得大学虽处于城市之中,却并不属于城市。④ 冲突成为将大学与其诞生的世俗和城市环境割断的因素之一,将大学从教会和君主那里抛出。⑤ 早在大学享有免除纳税、兵役、护卫等公民义务时,大学的特权就遭受了质疑与反抗,大学的迁徙权、司法权等不断遭遇城市的抵制与法律的限制。大学与城市关系的恶化与大学的特权有很大关系。在中世纪后期,当大学的权利逐渐成为个人腐败的源头时,大学自身发展的动力也逐渐消失。在14世纪和15世纪,大学成员越来越贪婪地要求大学生为听课付钱,他们增加关于赠礼的规定,对大学里所有可能增加他们负担的开支作限制,通过规章制度将无偿

---

① KIBRE P.Scholarly Privileges in the Middle Ages,the Rights,Privileges and Immunities of Scholars and Universities at Bologna,Padua,Paris and Oxford[M].Cambridge:Mediaeval Academy of America Publication,1962:326-327.

② KIBRE P.Scholarly Privileges in the Middle Ages,the Rights,Privileges and Immunities of Scholars and Universities at Bologna,Padua,Paris and Oxford[M].Cambridge:Mediaeval Academy of America Publication,1962:37.

③ 雅克·韦尔热.中世纪大学[M].王晓辉,译.上海:世纪出版集团,上海人民出版社,2007:134.

④ BROCKLISS L.Gown and Town:The University and the City in Europe,1200—2000[J].Minerva,2000,38(2):147-170.

⑤ 雅克·韦尔热.中世纪大学[M].王晓辉,译.上海:世纪出版集团,上海人民出版社,2007:43.

听课攻读学位的大学生的数量一再削减。教师越来越成为富有的土地所有者,并热衷于投机事业,甚至变成放高利贷者。作为学术象征的博士身份甚至可以继承。同时大学的礼仪、地位越来越具有贵族化的倾向。大学在经济上的操心超过了社团事务和领地主权方面的经营管理。① 可以说,中世纪大学的特权对于自己而言是自由,对于其他人而言则是"特权",而为了保护这种特权,大学越来越封闭,曾经开放、富有生机与活力的制度与机制逐渐僵化与保守。

四、结语

综上所述,中世纪大学是中世纪时代的产物,并随着中世纪多元政治与经济的解体而衰落。作为近现代大学的开端,它的发展与追求是一定历史语境下的初步探索:法人身份并不意味着独立,而是特许制度下的资格确认,从自由的行会到法人身份的转变反映了大学对外部权力的妥协与依赖。大学因缺乏个人自由和权利意识而脱离其成员,逐渐抽象化,直到启蒙思想家发现个人,提出权利与自由等命题将这一制度逐渐完善。中世纪大学的特许状与当代的大学章程也有很大区别,它不具备近代以来的契约精神,而是封建时代的身份协议,承认最高权威的保护人身份和管理权限。限制管理者的权力、通过契约方式确定管理者与大学的权利边界是现代大学治理的核心思想,与中世纪大学的特许状几乎只有形式上的相似性。中世纪大学的特权也不意味着近代以来的自由与权利,而是特许的特权,中世纪大学在追求特权的进程中一定程度上背离了大学自治。

长期以来,西方学者建构了大学自治的核心理论,强调大学的核心精神就是大学自治,并以此作为西方大学的传统,宣称这一传统从中世纪大学开始延续到当代,从未偏离或中断。以此为基础,西方学者将这一结论推广到中国,指出古代中国有一定数量的高等教育机构,却没有大学,真正的大学是近代中国移植西方大学的结果,原因是中国早期的高等教育机构里不存在真正的大学自治与自由。但这样的结论是"无视历史"的,毫无疑问,中世纪大学的自治是初级而感性的,并依附

---

① 雅克·勒戈夫.中世纪的知识分子[M].张弘,译.北京:商务印书馆,1996:109-115.

于政治权力的变化与特性。中国古代的大学固然是封建帝国的教育机构，但巴黎大学也一度是法兰西国王的"长公主"与"小女儿"。将大学视为当权者的机构与被保护人，不仅是中国的传统，也曾经是西方的传统。就此而言，对中世纪大学的研究不能随意得出近现代大学不如中世纪大学的观点；也不能简单总结出现代大学遭遇的种种困难与危机必须从中世纪大学得到启示与借鉴，甚至回到中世纪，将中世纪大学作为现代大学的范本和精神家园的言论；更不能轻率地做出中国现代大学制度建设主要是学习西方，从中世纪大学的传统开始学习，借鉴西方大学制度与理念的结论。客观地认识与评价中世纪大学以及西方大学的传统，分析中西方大学传统的差异，在此基础上探索具有中国特色的现代大学制度建设才是我们学习与研究中世纪大学正确的态度。

中国早期研究生教育的实践*

——以厦门大学为例

中国早期研究生教育的实践始于民国时期。北京大学首开研究生教育的先河,随后清华大学、厦门大学、中山大学等陆续开始了早期研究生教育的探索。其中厦门大学于 1926 年成立国学研究院开始招收研究生,开启了我国私立大学举办研究生教育的历史,尤其值得关注。著名学者桑兵、杨国桢、洪峻峰等都从不同角度对厦门大学的国学研究院进行了专门研究,但从研究生教育制度的发展角度探讨厦门大学研究生教育的独特追求与特色仍是一个有益的尝试。

一、中国研究生教育的发轫与厦门大学国学研究院的筹备

厦门大学国学研究院的创立,是厦门大学发展的必然。校董陈嘉庚先生抱着"教育救国"的理念捐资兴学,对厦门大学怀有很深的期待,希望以自己为表率,树立兴学之榜样,成就国家富强之理想。正因为如此,陈嘉庚先生对人才质量,特别是师资十分重视,要求学校在延聘教师时,不必计较名教授的薪水费用,而把公认有水平作为聘请的主要标准。1925 年前后,正值陈嘉庚事业的顶峰,陈嘉庚决定加大对厦门大学的投入,实现厦门大学发展的高峰,因此厦门大学一方面兴建校舍、扩充图书与实验设备,增设新闻、工学、医药、法学等部,另一方面,则积极推动研究院的建立。

成立研究所是民国时期学术界的共识,其一源于学术界对留学中重学位轻研究、重贩卖西方知识轻关注中国学术独立与发展现象的批评;其二则缘于改造学术环境、培养学术领袖人才,为学者提供国内高级研究之场所的考虑。[①] 当时,洪式

---

* 原文发表于《厦门大学学报》(哲学社会科学版)2016 年第 1 期(合作作者:陶涛、王晟)。

① 朱光潜.怎样改造学术[C]//朱光潜全集(第八卷)[C].合肥:安徽教育出版社,1993:38.

间所设想的专门学术机构、叔谅所倡导的"学会"以及章太炎所创立的弘文馆、丁文江所策划的地质调查所等都可以称为专门研究机构的早期探索。^① 事实上,早在清末时期,建立相关研究生教育制度的思想与讨论已经成为近代学人的关注点。梁启超在1902年的《教育政策私议》一文中,提出了在各科大学之上建立大学院的设想,并赋予大学院自由研究,不拘年限的制度设计。^② 清政府颁布的《钦定大学堂章程》,则以法律的形式确定了建立比大学专门分科高一级、具有研究院性质的大学院的教育制度框架,"不立课程、主研究并主讲授"的制度设计成为民国时期研究生教育制度的雏形。随后,《奏定学堂章程》将大学院改名为通儒院,"通儒院以中国学术日有进步,能发明新理以著成书,能制造新器以利民用为成效,通儒院为研究各科学精深义蕴,以备著书制器之所。通儒院生但在斋舍研究,随时请业请益,无讲堂功课"。1912年,《壬子学制》颁布,清末关于通儒院的设计被取消,学习与借鉴日本的理念逐渐为学习欧洲的思想所取代。随后,《大学令》和《大学规程》对研究生教育即"大学院"进行了专门规定,明确了大学院为研究生教育的专门机构,招收各科毕业生(大学本科毕业生)及同等学力者,学习年限不限,合格者授予学位等研究生教育管理等事项。以此为基础,1917年底,北京大学文、理、法三科各门相继成立九个研究所,开始招收和培养研究生,成为我国现代意义研究生教育的最早尝试。

其时正值国学讨论与研究的鼎盛时期,蔡元培总结了北京大学前期研究所的经验与教训,考察了欧美大学教育与学术研究机关概况,欲谋求在中国境内学习欧美研究所建制以达到学术独立的理想,并重新起草了《北大研究所组织大纲提案》。以此为基础,1922年北京大学成立研究所国学门。1925年,清华大学也设立国学研究院。陈嘉庚先生是国学的推崇者。林文庆出任厦大校长时,曾询问陈嘉庚办学宗旨重国学或专重西文? 他的回答是:"两者不可偏废,而尤以整顿国学为最重要。"^③而林文庆校长正是国学的坚定拥护者与执行者,他强调可以改造旧式翰林

① 陈以爱.中国现代学术研究机构的兴起——以北大研究所国学门为中心的探讨[M].南昌:江西教育出版社,2002:70-73.

② 国学研究院成立大会纪盛[N].厦大周刊,1926-10-06:159(4).

③ 国学研究院成立大会纪盛[N].厦大周刊,1926-10-06:159(4).

院,综合德、法、英、美等国大学的不同经验,加强学术研究,"旧日之翰林院,必重修之,以收各美学之士……一为大学堂学生以考试而入;一为凡有高才硕学著书立说者入之……此翰林不同于昔日之为官阶,而为大学进步之机关也。"无疑经过改造后的翰林院,其功能类似欧美诸国的研究生院,是研究与教育的最高学术机构。[①]

在校董与校长的支持下,厦门大学于 1925 年成立"国学专刊社"。同年 12 月,林文庆校长成立国学研究院筹备总委员会,自任委员会主席,其成员囊括了全校文、理、预三科的行政首长和学术骨干[②],成员包括毛常、王振先、秉志、孙贵定、徐声金、涂开舆(书记)、陈灿、黄开宗、陈定谟、刘树杞、缪子才、钟心煊、戴密微、龚惕庵[③],并制定《厦门大学国学研究院组织大纲》。其基本内容包括:(1)明确国学研究院的研究目标。同北大国学门提出的"整理国故"不同,厦门大学国学研究院"以研究中国固有文化为必要,特设国学研究院",因对"国故"与"固有文化"理解的差异,厦门大学国学研究院最初的目标不仅超越了"国故"的范围,"从实际上采集中国历史或有史以来之器物或图绘影拓之木,及属于自然科学之种种实物为整理之资料",而且强调了将国学研究名扬海外的理想,"从书本上搜求古今书籍或国外佚书秘籍,及金石骨甲木简文字为考证之资料,并将所得正确之成绩或新发现之事实,介绍于国内外学者";(2)确立国学研究院的组织结构。北大国学门的架构主要以文科国学、史学、哲学为主要研究对象,并以三系的教授为主要人员,但厦门大学国学研究院的组织结构超越了文科的范围,拟设立 14 个组织,即历史古物组、博物组(指动植矿物)、社会调六组(礼俗方言等)、医药组、天算组、地学组(地文地质)、美术组(建筑、雕刻、瓷陶漆器、音乐、图绘塑像、绣织、书法)、哲学组、文学组、经济组、法政组、教育组、神教组、闽南文化研究组。(3)确立研究院的人事结构。国学研究院设院长一人,综理本院一切事宜,由厦门大学校长兼任;设委员会,商同院长规划本院一切事宜,其会员由院长聘任。国学研究院每组设主任一人,由院长聘

---

① 张亚群.从西洋文化回归儒学文化——林文庆大学教育思想解析[J].高等教育研究,2010(1):87-93.

② 汪毅夫.北京大学学人与厦门大学国学研究院——兼谈鲁迅在厦门的若干史实[J].鲁迅研究月刊,2002(3):69-78.

③ 国学研究筹备委员会[N].厦大周刊,1925-12-19:132(8).

任,管理本组职务,各组所研究的问题及方法,由各组主任商同院长议定。每组设
助教及书记若干人,由院长指任,受本组主任之指挥,助理一切事务。(4)确定研究
院的相关事宜,如招收与培养研究生等事项,包括招生、培养、毕业、经费、资料与图
书管理、奖学金等。并强调国学研究院组织大纲由董事会议决施行,其有未尽事
宜,由委员会随时议决,送交董事会通过。① 从厦门大学国学院的最初设想来看,
其研究目标与研究内容都与北大国学门有一定的差异。其后厦门大学国学研究院
虽大量承继了北大的许多做法,但必须承认正是源于最初理念与框架的差别,使得
厦门大学国学研究院并不是北京大学国学门的翻版。

二、厦门大学国学研究院的设立与中国早期
研究生教育的特色

正当厦门大学筹备国学研究院的过程之中,适时北京政府与教育界的冲突直
接影响到了北京大学国学研究所的生存与延续,许多教授成为北京政府通缉的对
象,纷纷逃离北京。随着北京学人逐渐南下,厦门大学获得了延聘名师的机会,同
时也开启了厦门大学以北大国学门为范本的创制过程。1926 年林文庆敦聘林语
堂为文科主任、外国语言文学系英语言学正教授,兼国学研究院总秘书,招揽北京
著名学者加入厦大文科和国学研究院。② 经林语堂广为联络,引进沈兼士、鲁迅、
罗常培等至厦大文科国文系,张星烺、顾颉刚、陈万里、容肇祖、黄坚、孙伏园、章廷
谦、潘家洵、丁山入国学研究院,并由原北京大学研究所国学门主任沈兼士主持。
这就使得在教师来源与结构上,厦门大学国学研究院的教师主要来自北大国学门,
而在组织上以国文、历史、哲学教授为主体,通过兼职聘任方式进行教学与研究
工作。

实际运作的厦门大学国学研究院,基本放弃林文庆筹办时期的设想,采以北京
大学研究所国学门为样本。《组织大纲》称:"本院以整理国故并养成国学之专门人

① 厦门大学国学研究院组织大纲[N].厦大周刊,1926-1-02:134(8).
② 新聘教职员略历[N].厦大周刊,1926-09-25:156(3).

才为宗旨","凡本大学学生及本大学承认之各大学学生或有研究国学之志愿者,经本院考验合格,得为本院研究生"。研究院院长由校长兼任,主任计划及办理本院一切关于学术之事项,总秘书管理本院一切行政事项。主任、总秘书办公室各设襄理一人。必要时得聘名誉顾问及通信顾问。下分研究、陈列、图书、编辑、造形、出版六部。① 与筹备总委员会拟定的《组织大纲》相比较,国学研究院研究范围大为压缩,取消了原由理科、教育科、商科、法科承担的研究领域,基本上与调整后的文科相对应。1926 年 9 月 25 日,《厦大周刊》公布《国学研究院研究生研究规则》,就研究生报名资格、报名、审查、口试、录取、交费、成绩、奖励等事项做了明确规定②:(一)招收对象为本大学及本大学承认之大学本科毕业生,或于国学方而具有特殊之学力及成绩者,可于每学期开始两星期中到院报名,填写已往之学业及现愿研究之题目与其研究之方法,有著作呈送著作,一并由主任交学术会议审查(必要时得用口试),合格者得领研究证入院研究。(二)本院教员可以提出题目,招集有相当学力之研究生入院指导或共同研究,惟须由主任提交学术会议审查通过。(三)凡本校毕业生及校外学者有研究之志愿而不能到校者,得为通讯研究生,其报名及审查手续均照上条办理。(四)研究生每学期应纳学费 6 元,于学期开始一个月内缴纳于会计处。(五)研究生无规定之修业年限,凡对于所提出之题目研究得有结果时提出报告于主任,主任提交学术会议审查,其及格者予以证书,其成绩最优者推为本院学侣,其著作如认为有发表之必要时得交编译部办理。(六)研究生于每学期终了时须将所得之成绩报告于主任。(七)研究生同时为在本校各种选修课程应依其所选修积点之数目应照本章程缴费。(八)本院研究部各组设奖学金额若干名,研究生之成绩优良者得承认受此项奖金,其办法另以详章规定之。

　随后国学研究院在《申报》公布《厦门大学国学研究院招考研究生启事》③,对报考资格、时间、手续地点进行专门说明,强调报考学生需要缴验大学本科毕业证书及关于国学之成绩,如果没有大学毕业证书,则需要提交能够证明在国学上有特

---

① 　组织大纲[N].厦大周刊,1926-10-23:160(1).

② 　国学研究院研究生研究规则[N].厦大周刊,1926-9-25:156(2).

③ 　厦门大学国学研究院招考研究生启事[N].申报,1926-10-25.

殊成绩的国学著作;报名应来函说明志愿研究之题目与方法,并将修业履历证书、四寸相片一张、报名费一元暨研究成果,一同寄校以资审查,审查合格后再行通知于厦门大学国学研究院面试,或作通讯研究生亦可。"开办数月,报名研究者约有五十余人","审查合格之研究生"有 14 人。[1] 研究生姓名及研究方向为:郑江涛(《诗经描写下的社会现象》)、高兴傅(《太姥山》)、陈佩真(《诗学研究》)、黄觉民(《古代井田的研究》)、魏应麒(《王审知开闽史》)、伍远资(《明季的海外孤臣》)、孙家璧(《论语中的孔子及其和诸子的关系》)、陈家瑞(《中文小说编目》)、汪剑余(《牡丹亭传奇考》)、蒋锡昌(《老子校译》)、黄天爵(《经济观之中国南方交通史》)、陈祖宾(《中国语言文字略》)、蒋连城(《许书通谊》)和戚其芊(《朱子哲学》)。[2]

　　一般认为,以北大国学门教师为主体的厦大国学研究院自 1926 年秋季开始运作以后,亦事事追步北大研究所国学门[3],具体体现在以下几点:(1)仿北大研究所国学门"经本学门委员会审查"之方法招收研究生。根据厦门大学《国学研究院研究生研究规则》和《国学研究院招考生启事》,厦门大学招收"本大学及本大学承认之大学本科毕业生,或于国学方而具有特殊之学力及成绩者",可于"每学期开始两星期中到院报名,填写已往之学业及现愿研究之题日与其研究之方法,有著作呈送著作,一并由主任交学术会议审查(必要时得用口试),合格者得领研究证入院研究",而其他如通讯研究生制度、师生共同研究制度、奖学金制度、修业年限及研究著作发表制度都基本与北大国学门类似。(2)依北大研究所国学门委员会延理科教授担任委员之例,"请化学家做顾问"即聘理科主任刘树杞担任厦大国学研究院顾问。(3)遵循北大研究所国学门的考古研究与社会调查两个方向,成为厦门大学国学研究院的重要研究内容,为此厦门大学成立了风俗调查会、考古学会,发布了《考古学会简章》《陈列部办事细则》等,并考察与发表了多篇研究报告。(4)主要教师皆来自原北京大学,推动了厦门大学延续北京大学国学门的基本模式。必须承认,厦门大学国学研究院与北京大学国学门之间有着许多的相似性,但如果我们仔

---

① 厦大国学研究周刊,1927-01-18;1(3).
② 厦大国学研究周刊,1927-01-18;1(3).
③ 汪毅夫.北京大学学人与厦门大学国学研究院——兼谈鲁迅在厦门的若干史实[J].鲁迅研究月刊,2002(3);69-78.

细比较仍能发现厦门大学国学研究院并不是北京大学国学门的简单模仿与复制，与同时期的清华大学国学研究院也有一定的差别。

第一，三校国学研究院的差别突出体现在研究院的基本定位上。民国时期对研究院的定位有两种不同的倾向：一是毕业院（大学院），一是研究院。1921 年《国立北京大学研究所组织大纲》提出"本校为预备将来设大学院起见设立研究所为毕业生继续研究专门学术之所"。^① 同时强调"本所分为自然科学、社会科学、国学、外国文学四门由大学校长与各系教授会斟酌情形提交评议会决议设立"。可见北京大学研究所国学门的定位是毕业院，为毕业学生及同等学力者继续研究与深造之所，为此 1922 年北京大学正式确定了预科、本科、研究所三级学制。清华大学最初也设想设立"大学院"，清华大学《缘起》中指出，"东西各国大学，于本科之上更设大学院，以为毕业生研究之地"^②，但显然吴宓主导下的清华大学国学研究院并非如此。在《清华开办研究院之旨趣及经过》中他强调，曹云祥校长最初的想法是开设'大学毕业及学问已有根柢者进修之地'，但清华国学研究院"非清华大学之毕业院（大学院），乃专为研究高深学术之机关"。^③ 由此引发后续毕业院与研究院、普通演讲与专门研究之争。梅贻琦在代理清华大学校长时就指出"取消国学研究院，成立毕业院，这是同学一致的要求……毕业院是与本大学一贯的，早在计划之中……"。^④毕业院与研究院代表了两种不同取向，清华大学成立的国学研究院的英文表达为"The Research Institute of Tsing Hua College"，而大学院（毕业院）或研究院的英文表达则为 Graduate School。^⑤ 当然这与清华大学本身的发展特点相关，直到1925 年清华大学才开办大学部和研究院国学门。因此清华大学国学研究院、大学

---

① 萧超然等.北京大学校史(1898—1949)[M].上海：上海教育出版社,1981:148.

② 清华大学校史研究室.清华大学史料选编(第 1 卷)[M].北京：清华大学出版社,1991：374-375.

③ 清华大学校史研究室.清华大学史料选编(第 1 卷)[M].北京：清华大学出版社,1991：377.

④ 苏云峰.从清华学堂到清华大学(1911—1929)[M].北京：生活·读书·新知三联书店,2001：329.

⑤ 苏云峰.从清华学堂到清华大学(1911—1929)[M].北京：生活·读书·新知三联书店,2001：281.

部和留美预备部是三个相当独立的教学单位,虽然同在一个校园,由统一校长领导,但在基本教育目标、学制、学生背景、学习年限、教学与研究方法等方面,都大不相同。而吴宓也因坚持办国学研究院、不办大学院而辞职。

北京大学与清华大学在国学研究院的不同模式以及清华国学研究院内部的纷争反映出早期研究生教育的不同争论与发展轨迹。在北京大学与清华大学之后厦门大学国学研究院的定位则耐人寻味。按照林文庆校长对研究院来自于改造后的翰林院的设想,研究院不仅招收本校毕业生,也招收研究者,实际上是更倾向毕业院的定位。但在《厦大周刊》发表的《本大学组织系统一览表》里,国学研究院和大学部、高等学术研究院为并行的一个机构,在组织结构、招生、学生管理以及教学上体现出相当的独立性。不过厦门大学改国文系为国学系又使得从国学系到国学研究院呈现出不同等级、层次与程度的差别,国学研究院的导师们往往通过兼职的方式成为国学系的教授或讲师,更加深了国学系与国学研究院之间的联系。从某种程度上说,厦门大学国学研究院实质上体现了融合北大与清华两种模式的企图,即作为机构的国学研究院是独立的,但作为研究院,它事实上是建立在本科毕业基础之上的更高层级的学制。而厦门大学在这一点上,无疑走得更远,更为彻底,它直接通过建立国学系确立了二者之间的联系。正因为有毕业院与研究院的差别,在学员的资格上,厦门大学强调招收"本大学及本大学承认之大学本科毕业生或同等学力者",北京大学则招收"本校毕业生有专门研究之志愿者及能力者又未毕业生及校外学者等",而清华大学强调的学员资格为"国内外大学毕业生或相当之程度者;各校教员或学术机关服务人员,具有学识及经验者",对于清华大学的本校生只通过附注的方式表明"清华学校旧制大一级毕业生,得学校推荐及专任教授许可者,得为本院特别学员"。[①]

第二,厦门大学作为一所私立大学,其研究院也体现出私立大学的特色,突出的反映在学费问题上。北京大学研究所组织大纲中只有奖学金的规定,并没有学费及其他费用的专门说明,清华大学则明确免交学费及住宿费,只需每学期入学时

---

① 清华大学校史研究室.清华大学史料选编(第 1 卷)[M].北京:清华大学出版社,1991:374-375,377.

交膳食费约 35 元,预存赔偿费 5 元。[1] 与北京大学、清华大学不同,作为私立大学的厦门大学明确规定,研究生报名费 1 元,每学期应纳学费 6 元。同时,如果在本校各科选修课程也应依其所选修绩点数缴费。6 元的学费水平我们可以做一个简单的对比:1921 年厦门大学商学部学生每年学费 20 元,膳食费 4 元 5 角,住宿费免纳,师范生则学费、膳食费、住宿费均免;1927 年厦门大学对学生学费进行调整,凡 1927 年 9 月以后入学的学生本科每学年学费 70 元(旧生为 50 元),预科每学年学费 50 元(旧生 40 元)。[2] 由此可见,厦门大学研究生的学费相对本科生而言并不高,但相对于北京大学、清华大学的免学费,只能说厦门大学的研究生收费颇具有典型的私立大学的特色。

第三,厦门大学国学研究院的教学体系与课程颇具特色。北京大学并没有对研究生的课程进行专门规定,只在《国立北京大学研究所国学门研究规则》中指出,将随时聘请国内外学者专门演讲,因此可以说在北京大学国学研究门,科学研究与教学工作并没有什么联系。[3] 演讲制度后被清华大学和厦门大学所采纳。《清华大学研究院章程》就专门规定,除分组指导、专题研究以外,各教授均须为普通演讲,每星期至少一小时。所讲或为国学根底之经史小学,或治学方法,或本人专门研究之心得。此种普通演讲,凡本院学员均须到场听受。[4] 后针对普通演讲,还专门规定,"本学年多增加临时演讲,题目及时间随时宣布,学生每人至少要选听四门普通演讲"。[5] 除普通演讲外,清华大学的特别讲师也专就一定学科范围演讲一次或多次,学员研究题目与此相关者,也须到场听受。[6] 可见,清华大学国学研究院

---

① 清华大学校史研究室.清华大学史料选编(第 1 卷)[M].北京:清华大学出版社,1991:374-375,377.

② 厦门大学校史编委会.厦门大学校史(1921—1949)[M].厦门:厦门大学出版社,1990:13,90.

③ 萧超然等.北京大学校史(1898—1949)[M].上海:上海教育出版社,1981:149.

④ 孙敦恒.清华国学研究院史话[M].北京:清华大学出版社,2002:65.

⑤ 清华大学校史研究室.清华大学史料选编(第 1 卷)[M].北京:清华大学出版社,1991:374-375,377.

⑥ 清华大学校史研究室.清华大学史料选编(第 1 卷)[M].北京:清华大学出版社,1991:374-375.

是将教学和研究结合得很好的机构,教授讲授平生治学心得及专精科目,学生则根据自己的兴趣学力选择专修学科与研究专题,接受教授的指导。此外,"研究院的学生也可以到大学部选课或旁听;而大学部及旧制生亦可旁听或选修研究院的普通演讲"。①

比较而言,厦门大学国学研究院的教学处于两者之间,既不像北京大学过于自由,也不像清华大学密集谨严。厦门大学依照研究部办事细则第八条,国学研究院每月举行专门讲演一次。第一次学术演讲为张星烺讲演《二十世纪之泉州》,第二次为林语堂的《闽粤方言之来源》②,同时也允许学生自由选修课程。事实上由于国学院教师往往也兼职其他本科院系教师,这也为研究生选修课程埋下了伏笔。如国学研究院总秘书林语堂,同时也是文科兼语言学教授,国学研究院主任沈兼士也是国文系主任、文字学正教授,史学研究教授顾颉刚同时也是文科国文系名誉讲师,国学研究院考古学导师陈万里兼文科国文系名誉讲师,等等。沈兼士等人到厦大后,力图把国文系和国学院贯通起来,将国文系改称为国学系。其目的,就是要把基础教学与高深研究连接起来,把国学系作为国学研究院的依托。而这一点,构成了厦大国学院教学与课程体系的一大特色。③

第四,总体来看,在学术研究与人才培养上,厦门大学国学研究院有自己的优势与特色。在人才培养上,北大优点有六:一是没有入学资格限制和入学考试,大学教员也可随时入所研究;二是实行导师制,自由研究;三是可以通信研究,不需常川住所;四是研究期限由学生自定,可以随时延长;五是无专任教授;六是学生透过所主任请指导教授,而非直接与指导教授面谈后决定,可以说是绝对自由。培养形式也甚为宽松自由,师徒制培养模式明显。比较而言,清华国学研究院旨在培养国学研究人才,采用中国旧式书院与美国研究院培养模式相结合的导师制进行研究,即以自修读书为主,教师随时予以指导,辅以专题讲座。清华国学研究院注重个人自由,师生从经常接触中培育学术和感情,营造特殊学术气氛,师生常川住宿、师生

---

① 苏云峰.从清华学堂到清华大学(1911—1929)[M].北京:生活·读书·新知三联书店,2001:329,281.

② 国学研究院第二次学术讲演[N].厦大周刊,1926-12-28:168(4).

③ 洪峻峰.厦门大学国学研究院与国学系[J].鲁迅研究月刊,2003(6):45-52,44.

关系密切。① 厦门大学国学研究院只有招生,并无实质上的研究生培养,但通过其章程我们可以发现,厦门大学国学研究院对研究生的教育与培养继承了北京大学的优点,如没有考试,允许通信研究生,但厦门大学的人才培养也发展了自己的特色:一是重视审查与考核,强调对考生的学业成绩、研究题目、研究方法以及著作由学术会议审查,必要时加口试;二是强调共同研究,教员可以提出题目召集有相当学力的研究生,经由学术会议审议通过后共同研究;三是形式灵活、虽无研究年限,但有严格的考核机制。研究生每学期结束时须将取得的成绩报告,以此作为奖学金以及继续研究的基础;四是收费与奖学金并重。在研究方面,厦门大学发扬了北京大学研究所国学门的传统,提倡用科学方法对国学进行研究,对闽南古迹与风俗进行了广泛的调查,形成了一批重要的研究成果。② 而国学研究院重视对考古实物和社会调查,并将两者结合起来,使厦门大学国学研究院的特色更加显著。③ 民俗调查与研究是"五四"后新文化人发起的一场学术运动,经由顾颉刚、陈万里,以及厦门大学国学研究院其他学人如沈兼士、容肇祖、孙伏园等,民俗学运动的中心便由北京转移到了闽南。④

三、早期研究生教育的结束与厦门大学研究生教育的后续

1927 年,由于资金问题,厦门大学无奈宣布停办工科、医科、矿科和国学研究院。关于厦门大学国学研究院的终止,研究者众多,归纳起来,大概有以下几点:一是资金问题。国学研究院开办不久,当初吸引北大教授们的重要原因,学术支持和出版资助等先后落空,《厦门大学国学研究院周刊》仅出版三期就无以为继、研究工

---

① 苏云峰.从清华学堂到清华大学(1911—1929)[M].北京:生活·读书·新知三联书店,2001:318.

② 国学研究院第一次学术会议纪事[N].厦大周刊,1926-10-23:160(6).

③ 杨国桢.20 世纪 20 年代的厦门大学国学研究院[J].厦门大学学报(哲学社会科学版),2006(5):5-13.

④ 洪峻峰.厦门大学国学院的泉州访古与研究[J].泉州师范学院学报(社会科学),2006(5):43-50.

作也无法展开,直接导致了著名教授和核心人员的离开,沈兼士、顾颉刚、鲁迅、林语堂先后辞职,直接宣告了国学研究院的解体。二是厦门大学内部文理科的分歧与影响。三是以北大国学门同人为核心的团队并无以厦门大学为长期发展之地的打算,无论是沈兼士、鲁迅都仅以厦门为暂居地。而且这个团队内部也矛盾重重。各种矛盾诱发的学潮则直接导致了国学研究院的停办。厦门大学国学研究院作为我国第一所由私立大学创设的研究院,在研究生教育发展史上具有重要的地位与意义。"与同时期的新国学各研究机构相比,为时不久的厦门大学国学院的学术成就固然赶不上北大和清华,却不逊色于齐鲁、燕京的国学研究所和东南大学国学院,在学术发展史上的地位甚至更为重要。"①

事实上,不仅厦门大学国学研究院草草结束,北京大学、清华大学以及中山大学的研究生教育也先后停办。民国早期以国学研究为基本取向的研究生教育制度基本以研究院(所)的停办而宣告结束。从这一角度而言,厦门大学早期研究生教育的失败有其必然性。首先,研究生教育所耗甚巨。即使是经济实力雄厚的北京大学、清华大学都难免有停办国学研究院以节省经费的异议,更不用说依靠私人捐助的私立大学。在经费有限的情况下,学校内部不同学科的经费如何分配问题容易导致学科间的冲突与矛盾,而国学院收费低,培养学生少,花费大则是明显的劣势。其次,民国早期教潮、学潮不断发生,各大学的国学研究工作不免受到干扰,教师的流动性既成就了厦门大学国学研究院的兴盛,又导致了其迅速结束。最后,民国早期的研究生教育制度处于探索期。事实上直到 1928 年制定的《戊辰学制》才明确由研究院正式取代大学院成为研究生教育的基本机构,而 1934 年教育部颁发的《大学研究院暂行组织规程》才从研究院的设置条件、组织运行、研究生的招生资格、培养以及学位授予等方面做出了系统的规定。就此而言,从北京大学、清华大学到厦门大学、中山大学的国学研究院虽然有一定的延续性与继承性,但也存在明显的不稳定性和简单性等特点,如何解决资源分配、不同学生群体间的权益冲突问题、如何定义研究生教育制度的基本功能与价值等不仅是早期研究生教育的重要

① 桑兵.厦门大学国学院风波——鲁迅与现代评论派冲突的余波[J].近代史研究,2000(5):71-93.

经验,也是值得反思的重要问题。

国学研究院的早期探索因各种原因不得不结束,但厦门大学研究生教育的努力并没有停止。1927 年在《厦大周刊》发表的《理科最近进行之概况》中,提出"为力求科学发达,造就高深人才起见,近拟设立研究院……"必须指出,理科研究院的设想与国学研究院相比有了一定的发展与区别:首先理科研究院招收本科毕业生或其他大学毕业生经该科教授会推荐者,并不招收同等学力者,这也是理科学习与国学研究的差别所要求的;其次,理科研究生明确提出了研究期限为"招收二学期以上",并对毕业提出了具体要求,即"得有独立研究能力;于学术上有确实贡献;经该院考试委员会实验及格";最后,首次明确了"授予理科硕士学位"的创想。① 早期的教育法规虽然涉及学位问题,但并没有实施。1926 年北京大学研究所国学门发布通告,6 名研究生经委员会审查,准予合格②,并不涉及授予学位的问题。厦门大学国学院的章程中也没有明确是否授予学位,清华大学国学院则因是否授予学位问题引发"易长风波"。厦门大学理科研究院的这一设想直到 1935 年的《学位授予法》中才明确"硕士学位候选人考试合格,并经教育部复核无异者,由大学或独立学院授予硕士学位",只是因经费等问题厦门大学理科研究院并未实施。1944 年,厦门大学筹备设立水产研究室,计划逐渐将研究室扩充为研究所,招收研究生,并设分所于台湾及海南等水产富源之地。③ 1946 年厦门大学筹设经济研究所、历史研究室,这类研究所的筹设反映了厦门大学恢复研究生教育的基本意向,虽未招生,但这些研究所也成为厦门大学在新中国成立后研究生教育的基础。1950 年厦门大学率先招收经济学研究生,随后化学、生物、历史专业先后招收研究生。不能不说,这正是厦门大学研究生教育不断探索与努力的结果。

---

① 理科最近进行之概况[N].厦大周刊,1927-1-1:170(4).

② 北京大学研究生院.继往开来——北京大学研究生教育 90 年[M].北京:北京大学出版社,2008:24.

③ 厦门大学校史编委会.厦大校史资料(第二辑)[M].厦门:厦门大学出版,1988:89.

求异与趋同：中国女性高等教育的
变迁与反思*

女性高等教育，是社会文化现代化变迁的寒暑表。① 1998 年世界高等教育会议通过的《21 世纪高等教育：展望和行动世界宣言》指出，"应把性别研究作为一门对高等教育的改革和社会变革具有重要意义的知识"。中国的女性高等教育，随着西方女性主义思潮的发展与传播取得了许多实质意义上的进展，但不可否认，女性高等教育在发展过程中始终面临着一个两难的困境，即女性高等教育的标准究竟应该以男性高等教育的标准为方向还是应该立足男性与女性的差异，追求女性自身发展的特色，并以此作为女性高等教育的标准。从女性高等教育发展的历史来看，这一问题的产生与发展始终是女性高等教育发展的焦点问题。我们有必要从女性高等教育发展的历史出发，寻找反思与解决现实冲突的途径与方法。

一、女子高等教育的先河：基督教女子大学

1840 年的鸦片战争，打开了中国国门，中国文化不得不面临"数千年未有之变局"。救亡图存的时代主题使得资产阶级维新派选择了禁缠足、兴女学这两个关系妇女身体和精神解放的问题作为突破口，并进行了初步尝试。但总的来说，一方面由于妇女教育长期受到忽视，妇女的文化素质普遍偏低，女学只能从初等或中等学堂开始；另一方面，以男性为主导的妇女运动中创办的以培养"贤妻良母"为目的的女学，也无需让女生研究高深知识，接受高等教育。因此，女子高等教育还远远没有

＊ 原文发表于《江苏高教》2009 年第 3 期。

① 潘懋元.女子高等教育：文化变迁的寒暑表——中国女子高等教育的过去、现在和未来[J].集美大学学报，2001(9)：1-6.

提上日程。

中国女子高等教育的先河是由基督教大学开创的。早在 1905 年岭南大学即已兼收女生。基督教女子高等教育的创立,一方面是教会女子学校的发展,逐渐提出了女子高等教育的构想,其中基督教会中的女传教士不乏女权主义者,对女子高等教育充满了期待,她们也构成了女子高等教育的推动者。在他们看来,"假如我们有大学程度的男子教育,那么我们就应该让女生享受同样大学程度的女子教育"①;另一方面,随着维新派对女子教育的关注,女子教育逐渐与国家富强紧密联系,从而刺激了女子教育的兴起,也刺激了基督教女子教育试图通过提高自身层次加强基督教在中国妇女教育的地位的想法。于是,1904 年,北京协和女子大学成立,并在 1909 年有 4 名全部完成大学课程的学生毕业;随后,福州华南女子大学、金陵女子大学也先后成立。

但从基督教女子高等教育产生之始,趋同还是存异的问题就摆在了办学者的面前,也使这一时期的女子高等教育在多方面呈现出矛盾性。在培养目标上,基督教推动与建立女子高等教育的目标是为了培养女性领导者,以期实现"要在所有妇女可以从事的领域中培养领袖人才"之目标。因此,基督教女子大学的培养对象以上层社会的女子为主,在学生家庭背景方面,基督教女子大学的学生大多出生商界、政界以及其他专业阶层,工农下层的子弟很少。其精英性与宗教性也构成基督教女子大学的基本特征。另一方面,基督教女子大学的校长对于女性精英的未来却充满了困惑。金陵女子大学的德本康夫人就认为,女性的位置最终还是在家庭,男人们也无须担忧,因为大多数的女性将会结婚,她们所受的教育会帮助她们为家务作好准备,在那里,她们将会对职业的追求转化为对家庭、对丈夫的爱与奉献。这种培养目标上的矛盾性使得早期女子大学的毕业生面临着职业与家庭的冲突。事实上,在就业与婚姻上,女子大学的毕业生并不能真正通过她们的能力与所接受的教育在工作岗位上实现她们与男子一样的抱负,除了传统的教师、医务工作者、作家或编辑、宗教工作者等职业以外,她们似乎并不能追求新的职业形象和新的社

---

① 朱峰.基督教与近代中国女子高等教育——金陵女大与华南女大比较研究[M].福州:福建教育出版社,2002:54.

会角色。而且为了保持她们的职业，大部分人终身未婚。1936年对华南女子大学178位健在的校友的资料分析显示，毕业生中只有55位（28％）结婚；而在金陵女子大学，据1928年的《妇女杂志》社对当时著名的女子高等学府"金陵女大"进行调查，该校1919年至1927年毕业生计105人，结婚成家者仅17人，占总数16％；1931年统计，188名毕业生中只有39人结婚（21％）。[①]

在女子这种培养目标上的矛盾性也深刻在反映在女子大学的课程开设上。基督教女子高等教育的目标在于培养上层的女性领导者，这使得基督教女子大学里的课程开设与男子大学的课程设置上并没有多大的区别，事实上从基督教女子高等教育的目标来看，它们本身就是为了给女性提供不亚于男性的、高水平的大学教育，以期证明女性同样可以像男性一样优秀。另外，女性自身的特质、女性与男性在生理与心理上的差异也使得相同的课程开设却有着不同的侧重。基督教女子大学除了重视英文与宗教以外，自然科学与社会科学都得到了同样的重视，在课程开设上与普通综合大学并没有什么不同，但具体而言，又与男子大学有一定的差别，"譬如在化学专业，金陵大学倾向于教授工业化学和农业化学，而金陵女大则更着重家庭化学知识以及生理化学"。[②] 而是否要在基督教女子大学中开设家政课曾经一度成为争执的焦点，早期的家政课并没有成为基督教女子大学的课程，但中国社会对"贤妻良母"的强调，最终也使家政课成为女子大学中的一部分。虽然其核心内容是以生物化学与营养学为主，但这一系科的设置本身就代表了基督教女子大学在试图向男子大学看齐的目标已经发生了变化。什么样的女子大学才是高质量的大学？什么样的女子大学才是最适合女性的大学？以男性大学为标准的高质量与适合女性特质的标准应该如何取舍？基督教女子大学在这一问题上采取的是矛盾的态度，而这种矛盾正是当时精英女性与社会的冲突。

---

① 德本康夫人，蔡路德.金陵女子大学[M].珠海：珠海出版社，1999：84.

② 朱峰.基督教与近代中国女子高等教育——金陵女大与华南女大比较研究[M].福州：福建教育出版社，2002：359.

二、本土女子高等教育的发展

1915 年,妇女解放思潮几经沉浮,重新活跃起来,呈现出日渐高涨的新景象。妇女问题重新成为社会关注的议题,一批知识女性积极参加妇女问题的大讨论,并以《新青年》为中心,积极冲破封建伦理道德的束缚,积极争取社交公开、男女平等教育、经济独立、婚姻自主。这种以学习西方自由资产阶级个人主义、带有一定激进色彩的、为了寻找个人而愿意抛家弃子的女权主义形象虽然极大推动了中国女性解放思潮的运动,但又必然受到现实的打击与传统的影响,中国自身的女子高等教育正是在这样充满了矛盾的社会背景下诞生的。

1919 年 3 月 12 日,教育部正式颁布了《女子高等师范学校规程》6 章 35 条,为设置女子高等师范学校确立了凭准。1919 年 4 月 23 日,北京女子师范学校升格为国立北京女子高等师范学校(以下简称"女高师")。女高师作为中国本土女子高等教育发展的雏形,本身是十分值得寻味的。首先,在创办女高师的原因上,一方面是女子解放思潮的推动,另一方面则是基督教女子高等教育的刺激,"自家的教育由外人先我而倡办,这也是吾人之一种羞耻"。[①] 这就使中国女子高等教育如同女子普通教育一样,从一开始就被纳入民族主义的范畴之中。但"民族主义一方面需要妇女的参与,尤其是以她们的母亲和民族生产者的角色来参与;另一方面,民族主义不希望妇女参与国家政策的制定,忽视给予她们平等的公民地位"。[②] 这种肇始于民族主义的中国本土女子高等教育的发展注定了畸形的发展模式,注重母亲与民族生产者的培养也使女高师成为可以被接受的女子高等教育类型获得发展。其次,女高师一方面模仿男高师的课程开设与管理,另一方面则凸显了家政的必要性,开设了家事科,增设家事、缝纫、手艺、手工等课程,由此彰显了女高师的培养目标以及在民族主义大旗下女性的角色定位与职业定位;最后,师范作为培养传

---

① 陈青之.中国教育史[M].上海:商务印书馆,1946:47.
② 苏红军.柏棣主编.西方后学语境中的女权主义[M].桂林:广西师范大学出版社,2006:238.

统女性职业教师的摇篮是当时被官方唯一承认的女子高等教育类型。种种迹象反映出当时社会，特别是男性倡导者对于女子高等教育发展以及女子高等教育培养目标的疑虑，他们虽然提倡人格完善与女性解放，但其目标却具有强烈的功利色彩，希望受教育的女性能够自觉的承担民族强盛的责任，而界限则是不能超越"贤妻良母"的樊篱；虽然也部分模仿男性高等教育的标准，但更强调所谓的女性特色。但是，究竟什么是女性特色，男性与女性的差异究竟是什么？这种差异是否应该成为决定女性高等教育质量与培养目标的标准仍是值得进一步探讨的问题。

三、男女同校的争论

"五四"时期的女子教育，在"男女平等教育"的呼吁下，不论是质或量，都较此前有显著的进步。至 1919 年，女学生的比例由百分之二增至百分之五。[①] 在此背景下，男女同校成为女子教育的焦点问题。罗家伦认为男女接受共同的教育，可以促成男女正当的社交、美好的婚姻，以及提高女子的地位，达到妇女解放的目的，并且也能谋求人类的平均发展。胡适不但提出了大学开放女禁的主张，同时也提出了具体的办法，使具有能力与资格的女子能接受大学教育。

在舆论界的鼓吹下，为了接受高等的教育，已有部分勇敢的女子要求进入大学。1919 年春，有四名女学生要求进入北大旁听；至 1920 年 2 月止，北大的女旁听生已有 9 人。1920 年秋，北京大学正式对外招收 28 名女学生。在男女同校的思潮影响下，教会大学也开始了男女同校的行动。1921 年岭南大学的第一位女毕业生获得文学学士学位。1920 年，上海浸礼会学院、上海沪江大学和苏州的东吴大学等也开始招收女生。[②] 随后，部分基督教女子大学通过合并的方式实现了男女同校。同时，专门为女子开设的女子师范大学也开始了合并的旅程，其名称中的"女子""师范"字样几经取消与恢复。

---

① 俞庆棠.三十五年来中国之女子教育[C]//李又宁,张玉法.中国妇女史论文集.台北:商务印书馆,1981:359.

② 俞庆棠.三十五年来中国之女子教育[C]//李又宁,张玉法.中国妇女史论文集.台北:商务印书馆,1981:359-376.

长期以来,"男女同校"被视为教育进步的标志。许多女性也因为大学开放女禁而获得教育权利,男女同校极大地促进了中国妇女运动的发展。但有人乃至全盘否定单一性别学校存在的合理性,提出绝对的男女同校。"现在降到民主问题之中,生出妇女解放;妇女解放问题之中,又生出男女同等教育问题。男女同等教育问题之中,又生出绝对的男女同校。"①陈东原称:"高等教育,似乎没有为女子专设的必要。"②顾毓秀则认为,除了几间师范学院外,政府不会设立女子大学,并反驳说女性要求所有学校为她们开放,却要保留几所学校不对男性开放。在许多男性教育家极力鼓吹"男女同学",视其为妇女解放标准的同时,不少女性教育家认为有保留少数女子学校的必要。为此,华南女大、金陵女子文理学院和震旦女子学院三所基督教女子大学为争取女子大学的独立存在进行了艰苦的"反合并"斗争。在这一过程中,是"男女同校"更适合培养出健全而高质量的女性还是单一性别的"女子大学"更适合女子自身的发展被反复辩论。女子基督教大学的坚持反映了在特定社会背景下,即在一个男性占据绝对优势地位的社会下,女性只能通过一个微观的"女性机构"中寻找发展的可能性。强调女性与男性的差别,强调女性的特殊性成为女子基督教大学继续存在的最重要也是最合法的理由。一方面希望在一个单一性别的微型社会里,证明女性可以像男性一样成为社会的精英;另一方面又通过女性的特殊性强调男性不可以侵入女子大学中,以维持其独立性与特殊性。基督教女子大学通过这种"妥协"与"坚持"的矛盾展现了女性在发展过程中的艰难与特殊性,也更让人深思,女性高等教育发展的目标与路径的选择问题。

四、性别平等与女性高等教育的反思

新中国成立后,"男女平等"成为我国宪法与法律确认的基本原则。助学金制度、统一考试制度等制度的确立也促进了女子高等教育的发展。与此同时,金陵女子文理学院与金陵大学合并为金陵大学;华南女子文理学院与福建协和大学合并

---

① 男女同校的根本要求[C]//梅生.中国妇女问题讨论集.上海:新文化书社,1923:216.
② 陈东原.中国妇女生活史[M].上海:商务印书馆,1988:394.

为福州大学。至此,单一性别的女子大学暂别历史舞台,而代之以绝对的"男女同校"。男女平等不仅使女子接受高等教育的数量获得了极大的增长,而且提升了教育的层次、扩大了科类范围。但许多研究者指出,法律上的男女平等并不代表事实上的平等,当前中国女子高等教育,还远未实现"男女平等""教育机会均等"的理念,存在着女性总数比例偏低、女性接受高等教育低层次多,高层次少,由低到高,比例递减,层次越高,男女差别越大;而在学科选择上也没有真正改变"女性领域"占优势的格局。[①] 也有研究者针对当前女性教师参与高等教育决策与管理的比例偏低、就业市场对女大学生的歧视以及在教学中教师更倾向与男学生互动、导师更倾向招收男研究生等问题[②]指出了在形式上的平等背后所掩盖的"不平等"。20世纪80年代,女子学院在我国重新出现。有研究者认为,"我国女子学院的复兴,似乎与妇女解放和男女平等思潮无关,因而也没有考虑改善女性受高等教育的状况或提高女性在高等教育中的地位等因素",其目的只是为了另辟蹊径,形成自己的独特优势,以达到开辟民办高等学校生存和发展的市场空间的目的。[③] 更有研究者指出"大量地强调中国封建传统文化对女性的定义以及对女性性别角色的描述,放大这些特点成为我国女子高等学院所倡导的特色教育,变相的为男权文化提供了肥沃的发展土壤。甚至某些女子高等院校的教育反而成为宣扬男权文化的一个重要场所,这并非女性高等教育的最终目标"。[④]

耐人寻味的是,批评者似乎对于女子高等教育的评价呈现出"双重标准"。对"男女同校"的批评强调女性有其特殊性,但"男女同校"隐含的"男性主义"对女性发展不利;而对女子学院的批评却又暗示女子学院过于注重女性特质,而忽略了"高质量"与精英女性的培养。这种双重标准,在笔者看来,事实上反映与重复了从

---

① 潘懋元.女子高等教育:文化变迁的寒暑表——中国女子高等教育的过去、现在和未来[J].集美大学学报,2001(9):1-6.

② 唐卫红.从女性主义视角分析高校潜在课程中的性别不平等[J].当代教育论坛,2007(7):97-98.

③ 高耀明,张民选.回归传统还是走向未来——对我国女子学院复兴的初步分析[J].长春工业大学学报(高教研究版),2004(1):2-7.

④ 邓文静.论我国现代女子高等教育发展中的问题[J].湘潮,2005(5):82-83.

女子高等教育产生以来一直备受关注的几个问题,即高等教育领域内男女平等的标准是什么? 什么是女性特质? 女性与男性的差异是否意味着女性与男性应该接受有差异的高等教育? 女性高等教育的目标是什么? 其质量标准是什么?

但是,这些问题的讨论首先离不开社会的发展与变革。在中国"娜拉"们的"出走热"风行了六七年之后,鲁迅在1925年10月21日完成了小说《伤逝》,试图揭示中国"娜拉"们的现实写照。与胡适等人提倡的"以娜拉为榜样"相比,鲁迅则通过"以娜拉为榜样"的悲剧,反映出在中国社会这个巨大而黑暗的大房子里,没有整个社会的转变,没有群体的进步,女性的解放最终只能像子君一样,成为绝望的梦想。因此,脱离了对社会背景的考量,女子高等教育的发展也就变得脱离实际。我们在批评近代女子高等教育的先天不足,即由男性倡导,并极具功利性[①]时,也必须承认,中国女子高等教育的倡导者由男性扮演重要角色有其必然性,女性教育在民族危难的前提下也必然抹上功利的色彩。女子高等教育的发展事实上就是在这个悖论中缓慢进步的,即女性接受高等教育的目的是更好地改造社会对女性的偏见,但女性接受的高等教育本身就隐含着很多女性偏见。但观念的交锋造就了一代又一代不断进步与发展的人,并通过他们实现社会的进步与偏见的消融。因此,在笔者看来,男女平等、女性特质以及女子高等教育的发展目标都是不断发展的。其方向更强调的是人格的相互尊重,强调女性与男性是有差异的共存,强调在社会分工的前提下,男性工作与女性工作具有同等的重要性。但这种强调在一定社会背景下,却有其独特的历史任务与目标,而且这种平等也不是绝对化的数量上的增长。例如,我们在指出女性高等教育学科仍集中于"女性优势"学科时,似乎暗含着只有女性真正实现在任何学科与男性平分秋色时才意味着真正的平等。但在社会分工的前提下,在女性与男性存在生理差异的前提下,"女性优势"学科与"男性优势"学科的存在似乎也无法避免,因为教育问题与社会问题总是交织在一起的。在仍是以男性为中心的社会体系中,妇女的角色和作用往往是依据社会改革的需要来规定的。[②]

---

① 何雪莲.让高等教育奏响和谐之音——女性主义视角下的中国女子高等教育[J].高等教育研究,2006(5):72-75.

② 露丝·海霍.关于中国妇女参与高等教育的思考[J].陕西师范大学学报(哲社版),1996(3):152-157.

作为最早呼吁男女同校的干将徐彦之曾撰文《北京大学男女共校记》坦承，其倡导的初衷仅是因为谈天时缺少女性而感到无聊。① 但这种带有几许调侃意味的动机与当时的女性思潮、新文化运动以及五四精神形成了推动女性高等教育发展的合力。因此，当我们纠结于教育内部女性高等教育发展与问题时，应该把视角超越教育内部，寻求社会，特别是男性思维的改变与发展。

其次，在民主与多元的前提下，当代男女平等越来越成为一项基本的价值追求，并不断推进社会对男性主义以及男性霸权的反思与批判，启发大众重新解读男性与女性的关系，寻找女性独立与真正平等的途径。正如社会离不开男性与女性的共同建构，女子高等教育的发展应该充分思考男性在其中扮演的角色。男性特质与女性特质是男性与女性存在的基础。男女的性别差异导致男女之间可以更加全面而和谐地看待我们周边的世界。从理论上看，实现每一个人，包括女性的全面发展才是男女平等的终极目标，而在这一过程中，如何实现男女之间的和谐，处理好男性与女性之间的关系是男性与女性共同关心的话题。但性别对立的思维模式使女性主义停留在对已然事实的批判和反抗，对两性如何和谐相处，携手走向未来缺乏理论建构。因此，女性高等教育的目标，只有超越纯粹的女性视角才能超越男性主义建构下的男女平等，力图实现超越性别的个人的自由与发展才是最终的目标，而这也是整个高等教育的理想。建立在"性别共性"基础上的男女平等，因为忽视了男性与女性自身的差异性，必然在"男女平等"到"男女一样"的逻辑转换中，以男性的标准、男性的质量为旨归，最终也无法实现男女平等的真谛，即差异平等。真正的教育性别平等应当是：当性别产生差别的时候考虑性别，当性别不产生差别的时候忽视性别，即为每一个人，为每一个男人与每一个女人选择与提供符合自身需要与发展的教育与途径，但这一目标的达成却有待于社会的进步与人类的进步。

最后，不可忽视的事实是，女性与男性在生理与心理上的确存在一定的差异，但男性与女性的生理差异，往往与性别刻板印象等社会偏见结合在一起，使客观的生理差异变成了社会"好"与"坏""强"与"弱""优"与"劣"等评价观念的差异。因此过分凸显这种差异，或者完全漠视这种差异其实都不符合客观实际。李大钊曾就

---

① 张文娟.历史的另一幅面孔[J].读书,2007(9):93-96.

妇女运动中妇女模仿男人的行为尖锐地指出"有许多人说,男人做什么,她们可做什么。她们可以把男子的行动来做她们的模范。但女子总是女子,这模仿男子的法子是做不到的。……女子万不能要学做男人,就禁止使用她们天生的特别性情。即使做得到,也是一件极蠢的事。"因此他主张男女两性在政治上发展机会均等,阶级可变动、消泯,"独有男女两性,是一个永久的界限,不能改变,所以两性间的 Democracy,比什么都要紧。"①大师的话道出了女子高等教育自身存在的价值。即使专门女子大学在世界范围逐渐萎缩的情况下,至少在综合大学内为女性提供专门的特殊课程也是十分必要的。但单纯地强调在大学内加强女性学的研究与课程开设还不够,事实上需要对女性教育与发展进行多个层次的课程设计与开发,并试图处理女性在学业与就业、职业与家庭以及婚姻与男女关系等多方面的研究与探讨。第一,应该承认的是,男人与女人之间是有很多共性的,男性与女性之间并不是截然地对立。男性与女性在当前这样一个竞争性的社会里,面临着许多相似的情境与困难,对所有的人开展一般的、共同的教育不仅有利于解决一般性的问题,也可以在一个相似的情境下,通过男性与女性的共同建构,探讨男性与女性的差别与共性,反思女性自身的特点,启发女性自我意识以及女性意识的反思。第二,女性课程的开设非常重要,但女性课程并不是仅仅以女性为开设对象的课程。从中国女性教育的发展来看,男性无论出于什么样的目的与动机,不可否认,其在启发与推动女性教育发展的过程中扮演了重要的角色。事实上,女性地位的提高、女性意识的觉醒乃至女性自身的发展离不开男性意识的解放与反思,离不开由男性与女性共同构成的社会的开放与发展。因此,女性课程的开设需要男性的参与和建构,将男性排除在女性课程或者女性课堂之外,似乎并不是明智的选择。相反,鼓励每一位女生邀请一位男生来共同参与男女关系、婚姻家庭以及各种社会问题的探讨时,通过共同启发甚至争辩与质疑的方式进行观念上的交锋与协作,不仅是对女性的教育,同样也是对男性的教育。第三,在课程的设置上,无论从目标还是从路径方面都应该在共同的基础上提供多样化的目标,并为目标的达成提供更多的路径选择,从而为女性与男性的差异提供因材施教的可能性。

---

① 李大钊.李大钊文集(下)[M].北京:人民出版社,1984:103.

美国辍学问题研究的新进展及其评价[*]

辍学问题是一个世界性的教育难题。研究发现，辍学意味着贫穷，从而增加了个人犯罪、离婚的可能性，并导致其子女辍学行为的增加，使得个人及其家庭始终处于社会的边缘；对于社会而言，辍学则意味着浪费社会公共资源。政府与社会为了防止个人辍学行为带来的社会隐患，不得不大量增加经费投入到健康保障、社会服务以及监狱系统的改善与维护上。[①] 据美国教育数据中心（National Center for Education Statistics）的调查显示，高中辍学者的就业率大约为 47%，高中毕业生（没有进入大学）的就业率则可高达 64%，而且高中毕业者比高中辍学者的年收入平均高出 9 245 美元。[②] 因此，研究辍学，关注影响辍学的基本因素，寻求解决辍学问题的基本途径成为各国研究者的重要课题之一。本文从美国数量众多的辍学研究文献中选取有代表性的研究，试图概括关于辍学问题的基本进展与结论，以期对中国的辍学研究有所启示与借鉴。

一、影响辍学的基本因素

学生为什么辍学？不同的研究者从不同的角度得出了不同的结论。有研究者根据大量的数据分析，认为影响辍学的因素包括年龄、性别、社会经济背景、种族、地区、迁移次数、个人能力、父母是否就业、学校的大小与类型以及家庭的结构

　＊　原文发表于《外国教育研究》2011 年第 5 期。

① 　John M Bridgel，John J DiIulio Jr. The Silent Epidemic Perspectives of High School Dropouts[EB/OL].（2008-03-10）[2011-03-12].http://hub.mspnet.org/index.cfm/13024%22.

② 　Youth Who Drop Out[EB/OL].（2000-04-20）[2011-03-12].http://www.fo-cusas.com/Dropouts.html.

等。① 也有研究者从个人学习经历、个性心理特征以及家庭因素和学校因素等方面总结了导致辍学的危险因素。具体而言,个人学习经历的危险因素包括一学年内逃学的次数超过 20 次,留级,有严重的纪律问题,经常转学等。个性心理特征的危险因素则包括个人具有盲从、过分自信等性格倾向;学习能力不足、常伴有沮丧等情绪问题、缺乏同伴支持;有早期性行为、吸毒等问题。家庭方面的危险因素包括个人的家庭责任感较强,必须去工作支撑家庭、养育孩子;或者来自于单亲家庭、溺爱型家庭或者亲子关系不良家庭。而且如果家庭有接受政府资助、兄弟姐妹已经有人辍学、家庭的主要语言为非英语、父母高中未毕业或没有工作等情况也会大大增加辍学的可能性。学校方面的危险因素则包括校风不良,学校缺乏有效的纪律管理系统,简单地运用留级或停学的方式控制纪律、不关注学生的学习风格、缺乏相关课程、对学生的学业成绩期望较低等。②

近年来,有关研究除了继续深化了个人身份特征、家庭经济背景对于辍学的影响之外,在学校因素方面的研究也有了很大的进展。很多研究者发现,学业不良的学生与学校的疏离从小学就开始出现。伦伯格(Rumberger)和拉尔森(Larson)的报告指出学生学习的积极性与辍学之间有必然联系,糟糕的学习成绩是辍学的主因,而学校与学生之间缺乏沟通的桥梁则增加了辍学行为的可能性。③ 因此,学校需要给予更多的关怀与期望,并帮助学生积极参与学校的学习与其他活动往往成为降低辍学率的重要途径。④

关于就业市场、经济结构对辍学的影响是研究者关注的一个热点问题。研究发现由于雇佣市场对低技术劳动者的需求构成了一个低水平教育→低产出劳动→

---

① What Do We Know about Dropout Prevention[EB/OL].(2007-11-13)[2011-03-12]. http://www.ncset.org/publications/essentialtools/dropout/intro.asp.

② Youth Who Drop out[EB/OL].(2000-04-20)[2011-03-12].http://www.fo-cusas.com/Dropouts.html.

③ Rumberger R W,Thomas S L.The Distribution of Dropout and Turnover Rates among Urban and Suburbanhigh Schools[J].Sociology of Education,2000,73(1):39-67.

④ Indian Education Summit—A Call to Action! [EB/OL].(2005-01-26)[2011-03-12].http://opi.mt.gov:8010/PDF/IndianEd/IESummit/Fi-nalPanelPP.ppt.

低技术含量工人的恶性循环,从而加剧了对人力资本的低水平投入。因此,农村地区的辍学现象会因为矿业与制造业对低技术含量工人的需求而继续存在。随着矿业与制造业的技术升级与改造,与之相关的辍学问题也逐渐消失,但农村年轻人完成学业的比率仍没有明显的提高,[①]从而显示辍学问题的复杂性。相关研究显示增加最低工资水平将增加 9～10 年级学生的辍学率。但伊兰伯格(Ehrenberg)的报告则指出,来自低收入白人家庭的孩子在增加最低工资的情况下,会减少在学时间。与之相反的是,来自高收入白人家庭的孩子则会增加他们的在学年限。[②] 但辍学往往带来尴尬的后果,由于雇主提高了工资水平,他们更倾向选择技术水平和生产能力较高的青少年,那些辍学但技术水平较低的青少年将不得不面临辍学却无法就业的被动局面。[③]

关于宏观教育政策对于辍学的影响也是近年来辍学研究关注的重要问题。受人力资本理论以及追求卓越观念的影响,各国把教育改革与政策的重点都集中在提高学生的学业标准上。但更高的标准往往意味着课程、学习时间以及作业的增加,并导致更为激烈的竞争,这对于处于辍学边缘的学生而言是更加危险的因素:学校按能力对学生进行评价、分类,进而使学业失败者不断强化沮丧与自卑感,最终迫使学生在学习与辍学之间做出选择,这样的改革逻辑与进程,暗含着某些不可能达到的标准与方式,引发了种种争论。研究者认为如果这些危险没有得到足够

---

① Smith E D.Reflections on Human Resources in the Strategy of Rural Economic Development[J].Review of Regional studies 1989,19(1):13-22.

② Stephanie O. Crofton, William L. Higher Real Min-imum Wages Lead to More High School Dropouts? —Evidence from Maryland Across Races,1993—2004[J].AmericanJournal of Economics and Sociology,2009,68(2):445-464.

③ Neumark,David , William Wascher.Employment Effects of Minimum and Subminimum Wages:Panel Data on State Minimum Wage Laws[J].Industrial and Labor Relations No.5,2011 Studies in Foreign Education Vol.38 General No.251 Review,1992,46(1):55-81.

的重视,那么,辍学率的增加将是必然的结果。[1] 与此相对应的是,许多教育者和决策者认为,留级会破坏学生就读的惯性,因此提倡温和的升级政策,但让不具备升级能力的学生继续升级则可能会带来因为学业失败导致的早期辍学行为。[2] 同样,研究还发现试图通过增加大学入学机会而降低教育成本的政策也将增加高中辍学率。由于雇主选择工人时,往往根据工人所要求的工资水平和教育程度所能带来的最大利益为标准,而工人也会比较教育成本与工资之间的关系并选择能带来最大价值的教育水平与程度,因此教育机会的扩大使得文凭的价值降低,从而增加了辍学的可能性。[3] 以上的研究结论无疑存在相互冲突的一面,究竟应该提倡高竞争还是温和的升级政策,是否应该坚持高学业标准还是增加教育机会,这样的教育政策和学校政策究竟给辍学带来什么样的影响,是当前中国非常值得关注的问题,无疑,这也是研究者需要继续探讨的问题之一。

关于邻居效应与辍学的关系研究,是近年来辍学研究的一个热点。与宏观的经济背景或政策研究不同,也与个人和家庭的特征与背景研究不同,邻居效应关注的是在一个中观的环境里考察居住区对辍学的影响,其目标在于揭示个人的动机、选择行为与具有类似社会地位、特征的居民之间的因果关系。有四种理论模式可以解释邻居效应是如何影响到年轻人的教育行为选择:(1)社会隔离理论;(2)流行性理论;(3)相对剥夺理论;(4)自我效用最大化理论。社会隔离理论和流行性理论认为居住在穷人区将降低学生的高中与大学的毕业率,而相对剥夺理论则坚持居住在富人区将增加学生高中与大学的辍学率,对于自我效应最大化理论者而言,邻

---

① Mark W. Lanier. Educational Excellence and Potential Dropouts: Theory, Research, and Policy Implications[EB/OL].(2008-10-15)[2011-03-12].http://www.eric.ed.gov/ERICWebPortal/search/detailmi-ni. jsp? _ nfpb = true& _ &ERICExtSearch _ SearchValue _ 0 = ED300866&ERICE xtSearch_SearchType_0=no&accno=ED300866.

② Jennie W.Wenger.Does the Dropout Age Matter? How Mandatory Schooling Laws Impact High School Completion and School Choice[J].Public Finance and Management,2002,2(4):507-534.

③ Kelly Bedard. Human Capital Versus Signaling Models: University Access and High School Dropouts[J].Journal of Political Economy,2001,109(4):749-775.

居的条件对于教育获得没有任何影响。[①] 近年来的研究表明,邻居的条件的确会影响教育的水平与程度,即使在控制了家庭背景、地区、城市大小以及当地的经济条件的情况下,这些影响肯定仍然存在。邻居的财富和社会经济地位越高,学生从高中辍学的可能性越小,同时他们完成大学学业的可能性也更大。

美国的调查数据表明,邻居的特征会影响年轻人受教育年限与程度,就黑人而言,成长在邻居职业主要为技术或管理层的环境,将降低高中的辍学率。因此,邻居效应的主要影响来自不利环境下的黑人学生。就白人而言,邻居条件主要影响学生从大学毕业的可能性,并不显著影响高中辍学率。[②] 邻居效应对于解释中国农村地区学生以及城市低收入家庭学生的辍学问题提供了一个新的思路与视野,值得研究者进行相关的量化研究以验证相关的结论。

二、性别、种族与辍学

女性辍学,是因为性别还是贫困或其他一般性的辍学原因,一直是研究者感兴趣的话题。有研究者将导致女性辍学最主要的原因归因于贫穷。他们认为,当一个贫困家庭考虑一个女孩能帮助做清洁工作、做饭、收集柴火、打水、照顾年幼的孩子,考虑到一个女孩即使受了教育也很少有机会获得一份有报酬的工作,那么女孩就会辍学。有关研究表明,导致学习成绩差的最重要的因素就是孩子在学习之外的劳动所占用的时间与强度。[③] 其中,女孩在家庭中的角色往往使她们面临辍学的危险。特别是传统观念仍是影响女性辍学的重要因素。一般的传统文化认为,

---

① Vartanian,Thomas P,Gleason,etc. Doneighborhood Conditions Affect High School Dropout and College Graduation Rates?［EB/OL］.（2010-09-22）［2011-03-12］.http://www.elsevier.com/lo-cate/inca/620175.

② Vartanian,Thomas P,Gleason,Philip M.Doneighborhood Conditions Affect High School Dropout and College Graduation Rates?［EB/OL］.（2010-09-22）［2011-03-12］.http://www.elsevier.com/lo-cate/inca/620175.

③ Patricia Lone. Keeping Girls in School［EB/OL］.（2010-02-02）［2011-03-12］.http://www.unicef.org/pon96/edgirls.htm.

儿子将成为未来家庭的主要支柱以及父母的主要赡养者,因此他们必须接受教育;而婚姻往往使女孩成为其丈夫家庭的一部分,因此,对于女孩接受教育的动力也就小得多。① 一份来自埃及的报告表明,当学校与住家的距离超过 3 公里的时候,女性的入学率将只有 30%,如果学校与住家的距离在 1 公里之内的话,则女性入学率可以达到 70%。② 但更多的研究表明女性生活中的特殊事件往往是导致女性辍学的主要原因,其中就包括怀孕与结婚。③ 值得关注的是,我们需要重视不同社会经济、政治、文化背景的不同需要,才能够理解不同社会的女性辍学差异化的本质。④ 在中国,影响女性辍学的原因由于传统观念的变迁以及独生子女家庭的增加发生了很大的改变,女性特质在辍学因素中究竟扮演什么样的角色,仍是一个含混而模糊的问题。当女性特质与经济因素、社会文化因素交织在一起的时候,如何理解女性辍学仍是值得探索的。

大量的研究表明,种族与民族特征是导致辍学的重要因素。在美国,大约只有一半的少数民族学生高中毕业,对于拉丁裔、非洲裔而言,毕业率则更低,而印第安人的辍学率远远高于非印第安人的辍学率。⑤ 当各州加速制定更高学业标准、更多竞赛以促进学生的学业成绩时,学生的毕业率,特别是少数民族学生的毕业率更为严峻。⑥ 而来自其他种族的移民,则体现出不同的特点。墨西哥移民的数据显

---

① Patricia Lone. Keeping Girls in School[EB/OL]. (2010-02-02)[2011-03-12]. http://www.unicef.org/pon96/edgirls.htm.

② Patricia Lone. Keeping Girls in School[EB/OL]. (2010-02-02)[2011-03-12]. http://www.unicef.org/pon96/edgirls.htm.

③ Parfait M. Eloundou-Enyegue. Pregancy-related Dropout and Gender Inequality in Education:A Life-table Approach and Application to Cameroon[J]. Demography,2004,41(3):509-528.

④ Mitra Aparna, Singh Pooja. Trends in Literacy Rates and Schooling Among the Scheduled Tribe Women in India[J]. International Journal of Social Economics,2008,35(1-2):99-110.

⑤ Alan Sorkin. Poverty and Dropouts:The Case of the American Indian[J]. Growth and change,1970,1(3):4-18.

⑥ Gary Orfield. Dropouts in American[EB/OL]. (2005-01-13)[2011-03-12]. http://gseweb.harvard.edu/~hepg/dropoutsinamerica.html.

示,他们在美国定居的年限、双语的流利程度事实上都与辍学有着较高的相关度。① 其他种族的移民调查则显示,第一代拉丁美洲裔、亚裔以及非洲裔的年轻移民比他们的父母获得了更多的教育,但是第二代与第三代以及后面的移民获得的教育则逐渐减少。这样的结果暗示,不同种族移民以及不同代际移民辍学问题因为不同的文化以及不同的社会资本而呈现出差异性。② 这一结论得到了其他研究的证实,在对劳动力市场的观察发现,拉美裔与非洲裔相比,即使面对相同的劳动力市场条件,也会表现出不同的行为方式。拉美裔人(尤其是男性)通常会在经济低迷时选择离开学校,因为他们的家庭责任感更强,而这正是其他族群青少年所没有的。③

但对于特殊人群的关注,也引来了研究者的批评。过分对辍学者种族身份以及性别的强调,对于这些特殊人群而言是否是一种错误,是否会削弱研究者对其他辍学者的关注? 斯特兰德(Strand)与皮科克(Peacock)认为,当前一个普遍的错误观念是认为种族、民族以及家庭结构或者经济地位是影响学生在学校成功或失败,并最终影响他们人生成功或失败的主要因素。这种错误观念会引导一些教育者以及其他人相信来自不良环境中的年轻人不可能获得成功。④ 而且,有研究者发现在控制其他因素之后(尤其是社会经济地位),因为种族原因而辍学的影响系数居然为零。⑤ 英文水平较低或者在家不说英文的学生要比英文为母语的学生更容易

---

① Aonghas Sthilaire. The Social Adaptation of children of Mexican Immigrants: Educational Aspirations Beyond Junior High School[J]. Social Science Quarterly, 2002, 83(4): 1026-1044.

② Kristam Perreira, Kathleen Mullan Harris, and Do-hoon L, Making It in America: High School Completion by Immigrant and Native Youth[J]. Demography, 2006, 43(3): 511-536.

③ The Macro-Economic Impacts on Hispanic Dropouts: A Literature Review[EB/OL]. (2003-01-22)[2011-03-12]. http://teep.tamu.edu/reports/latinodropsecon.doc.

④ Indian Education Summit—A Call to Action! [EB/OL]. (2005-01-26)[2011-03-12]. http://opi.mt.gov:8010/PDF/IndianEd/IESummit/FinalPanelPP.ppt.

⑤ Rumberger R W. Dropping out of High School: The Influence of Race, Sex, and Family Background[J]. American Educational Research Journal, 1983, 20(2): 199-220.

辍学。① 因此,民族或种族的问题究竟在多大程度上影响辍学,仍是需要不断探索的问题。

事实上,大部分辍学者并不是那些看起来处于辍学危险最大的学生。例如,尽管黑人学生的辍学率比白人辍学率高出 50%,比西班牙裔学生的辍学率高出两倍,但事实上,65%的辍学者是白人学生。比较而言,黑人只占辍学总数的 17%,而西班牙裔的学生只占到 13%。而且,更多的辍学者事实上也并不来自破裂家庭或者贫困家庭,也不是因为怀孕导致辍学。因此,有研究者提醒辍学研究应更加关注那些行为与背景不具有辍学典型特征的学生。② 就此而言,研究辍学的一般性规律与模式,探索辍学的基本理论仍是辍学研究中需要继续重点探讨的问题。

三、辍学的基本理论

因为对不同辍学因素的强调与关注,研究者逐渐形成了不同的理论解释,其首推人力资本理论。在人力资本理论框架内,教育能够培育个人的能力与才干,进而在劳动力市场上体现其价值。因此当教育回报率低于教育投入时,个人将减少学校教育投入,辍学行为将不可避免。③ 但这一经典理论,随着学校教育与回报之间的关系研究的深入而丧失了影响力。在修正和发展人力资本理论的基础上,研究者逐渐发展了不同的理论解释。

贝克(Becke)认为人力资本投资的边际成本等于未来收益的贴现值,从而形成了需求—供应模型框架。在他看来,教育需求来自于两个因素:一是教育水平所能带来回报的期望;二是个人达到这一特定教育目标的可能性。前者由劳动力市场决定,后者主要包含个人的能力、学校环境以及个人对学校的信任程度。而模型中

① Schargel,F.P.,Smink,J.Strategies to Help Solve Our School Dropout Problem.Larchmont[M].NY:Eyeon Education,2001:240-265.

② Schargel,F.P.,Smink,J.Strategies to Help Solve Our School Dropout Problem.Larchmont[M].NY:Eyeon Education,2001:240-265.

③ Kelly Bedard.Human Capital Versus Signaling Models:University Access and High School Dropouts[J].Journal of Political Economy,2001,109(4):749-775.

的供应则反映投资的时机,主要由财政能力决定。就学生而言,最重要的决定是是否继续学习,而其他可供选择的方案还包括就业、参军、结婚等。个人是否会辍学取决于供求关系的平衡,即能力与机会之间的关系。能力主要是个人的天赋、学校教育的质量;而机会则反映出学生的生活经济背景。两者既相互影响共同作用于辍学行为的可能性,也可以独立发挥其影响力。[①]

20 世纪 80 年代至 90 年代,美国学者科尔曼(Coleman)、普特南(Putnam)等先后提出了社会资本理论,从而为我们解释了不同家庭背景、不同种族和移民、不同学校、不同社区的学生辍学率也不相同的原因。其中关于文化资本对于辍学研究的解释特别值得关注。尽管有研究者认为,文化资本属于社会资本的一种,但也有研究者将文化资本看成以家庭为媒介的价值观。他们认为,家庭能通过影响孩子的教育期望、管理孩子与伙伴的关系以及加强与孩子的交流等方式提升孩子的教育水平,[②]从而确定了家庭期望、价值观以及态度对于辍学的根本性影响。此外,为了全面地概括与总结导致辍学的基本原因,乔丹(Jordan)与劳拉(Lara)等提出了"推"—"拉"理论。其中"推"的影响因素包括学校环境和个人与学校之间的疏离感、失败感以及辍学的愿望,"拉"的影响则包括导致学生偏离学习轨道的外部环境,包括与教师的亲密度、留级、休学或退学的学习经历、学业成绩不良、怀孕、不喜欢学习等问题。其他有关辍学的理论还包括劳动市场导致辍学的理论、生态系统理论等。

总的来看,美国的辍学研究以量化研究为主,主要从两个视角进行分析:一是强调个人意愿模式,强调个人主观的选择,重视寻求形成外显行为的个人期望、能力以及与个人相关因素的分析;二是强调结构决定模式,强调经济结构、教育制度等外在宏观背景的影响。但这两种模式都存在一定的缺陷,只能从某些侧面提供理论解释的途径。前者忽略时代与政策的影响,缺乏对宏观背景的把握,经济结构的变迁、社会文化的发展以及教育政策的演化如何通过家庭、学校最终影响个人辍

---

① C.Russell Hill.Capacities,Opportunities and Educational Investments:The Case of the High School Dropout[J].The Review of Economics and Statistics,2001,61(1):9-21.

② Kristam Perreira,Kathleen Mullan Harris, Do-hoon Lee.Making It in America:High School Completion by Immigrant and Native Youth[J].Demography,2006,43(3):511-536.

学行为的决策仍是值得关注的问题。而结构决定模式却无法深入了解不同家庭对于辍学问题的具体运行方式，无法全面窥探到特殊情景下不同影响因素是如何影响到家庭决策的，简单地强调外在因素的影响似乎也无法解释相同背景下的个人却选择不同的教育决策、最后达到不同教育程度的现象。因此，如何全面地构建辍学的理论，实现两种研究视角的融合仍是一个具有挑战性的问题。

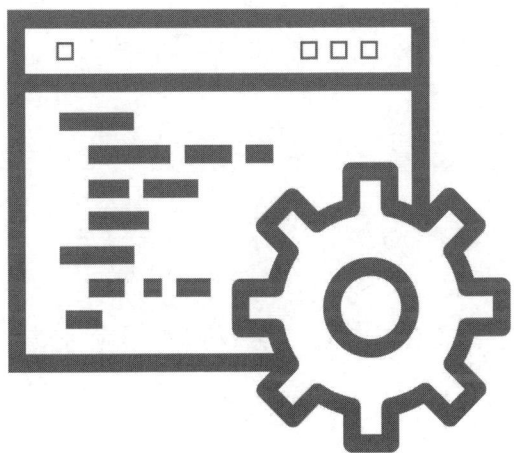

第三编 教育法研究

教育法地位问题新论*

——传统法律部门理论的超越与反思

如何确定教育法在我国法律体系中的地位,即教育法是否是独立的法律部门是近年来教育法学研究的重要命题。从 1986 年彭启先率先发表《教育法是一个独立的法律部门》以来,在《教育研究》等刊物的大力推动下,劳凯声、李晓燕、褚宏启等学者纷纷发表学术论文,形成了不同的学说与争论,彰显了教育法学研究的繁荣。同时,相关研究呈现出两个基本特点也值得关注:第一,参与教育法地位问题研究与讨论的学者大多是教育法学界的研究者,而其他法学界的研究者鲜有参与,显示了传统部门法研究者对这一命题的沉默;第二,大部分研究从传统法律部门理论确定的标准与范式出发,鲜少关注法理学以及其他法学研究者的同类研究成果,使得教育法地位研究呈现出封闭繁荣、自我言说的现象,凸显了传统法律部门理论范式下教育法地位研究的困局。近年来,随着新兴法律部门的兴起以及传统法律部门理论的衰落,如何超越传统法律部门理论的藩篱,重新探索教育法地位问题,进而以此为契机,实现教育法律实践与教育法学研究的转向应成为教育法学研究的重要内容。

一、传统法律部门理论与教育法地位之争

按照一定的模式与标准,确定某一领域法律规范的部门法归属是我国法学理论研究的基本思路。目前对教育法地位问题的研究似乎也遵循这样的逻辑:如果试图为教育法正名则努力证明其属于"独立的法律部门",反之,则强调教育法隶属于某一部门法。

---

* 原文发表于《教育研究》2016 年第 7 期。

　　传统法律部门理论以法律规范为基本元素,把同类法律规范的集合称为法律部门或部门法,把不同的法律部门组成的法律规范的整体称之为法律体系。[①] 法律部门的划分始于大陆法系,乃继承罗马法的传统而形成[②],大致以法律所调整社会关系的主体为标准,将整个法律规范划分为公法和私法两大部门。[③] 苏联否定了公法与私法的法律部门划分法,开始探索社会主义划分法律部门的标准。1938年前后,苏联学者阿尔扎诺夫首先提出,法律所调整的社会关系是划分法律部门的标准。[④] 但这一标准从一开始就受到学术界的质疑,讨论的结果是无论按照社会关系的内容或者按照社会关系的性质来划分法律部门,都必须联系法律调整的方法进行区分,因此法律调整方法也成为法律部门划分的依据。[⑤]

　　20 世纪 50 年代,苏联的法律部门理论成为中国盛行的法律体系理论。按照我国法学理论通说,法律部门就是按照其"调整的社会关系"和"调整的方法"所作的法律分类。随着社会关系的发展,我国法律部门体系及其结构日益复杂。这种复杂化一方面表现为传统的基本法律部门越分越细,出现了进一步分化的趋势,另一方面则是出现了大量兼有不同法律部门特点的新领域。[⑥] 新兴法律部门的产生直接对传统法律部门理论发起了挑战:首先是经济法,随后环境法、卫生法、社会法、国际法以及体育法都纷纷加入,而纷争的核心问题则是这些新的"法律部门"能否成为独立的法律部门。

　　教育法自 20 世纪 80 年代末期也加入了这一挑战之中。围绕着教育法能否成为独立的法律部门,教育法学研究者至少形成了四种不同的结论与观点:隶属说是传统法学界的基本观点,在他们看来教育法是行政法的一部分,李连宁明确提出,

---

　　① 何文杰.部门法理论革新论[J].兰州大学学报(社会科学版),2007(4):99-106.

　　② 李剑华.法律部门的划分标准新探——《法国民法典》和系统方法给我们的启示[J].法学评论,1987(3):19-24.

　　③ 南振华.法律部门划分标准探源[J].政法学刊,1986(2):8-10.

　　④ B.B.拉扎列夫.法与国家的一般理论[M].王哲,译.北京:法律出版社,1999:161.

　　⑤ 李林.坚持和完善中国特色社会主义法律体系[C]//李林.依法治国与法律体系形成.北京:中国法制出版社 2010:45.

　　⑥ 朱景文.中国特色社会主义法律体系:结构、特色和趋势[J].中国社会科学,2011(3):20-39,220.

教育法调整国家行政机关和教育机构在教育管理中发生的各种社会关系,即教育行政关系,因而属于行政法"。① 褚宏启、周卫勇也支持这一观点。与此相反,彭启先率先提出了独立说,认为教育法既具有自己特有的调整对象,也具有区别于其他法律部门的特征,理应成为一个独立的法律部门。② 这一观点得到了李晓燕等很多学者的赞同,他们强调,教育法不仅是一个独立的法律部门,而且是与民法、行政法一样的独立法律部门。③ 独立说的提出有利于打破传统法律部门的话语权,为教育法的独立发展提供基础,因此得到越来越多的支持。此外,作为折衷观点的发展说,其代表人物劳凯声则认为当前的教育法仍属于行政法,但随着教育立法的发展,教育法有可能从行政法中独立出来。④ 综合说则强调可以将文教科技法作为一个独立的法律部门与宪法、行政法、民法、刑法、经济法等共同构成社会主义的十大部门法。⑤ 但这一学说的观点基本淹没在隶属说与独立说的讨论之中,少有人关注。20 世纪 90 年代以来,教育法地位之争主要围绕着隶属说与独立说展开,两种学说虽然针锋相对,对某些问题的看法却异曲同工,事实上研究者基本认同教育关系的综合性,并以此作为论证各自学说的基础,但同样的论据却导致不同的结论,独立说坚持这正是教育法必须独立的表现,隶属说则认为综合性中包含着主导性,必须承认教育法的隶属地位。这种自说自话、无法达成共识的局面暗含了教育法地位问题研究的模糊性,也突出了理论研究的窘境。

二、传统法律部门理论下教育法地位研究的困局

引发教育法地位问题争论不休的原因是复杂的,核心问题是法律部门理论本身。其实,苏联部门法理论产生之际就存在不能自圆其说的矛盾,留下了许多悬而

---

① 李连宁.我国教育法规体系刍议[J].中国法学,1998(1):77-82.

② 彭启先.教育法是一个独立的法律部门[J].西北政法学院学报,1986(2):97.

③ 何瑞琨.中外教育法知识[M].沈阳:辽宁大学出版社,1987:5-6.

④ 劳凯声.论教育法在我国法律体系中的地位[J].北京师范大学学报,1993(4):90-95,112.

⑤ 吴大英、沈宗灵.中国社会主义法律基本理论[M].北京:法律出版社,1987:247.

未决的问题。^① 随着现代社会关系的分化与多样化、法律规范的急剧增加、法律体系与结构的复杂化,产生于相对简单社会关系与法律规范基础之上的传统法律部门理论更是成为新兴法律部门研究者批判的对象。换句话说,教育法研究者试图遵循传统法律部门基本理论和范式,必然陷入研究的两难境地。

(一)法律规范作为法律部门理论的基础本身是一个模糊的概念,区分教育法律规范与教育法律规范性文件是一个"不可能完成的任务"

一般而言,法律规范,是指通过国家立法机关制定或认可,用以指导、约束人们行为的行为规范。但教育法律规范与教育规范性法律文件是两个不同的概念。一个教育规范性文件可能包含多种性质的法律规范,一个教育法律规范的不同部分也可能分布在不同的规范性文件中。同样,教育法律规范与教育法律条文也不是同一的,一个教育法律条文中可能包含了一个、两个甚至多个教育法律规范的组成部分,而一个教育法律规范可能由同一个法律文件的不同法律条文甚至不同法律文件来表现。这样的表述事实上造成了研究者对教育法律规范认识的歧义,也直接影响了教育法地位研究的基础。

根据现有法律部门与法律规范的概念似乎并不要求教育法律仅归入某一法律部门,因为一部教育法律规范性文件可能包含不同的法律规范;但按照法律部门理论的目标来看,一部法律应"根据该文件内容的主导性质来划分"其部门法归属问题,以及"部门法规之间及其部门法律规范之间不能互相重叠矛盾"的表述,必然与部门法概念产生矛盾,带来不必要的思维偏差和混乱。^② 对此,研究者坦言,"每个部门法都要到数万个法律法规中去寻找其规范,以拼凑其部门,这对法制实践和理论本身何益之有?"^③对于教育法研究者而言,从教育规范性文件中分离出教育法律规范,以此确认这些法律规范是否属于某一部门基本不可能做到,其结果必然是教育法研究者往往有意或无意以法律规范性文件或法律条文取代法律规范成为教

---

① 史际春.经济法的地位问题与传统法律部门划分理论批判[C]//杨紫烜.经济法研究.北京:北京大学出版社 2000:140-162.

② 何文杰.部门法理论革新论[J].兰州大学学报(社会科学版),2007(4):99-106.

③ 史际春,邓峰.经济法总论[M].北京:法律出版社,1998:137.

育法部门法归属的基础,这也是教育法地位研究纷争不休的主要原因。

(二)法律部门划分标准是法律部门理论的核心内容,但也是教育法部门法归属问题中争议最大的问题,缺乏明确而公认的划分标准,直接导致教育法研究者自说自话

离开明确的划分标准探讨教育法的地位,是缺乏根据的。[①] 最初教育法律部门的研究基本围绕教育法的调整对象展开,即教育关系是划分教育法是否是一个独立法律部门的标准。但何谓教育关系呢?当前教育法研究的基本结论是,教育关系是教育主体在教育实践中形成的各种社会关系,但并不是所有与教育有关的关系都是教育法的调整对象,只有与实现教育目的相关的教育关系,或者说狭义的教育关系,才是教育法调整的范围。研究者一般将教育关系分为教育宏观管理关系、学校管理关系以及教育平等民事关系三类。[②] 但随着教育关系的发展,教育关系似乎不能简单的按照这三类关系进行分类。一方面,随着现代社会关系逐渐向纵横交错的网络结构发展,一部分教育关系与其他政治、经济、社会关系相互溶合、渗透,使得教育法与行政法、民法、经济法在调整教育行政管理关系、教育民事平等关系、教育经济关系中发生调整对象上的交叉与重合,调整对象的交叉必然导致法律部门的重叠与交叉,教育法如果无法与行政法、民法、宪法、刑法等法律部门相区别,又如何独立?另一方面随着社会与行政管理的变革,教育平等关系、教育管理关系逐渐分化,从而形成一种或多种不同性质的教育关系。如教师聘任合同关系,从形式上看,教师与学校之间是平等的、双方合意形成的契约关系,但合同中优先保护学校正常教学工作秩序、教师编制的存在又隐含了某种不平等的、隶属性的关系,因此很难将这些复杂的教育关系简单定义为行政关系或平等民事关系。在教育关系相对简单的时代,我们可以根据教育关系的性质比较容易判断教育法的部门法归属问题,但随着教育关系的"融合"与"分化",我们已经很难用单一性来确定教育关系的性质与内容,这也意味着研究者已经无法根据教育关系判断教育法的部门法归属了。

---

① 周卫勇.我国教育法地位问题研究的回顾与思考[J].山东教育科研,1998(3):52-54.
② 周光礼.论教育关系的调整机制[J].现代大学教育,2006(2):10-14.

　　无法从教育关系的内容与性质判断教育法的地位,直接促使研究者进一步探索新的法律部门划分的依据。根据"法律关系是一种特殊的教育关系"①,周卫勇首先将教育法律关系作为划分教育法律部门的依据,周彬②、李晓燕③也基本遵循这样的论证逻辑。但教育法律关系并不等同教育关系,更不是教育法的调整对象。教育法律关系以教育法律法规的存在为前提,而不是相反。先有人与人(或法人)之间形成的教育关系,才有教育法的产生以及教育法律关系的形成。如果将教育法律关系作为教育法的调整对象,认为"教育法律关系是教育法律规范所调整的教育社会关系"④,无疑承认教育法律关系是教育法产生的前提,将教育法律关系与特定的教育关系等同起来混淆了教育关系与教育法律关系的本质区别,是值得商榷的。而且根据教育法律关系的特征也无法达成区分教育法与其他法律部门的目标。从形式上看,教育法律关系与民事法律关系、教育法律关系与行政法律关系的主体都是公民与法人,客体都包括物、行为、智力成果和精神产品,在内容上都必须维护公民与法人、社会与国家的基本权益并承担相应的义务。而教育法律关系的综合性特征其实是立法的基本趋势,无论是教育法律关系还是环境法律关系或者其他法律关系都具有综合性,因此综合性并不是教育法独立的依据,而隶属说所强调的综合性基础之上的主导因素——"教育法律关系以国家行政机关的设立为前提,以国家行政法规的颁布、实施和行政职能的正常行使为前提"⑤更值得推敲,因为任何一部法律都是政府对社会干预的产物,包括民法、行政法、经济法,同样也包括教育法。

　　教育法律利益也无法成为划分教育部门的标准。李晓燕认为教育法有其独特的核心保护利益,即公民的受教育权,并以此作为教育法独立的依据。⑥ 但教育法不仅维护公民的受教育权,也维护权力,保障国家教育权力的行使,维护社会公共

---

①　周卫勇.也谈教育法的地位[J].教育研究,1997(7):27-31.
②　周彬.论"教育法律部门"可以缓称[J].教育研究,2000(4):65-69.
③　李晓燕、巫志刚.教育法规地位再探[J].教育研究,2014(5):80-88.
④　周彬.论"教育法律部门"可以缓称[J].教育研究,2000(4):65-69.
⑤　周卫勇.也谈教育法的地位[J].教育研究,1997(7):27-31.
⑥　李晓燕、巫志刚.教育法规地位再探[J].教育研究,2014(5):80-88.

利益。因此,既无法从受教育权的性质判断教育法属于公法、私法或社会法,也无法从受教育权本身确定教育法的性质,因为任何法律法规所保护的权利都是相通却又是具体而独特的。此外,研究者还提出了法律调整方法、法律文件的数量等多种标准,但当法律部门不按单一标准划分时,必然出现相互交叉与重叠的类别,这不仅与法律部门理论的初衷相违背,也造成了研究的混乱。

(三)法律部门理论的意义消极方面大于积极方面,教育法地位问题研究必须以法律部门理论的变革为前提讨论教育法的归属问题

我国法律部门理论是中华人民共和国成立初期照搬苏联法学的结果,并逐步成为法学理论研究的主要范式之一。随着新兴法律部门的兴起,特别是苏联的解体,法学界也开始反思与清理苏联法学理论对中国的影响。研究者认为"部门法理论对学科建设、立法和司法施加了一定积极的影响"。但同样,部门法理论的消极意义也很明显:一是造成各个法律部门画地为牢,破坏了法的统一性与完整性;二是混淆了法律关系的性质,造成了立法和司法的混乱,引发了毫无意义的部门法大战,而且按照传统法律部门理论必然出现某些单行立法无法划入相应法律部门的现象。为此,研究者对于传统部门法理论大都持怀疑态度,少数研究者更是直接提出了"抛弃部门法理论[①]"的观点。不过更多的学者认为,法律部门与法律体系理论虽然遭遇到众多研究者的批评,但其作为法理学的基础性概念仍有存在的合理性与价值。从长远来看,这种状态也不会有大的改变,因此有必要采取更为务实的态度对法律部门理论进行改革。

方案一是修改过去法律部门的划分标准,按照社会活动的领域、内容以及法律调整的宗旨划分法律部门,随着新的社会活动领域出现或者增加新的社会活动内容时,相关法律法规的集合就可以形成一个新的法律部门[②],这样教育法也可以成为一个法律部门;方案二是根据全国人大常委会法工委的分类,承认宪法、民商法、行政法、刑法、经济法、社会法和程序法为基本法律部门。但在基础法律部门之间,

---

① 刘诚.部门法理论批判[J].河北法学,2003(3):10-22.

② 史际春.经济法的地位问题与传统法律部门划分理论批判[C]//杨紫烜.经济法研究.北京:北京大学出版社,2000:140-162.

承认存在跨部门的"行业法"或"综合部门法"①,教育法属于综合法律部门或行业法;方案三是改变过去按照法律规范进行法律部门划分的理论与意义,以法律规范性文件的大致归属为基础,分析不同性质的法律规范在各个法律部门的分布②。教育法从法律规范性文件的归属来看,可以归于行政法中的特别行政法,但也可以成为一个新的法律部门,因为这样的划分只具有相对意义。

我们赞同第二和第三种方案,即在传统法律部门理论变革的前提下,大致将教育法归入"跨部门法"或综合法律部门。第一,必须重新认识法律部门理论本身的意义,法律部门理论的目标和价值不在于确定法律部门的唯一位置,而在于分析法律部门的变化趋势与性质,进而指导实践中的立法;第二,法律部门的划分不是绝对的,不必拘泥于教育法在法律体系中的地位与部门法归属,而应明确教育法本身的特点以及与其他法律部门之间的联系与关系;第三,综合性越来越成为新兴法律部门的基本特征,在传统的基础法律部门之上,可以分化出由大量新兴"法律部门"所构成的跨部门的"综合法律部门",教育法大致归属这一法律部门,它有自己的行业特点,体现出教育法的独特性和相对独立性,同时它也与宪法、行政法、民商法等基础法律部门有千丝万缕的联系。

三、教育法是一个"混合"的综合法律部门

教育法是一个综合法律部门或跨部门法,当然这样的划分是相对的。法律部门的划分从本质上看,是法学家根据社会发展以及法律变革所做出的理论建构与解释。③ 对于某一类法律规范的同类性与独特性,学者们的主观解释存在差异。在教育立法中,教育法往往被看作是综合性的法律部门。在美、德等国,研究者一

---

① 孙笑侠.论行业法[J].中国法学,2013(1):46-59.

② 朱景文.中国特色社会主义法律体系:结构、特色和趋势[J].中国社会科学,2011(3):20-39,220.

③ 史际春.经济法的地位问题与传统法律部门划分理论批判[C]//杨紫烜.经济法研究.北京:北京大学出版社,2000:140-162.

般都不把教育法归于单一的法律部门,而将之作为教育法规的总和①,而在日本和中国却围绕教育法的独立地位展开了激烈的争论。只能说,这是不同教育法学家站在不同立场对客观的教育法现象做出的不同解释与结论。应当承认,教育关系的特殊性与独特性是客观存在的,这也是教育法产生的基础,否则也不需要为教育立法了。但教育法的地位问题却是教育法研究者根据教育法的发展主观判断的结果,只具有相对性。无论是隶属说还是独立说,它们对教育法地位的探索都有其合理性。隶属说反映了教育法与行政法的密切联系,但教育法并不完全属于行政法,教育法不仅与行政法,也与宪法、民法、诉讼法、劳动法、社会法等有密切的联系,特别是宪法作为根本大法,无疑是教育法的基本依据与法源。同样,独立说则指出了教育法的特殊性,但教育法的特殊性本身无法否认教育法与宪法、民法、行政法等部门法存在调整对象的重叠与交叉,而且把教育法同宪法、行政法、民法、诉讼法等基本法律部门并列为独立的法律部门,必然带来逻辑上的混乱。

将教育法纳入综合法律部门,不仅是传统法律部门理论不断修正、适应新兴法律部门兴起与需要的结果,也是教育立法本身的特点与性质所决定的。由于教育本身的特殊性与复杂性,以及教育立法的变革,教育法越来越成为一个"混合"的综合法律部门。教育,作为特殊的行业,在《国民经济行业分类》中被划归为"为提高科学文化水平和居民素质教育服务"的第三产业。2011年国家统计局对国民经济行业经济进行了重新编定(GB/T4754-2011),教育成为专门的行业,包含学前教育、初等教育、中等教育、高等教育、特殊教育以及技能培训、教育辅助及其他教育等。教育行业本身的广泛性、特殊性、复杂性使得教育立法者必须根据教育发展的需要,综合运用立法或修改法律的手段,解决教育发展中的问题,而不是考虑教育法研究者对教育法的性质与地位的定位,以及教育法是否独立,是否应该从教育法的部门法特点立法等。围绕着教育问题的解决,教育法逐渐形成了以《教育法》为基本法,多层次、相对完整统一的法律规范体系,同时不同法律部门的法律规范和法律手段都重新组合与应用,传统的法律部门的标准与规则已经无法将教育法与

---

① 劳凯声.论教育法在我国法律体系中的地位[J].北京师范大学学报,1993(4):90-95,112.

其他法律部门进行严格区分,教育法越来越具有综合、混合的特征,并与其他基础法律部门存在一定程度的交叉甚至重合,成为一个综合法律部门。

第一,传统法律部门理论认为不同的法律部门是独立的,但教育法越来越具有跨部门混合法的基本特征,既不是一个纯粹的民法领域,也不能完全归属于行政法领域,而是一个与民法、行政法有密切联系同时又有所区别的混合法。已有研究对教育关系的理解倾向于单一化或规定化。如教育管理关系往往被简单地定义为命令性的、隶属性的、直接的管理与被管理的关系,忽略了行政管理关系发展的新特点:教育行政服务关系、教育行政合同关系、教育行政检查与指导关系并不能单纯以"隶属"来概括,而教育行政主体与行政相对人之间也不是绝对的支配与被支配、命令与服从的关系,教育行政主体采取的行政手段也突破了传统的行政命令,采取合同与委托的方式实现管理。在这种情况下,教育行政主体虽享有一定的优先权,但双方的合意才能使合同与委托成立,或者说教育行政主体与相对人之间在一定程度上存在平等合作的关系。同样,教育领域的人身关系与财产关系也不是简单的平等主体间的关系,由于学校法人以及教师身份的特殊性,在使用国库以及国有资产的活动中的教育关系也不是绝对平等的民事关系,必须以教育管理机关的审批行为或遵循维护社会公益、保证学校的正常秩序为前提。哈贝马斯认为,"社会的发展导致各种社会关系逐渐复杂,无法再用私法或者公法加以分门别类"①,教育法的发展也是如此。事实上,随着公法私法化和私法公法化的趋势越来越明显,教育领域的国家利益、社会利益与个人利益逐渐相互渗透,教育管理权、社会权与学生、教师及其他个人权利也相互影响,公共空间、学校自治领域以及私人空间的界限越来越模糊,这使得教育法出现了兼有不同法律部门的新特征,很难用单一或独立的法律部门进行概括。

第二,实体法与程序法是传统法律部门的基本分类,但教育法体系中并不存在专门的程序法或教育诉讼法,教育规范性法律文件往往同时包含实体性和程序性规定,如《教育行政处罚暂行实施办法》《实施教育行政许可若干规定》《普通高等学

① 哈贝马斯.公共领域的结构转型[M].曹卫东,王晓珏,刘北城等译,上海:学林出版社,1999:179.

校学生管理规定》《学生伤害事故处理办法》等。当教育问题涉及民事诉讼、行政诉讼或刑事诉讼时,教育法又与民事、行政、刑事程序法相对应。教育法的这一特点事实上打破了传统法律部门的基本构想,教育法不仅本身包含了一定的程序法律规范,可能出现教育法与程序法律部门的交叉,同时教育法围绕教育问题的解决,必须综合运用其他法律部门的法律规范,从而产生教育法属于哪一个法律部门的争论。但这样的争论其实是没有必要的。将教育法归入综合法律部门,其目的就在于打破传统法律部门理论为划分法律部门所造成的法律部门之间的壁垒与自我封闭,实现教育法研究、现实教育问题与教育立法之间的联结。

第三,通常传统法律部门理论主要针对国内法,不包括国际法。但随着国际教育交流的发展,教育法逐渐突破了调整国内教育关系的界限,一方面在教育立法上借鉴国外先进国家教育管理的经验、标准与手段,促进本国教育立法的发展,另一方面则通过采纳或转化国际条约为国内法,积极制定针对外国教育机构、教师、留学生的相关法律法规等,如《中外合作办学条例》及其《实施办法》《高等学校聘请外国文教专家和外籍教师的规定》《关于授予国外有关人士名誉博士学位暂行规定》《外国留学生管理办法》《中华人民共和国国家教育委员会关于开办外籍人员子女学校的暂行管理办法》等,这些教育法律规范性文件的颁布也反映出全球化发展与教育国际化背景下教育立法的新问题,同时它们也超越了传统法律部门理论的基础,成为中国教育法体系中的重要组成部分。

四、超越传统法律部门理论,加强教育法学基础理论研究

如果说开展部门法研究,探讨教育法的地位本质上是教育法学研究者试图实现教育法在法律体系中的地位,深化教育法学问题研究的努力,那么从部门法角度开展教育法地位的探讨与交锋还会继续。但从法律部门理论研究教育地位问题的意义需要重新解读。传统法律部门理论与研究范式正遭遇越来越多的批评,研究教育法地位问题的重点不在于确立教育法是否是一个独立的法律部门,并以此作为划分教育法范围的依据。相反,其目标在于通过对教育法律规范与规范性文件的研读,寻找与发现教育法律规范与规范性文件背后的内在逻辑与规律,进而探索

导致其变化的原因与发展趋势,以此作为解决现实教育问题、指导教育立法的基础。就此而言,教育法的地位研究不是一个封闭的、静态的、关于法律规范与法律划分的理论,而是以解决教育问题为出发点,围绕问题解决将法律规范与规范性文件重新组合、开放的研究范式。对于教育法是否是独立的法律部门,不仅需要从客观的社会环境出发,还需要从法律部门的目的——便于人们更好的理解、执行教育法,便于更好地指导教育实践来考虑这一问题。从实践来看,无论是立法者还是实际法律工作者不再固守某一法律部门的藩篱,甚至不再拘泥以法律规范为中心,而是以解决问题为主旨,寻找解决问题的各种法律或者道德的综合规范。因此超越传统法律部门理论,以教育法律问题为中心才是教育法地位研究的价值与意义所在。

教育法地位研究的现状折射出当前教育法学研究的薄弱,进一步深化教育法本质、教育法律的调整对象、教育法与宪法、行政法、民法等法律规范关系等基本问题的研究仍十分必要。在传统法律部门理论的指导下,教育法研究将关注的重点放在教育法是否是一个独立的法律部门上,却忽略了教育法律部门划分理论中关于教育法基本问题的探讨。近年来有关教育的立法逐渐完备而体系化,并被统称为"教育法"。教育法也成为各类教育法规的总称。但教育法的概念仍有待澄清,我们所指的教育法究竟是教育法律规范,还是法律体系中研究的学科,或是规范性法律文件的合称? 教育法的本质是什么? 在已有的研究成果中,无论是独立说还是隶属说,只是从不同的角度对教育法的部门法地位进行了论述,但教育法的地位首先是一个法理学问题,需要对基本问题深入研究。同时教育法的地位也是一个社会评价与认同的问题,这取决于教育法研究者对法学的贡献,而不能是研究者简单地应用法学的基本理论与规则对教育法律进行解读与归纳。此外,教育法在法律体系中的地位,是通过它与宪法、行政法、民法和刑法等法律部门的关系体现出来的,教育法与宪法、行政法、民法、刑法以及社会法的关系还需要进行深入的研究。当然这些问题的深入展开必须超越部门法研究的范式,向哲学、经济学、社会学、法学等学科开放,进而探求教育法的产生机制、理论范式与基本问题。淡化学科意识,坚持问题研究为中心,走向开放的教育法研究应成为未来的重要取向。

美国弱势群体入学政策的法律审视与启示*

弱势群体,亦称特殊群体,是指在政治、经济、社会、文化、生理等各个方面处于相对不利地位的人群。虽然各国对弱势群体的界定有一定的区分,但少数民族或种族、女性以及残疾人一般被公认为弱势群体的重要组成部分。通过立法赋予弱势群体在入学、就业以及救济等方面的特殊照顾,是各国政策的核心内容。美国弱势群体的入学政策因涉及种族与性别平等、残疾人保护等敏感因素,一直是美国社会争议最大、历时较长、牵涉甚广的教育议题,而联邦最高法院的频繁介入、势均力敌而富有分裂特征的对抗与判决则反映出弱势群体大学入学政策的复杂性与矛盾性,值得我国在制定弱势群体招生政策时参考。

一、弱势群体入学政策与美国联邦最高法院

美国弱势群体入学政策的发展与美国联邦最高法院关系密切。特别是 20 世纪 50 年代以来,联邦最高法院以权利平等为宗旨,在消灭种族与性别歧视、改善种族关系、推进性别平等、保障残疾人受教育权等方面起到了重要的作用。在此过程中,联邦最高法院不仅秉持法律的基本原则,对弱势群体的入学问题进行权威的法律解释、界定与判决,而且通过其判例创设了教育领域的基本原则,成为美国教育领域不能忽视的影响因素。当然,根据联邦宪法的规定,只有涉及联邦宪法和法律的案件才属于联邦法院受理的范围,一般情况下,大量教育诉讼案件在州最高法院进行终审判决。但由于联邦最高法院的判例对州法院的判决有着重要的影响力,加之与弱势群体入学相关的问题牵涉到平等、公正、政府与大学的核心利益等宪法议题,它往往成为美国社会讨论最多、最为复杂的教育问题。

---

* 原文发表于《高等教育研究》2015 年第 3 期(合作作者:刘海峰)。

1964 年《民权法案》的通过,对于弱势群体入学机会的提高具有里程碑的意义,它不仅为美国长期坚持的"肯定性行动计划"(即消除对少数民族和妇女等弱势群体在就业、教育等领域中的歧视的各种政策和措施)提供了法理依据,也直接推动了弱势群体政策的发展与完善。1965 年,时任美国总统林登·约翰逊签署了第11246 号行政命令,旨在消除对少数民族和妇女等弱势群体在就业、教育等领域的歧视,并督促大学采取相关措施帮助少数民族和女性获得更多的入学机会和财政资助。但"肯定性行动计划"以道德与良心为出发点,以种族和性别为基础,强调通过补偿与照顾,试图以不平等的手段达到结果平等与实质平等的做法与宪法平等原则产生了冲突。同样,为扩大残疾人与能力障碍者的入学机会,法律也要求大学采取特殊的入学政策帮助实现残疾人的入学需求,也给大学带来了困扰。根据《美国宪法》第十四条修正案,任何人不因其种族、宗教信仰、性别等丧失平等的受教育机会。作为弱势群体的少数族裔、女性以及残疾人在享受了不同程度特殊政策照顾的同时,随之而来的则是"逆向歧视""男性弱势"以及"残疾人保护限度"等质疑。因此,这类入学政策与招生事件不断诉诸联邦最高法院,以寻求权威的法律界定、解释与判断。如果说过去联邦最高法院旨在推动弱势群体的保护,那么在新的形势与背景下,如何重新解读宪法平等权的基本内涵,如何理解逆向歧视与特殊照顾政策的合宪性及其限度,就成为联邦最高法院最棘手的问题,其结果则是联邦最高法院在美国弱势群体入学政策中扮演了越来越重要的角色,直接引导了美国大学入学政策的变革与多元入学评价体系的形成。

二、种族(民族)招生:逆向歧视与严格审查

给作为弱势群体的少数种族(民族)采取特殊的入学照顾政策虽然符合补偿正义的原则,但也会引发对大学招生质量标准以及公平的质疑。早在 1974 年,美国就出现了有关逆向歧视的诉讼(Defunis v.Odegaard)。1978 年加利福尼亚大学董事会诉贝肯案(Regents of the University of California v.Bakke)更将种族入学问题推到了风口浪尖,其焦点是为少数种族或其他处于不利地位的申请者保留特殊的配额制是否违宪。联邦最高法院 9 名大法官以 5∶4 的比例否决了加州大学配

额招收少数民族学生的招生政策,认为在招生中考虑种族因素是允许的,但为少数族裔学生保留特殊的名额则不符合宪法①,从而取消了招生中的配额制。在这一判例中,联邦最高法院启用了严格审查制度,强调针对种族的特别招生政策涉及"可疑分类标准",需对大学和政府的政策实施严格的实质性审查,要求其目的是出于迫切利益的需求,且其实施的手段与目标具有直接的关联性。在这一经典判例中,联邦最高法院肯定了"肯定性行动计划"的合法性基础是学生多样性带来的大学质量的提升,而不是基于种族的分类标准,简单的以种族身份决定申请者是否被录取过于机械。多样性的目标决定了种族只是其中的一个因素,而不是唯一因素,必须与学术能力、学习经验等众多因素一起考虑。

录取配额制的取消并不意味着种族招生问题的解决。在格拉茨诉伯林格尔案(Gratz v. Bollinger)中,密歇根大学在招生政策中将黑人、拉丁裔以及印第安人作为考虑的对象,并给予特殊的20分加分政策。② 在另一起格鲁特尔诉伯林格尔案(Grutter v. Bollinger)中,密歇根大学法学院采取了更为灵活的招生政策,其特点是以学术能力为基础附加对申请者能力、实践经验以及潜在的学习贡献作为考虑的因素,对学生的申请、推荐信及论文和学生背景进行充分评估。两起诉讼案的主角都以较高的成绩被拒绝录取,宣称他们受到了逆向歧视。2003年,联邦最高法院将两案并案审理,大法官以6∶3的票数裁定密歇根大学违宪,但以5∶4的票数支持了密歇根大学法学院的招生政策,赞成大学仍可将种族作为入学的一个考虑因素。③ 在2013年费雪诉得克萨斯大学奥斯丁分校案(Fisher v. University of Texas Austin)中,由于在德克萨斯州取消了"肯定性行动",得克萨斯大学实行"前10%的招生计划"政策,即保证高中排名在前10%的申请者可直接进入得克萨斯大学,而学校剩下的1/4的名额中则会考虑种族因素。费雪的高中排名不在前

① U.S. Supreme Court Education Cases[M]. Malvern: Center for Education & Employment Law, 2005: 42.

② U.S. Supreme Court Education Cases[M]. Malvern: Center for Education & Employment Law, 2005: 47.

③ U.S. Supreme Court Education Cases[M]. Malvern: Center for Education & Employment Law, 2005: 46.

10％之内,在剩下的名额选拔中也最终落选。联邦最高法院大法官以7：1的投票结果决定将此案发回联邦上诉法院重新审议,并指出如果学校能够提供足够的证据证明,没有其他可行的种族中立录取政策保证机会平等以及实现大学的多元化,则大学的录取政策仍可将种族作为考虑的因素之一,从而裁定"肯定性行动"仍可以在大学招生中使用,但也提出了更加严格的适用范围和审查规程。①

种族或民族问题是美国大学招生中的热点,给予少数族裔特殊照顾与补偿是美国大学招生政策的一部分。但稀缺的精英大学受教育机会使得特殊照顾政策不断遭受平等与公正的拷问,如"错配理论"就直接指出让不具有相应学习能力的少数族裔学生进入精英大学并不能使他们真正受益,学业失败与高辍学率是少数族裔学生的难题。② 随着联邦最高法院不断介入大学招生,种族在入学政策中的地位逐渐下降,虽然联邦最高法院的大法官对这一问题的判断与看法也针锋相对,矛盾重重,导致判决呈现出调和与平衡的特征,但联邦最高法院对于种族招生的解释态度逐渐明确:第一,考生的种族只能作为大学招生的潜在附加因素,而不是决定因素,必须灵活而不是机械地参考决定。因此对于种族的特殊照顾政策只能保留在学生背景的因素下综合考虑。就此而言,"肯定性行动计划"作为一定历史时期的产物在未来应逐渐予以取消。第二,在当前阶段,"肯定性行动计划"有其合理性,但面对个人的平等受教育权,特殊群体照顾政策必须受到严格限制和审查,寻求手段与目标的一致性与合法性,只有足够灵活、严格限制的招生计划与招生政策才能通过法律的审查。第三,招收少数族裔的学生虽然符合补偿正义的原则,但对于大学招生而言,坚持质量标准才是唯一合法的价值取向。多样的学生构成有利于大学不同阶层、不同身份的学生交流与了解,从而促进质量的提升。但少数族裔个人千差万别,在招生政策中,每个人都必须得到公平的对待。在基本的学术质量要求下,不同种族、不同个性与能力、不同家庭背景的孩子都应该得到公平、灵活而微妙的考量,这才是大学招生的核心。

---

① Fisher vs. University of Texas Austin[EB/OL].(2013-06-24)[2015-01-10].http://www.supremecourt.gov/opinions/12pdf/11-345_l5gm.pdf.

② ASCHIK S.Testing for"Mismatch"[EB/OL].(2009-04-20)[2015-01-10].http://www.insidehighered.com/new/2009/04/20/mismatch.

三、招生中的性别问题：男女平等与中度审查

性别问题越来越成为各国大学招生的焦点。从历史的角度看，女性是弱势群体的一部分，因此美国的"肯定性行动计划"也逐渐适用于女性。1972年美国国会通过了教育法修正案，禁止任何接受联邦资助的教育项目与学校实行性别歧视。与此同时，以保护女性为主要目标的性别问题也开始涉及男性的平等保护。针对大学招生的性别问题，联邦最高法院受理了两起重要的案例，即密西西比女子大学诉霍根（Mississippi University for Woman v. Hogan）及美国联邦政府诉弗吉尼亚州案（United States v. Virginia）。前一案例促使法院认识到男性与女性一样需要受到宪法保护，后一案例则宣告了单一性别的招生政策违反宪法。

在密西西比女子大学诉霍根一案中，霍根以男性的身份申请密西西比女子大学被拒绝。学校认为单一性别的护士学院是"肯定性行动"的一部分，其目的是纠正过去对女性的不公平待遇，而男性加入女性课堂也会影响女性学生的表现和成绩。联邦最高法院最终以5：4的裁决支持了霍根的诉讼请求，认为密西西比女子大学宣称其招收单一女性的教育计划是为了纠正过去对女性的歧视不成立，事实上美国98.6%的护士学位是女性获得的，在护士这一领域并不存在女性歧视的问题，限制这一领域单一女性政策反而有利于突破女性职业的固定模式。针对学校提出的第二个问题，法院则认为学术研究和事实已经证明男性进入单一女性的课堂不会带来不利的影响。[①]

在美国联邦政府诉弗吉尼亚州案中，弗吉尼亚军事学院一直宣称其培养目标和训练方法不适合女性因而保留了单一性别的传统。联邦上诉法院同意单一性别军事学院的存在符合政府关于多样化目标的预期，但认为多样化的政策旨在提供一系列的教育机会，包括单一性别的学院，而不仅仅是支持单一性别。在这种情况下，弗吉尼亚州政府和军事学院创办了弗吉尼亚女子领袖学院，该项目设在弗吉尼

---

① Mississippi University for Woman v. Hogan［EB/OL］.（2008-05-11）［2015-01-10］. http://en.wikipedia.org/wiki/Mississippi_University_for_Women_v._Hogan.

亚玛丽学院之中,与弗吉尼亚军事学院一样旨在培养军事人才,但在训练特色、课程选择、教师资质、学术项目、政府资助、学校声誉等方面远无法与弗吉尼亚军事学院相比。因此该案被进一步上诉到联邦最高法院。联邦最高法院引入中等审查制度审查关于性别歧视的问题,要求对性别招生问题必须具体情况具体分析,强调性别上的差别对待必须符合政府的重要利益,同时其手段与目的之间必须具有实质的关联性。多样化虽然被法院认可符合政府的实质利益,但单一性别的军事学院很难与多样化目的相联系。培养军事人才的教育并不需要排除女性,女性同样可以在军事学院取得成功,而且不影响教育训练的质量。而对于弗吉尼亚女子领袖学院,法官直接将之视为"苍白的阴影",这种看起来隔离而平等的教育计划无疑是一种事实上的不平等。在这一判决的影响下,美国最后两所受政府资助的单一性别的军事学院(弗吉尼亚军事学院和南卡罗来纳军事学院)开始招收女生。[①]

根据美国联邦教育部教育数据统计中心的统计,2012—2013 学年,美国大学女性学生的注册率接近 57%[②],很多大学已开始拒绝一些合格的女性而放松对男性申请者的标准以平衡校园性别比例。[③] 同样的问题在中国也十分突出,随着高等教育大众化的发展,大学女生的录取率逐渐超过总数的 50%。[④] 诚然大学校园的性别平衡将引发后续的很多问题,但简单地谈论给予男性招生的优先权或为女性保留特殊权利都是值得商榷的。为了性别平衡,招收不够优秀甚至不合格的男性学生更是一种简单化的思维方式。对此,美国联邦最高法院针对女性、男性优势专业做出的判决,考虑了性别发展的历史与现状,从具体的情境分析与明确了性别平等的基础含义,值得深思。正如美国联邦最高法院所指出的,性别上的差别对待

---

① U.S.Supreme Court Education Cases[M].Malvern:Center for Education&Employment Law,2005:44.

② ROSE D. Title IX Has Fought Gender Discrimination on Campuses for 40 Years[EB/OL]. (2012-12-16)[2015-01-10]. http://progressive.org/title-ix-has-fought-gender-discrimina-tion-oncampuses-40-years.

③ ASCHIK S. Affirmative Action for Men[EB/OL]. (2006-03-27)[2015-01-10].http://www.insidehighered.com/news/2006/03/27/admit.

④ 刘海峰.高考是否对女生有利[N].中国教育报,2009-07-06(5).

只有符合政府重要利益,采取的政策与目标之间被严格证明存在直接相关的情况下如就业时才能使用,用单一、固定的模式评判大学招生中的性别问题过于机械。在大学招生上既不能为任何单一性别保留优先权,也不能隐含女性不如男性的传统观点,质量是大学招生唯一合法的标准。这也为大学招生如何平衡政府利益、大学利益与个人教育权提供了可供借鉴的模式。

四、残疾人入学问题:照顾范围及其限度

残疾人属于典型的弱势群体,目前美国的残疾人大学生大概占学生总数的11%。[①] 残疾人招生虽不像种族与性别问题突出,但也是美国社会关注的焦点之一。美国不仅制定了残疾人平等保护法,而且为残疾人提供了入学、就业等多方面的优惠政策。一般而言,接受联邦资助的学校必须接受《复原法》504章节(Section 504 of the Rehabilitation Act)的管辖,接受公共资助的学校必须接受《美国残疾人法案》第二章的规定,而接受私人资助的学校则必须满足《美国残疾人法案》第三章的规定。

招生层面的残疾人平等保护意味着大学不能简单地因能力障碍将残疾考生排除在外,但使用一定或其他合法的标准来筛选残疾考生并不违反法律,考虑到能力障碍者的特殊情形,考试试卷、时间和方式会进行相应的调整。法律要求大学按照申请者的能力是否满足学术和非学术的标准来判断学生是否具有入学的资格。一旦残疾学生的申请被允许,法律要求学校必须向残疾学生提供参与各种活动的环境与条件,包括核心课程与必修项目之外的学习计划调整、修改完成学位的时间与长度、替换特殊课程等。[②] 因此,为了平衡残疾考生与大学的利益,联邦最高法院

---

① ROTHSTEIN L. Higher Education and Disability Discrimination:A Fifty Year Retrospective[J].Journal of College&University Law,2010,36:843-874.

② SCOTT S S.Accommodating College Students with Learning Disabilities:How Much Is Enough? [J].Innovative Higher Education,1997(2):85-99.

确定了残疾人有关"实质性的限制"以及"生活能力"的范围①,并从大学质量的要求出发,要求残疾学生必须符合学校教育项目的要求。在1979年东南社区学院诉戴维斯案(Southeastern Community College v.Davis)中,申请者有严重的听力障碍,因而在申请护士专业时被拒绝。学院认为听力障碍,以及申请者的唇语阅读能力会使申请者实习时处于不安全的状态,也会给患者带来安全隐患。尽管根据法律规定,所有接受联邦资助的学校,无论公立或私立都必须为残疾人提供合适的课程和学习环境,但申请者只能参加学术课程,无法参加实习课程的学习将是一个严重的问题。联邦最高法院针对残疾人招生问题提出了合理审查的标准,即要求招生政策出于正当利益的需要,其手段与目的具有合理的关联性。不同于种族招生的实质审查和性别招生的具体情况具体分析,残疾人招生问题只进行程序性审查。最终联邦最高法院支持了学院的选择,认为大学有权建立符合学校发展的学术和非学术标准以及核心课程体系。因此,在参与特殊教育项目上,学生的生理和心理能力必须进行个人化的考量与判断。② 同时,法院创设了安全的标准,即残疾人入学不能对他人的健康和安全造成威胁,也不能给自己造成威胁;但法律要求学校提出"存在直接的安全威胁"时必须提供具体而明确的理由;关于危险的评估有赖于个体特殊的医学检查或事实根据;即使危险客观真实存在,学校也必须首先考虑是否可以通过合理的改进降低或排除这些直接的危险等,从而为保证残疾人的入学申请提供了法律依据。③

近年来,残疾人的保护越来越得到美国社会的关注,能力障碍者教育计划调整的范围与限度、能力障碍者的入学标准、建筑设计障碍与残疾学生的大学校园生活等问题都成为研究者的话题,表明社会发展到一定阶段,残疾人入学机会的提高将会成为保障教育公平的突出问题。

① ROTHSTEIN L.Higher Education and Disability Discrimination:A Fifty Year Retrospective[J].Journal of College&University Law,2010,36:843-874.

② SCOTT S S.Accommodating College Students with Learning Disabilities:How Much Is Enough? [J].Innovative Higher Education,1997(2):85-99.

③ HEYWARD S M.Access to Education for the Disabled[M].Mcfarland&Company,Inc.,Publishers,1992:171.

五、思考与启示

联邦最高法院对美国大学弱势群体的招生政策产生了重大的影响,它不仅引导美国大学的招生政策逐渐从简单化走向整体性、全面性的复杂评价,而且为大学弱势群体招生政策的调整提供了法律上的阐释,对今天中国大学招生政策的调整,反思大学招生自主权,实现依法招生都有积极的意义。

第一,灵活而综合性的招生政策是实现公平与质量的基础。公平是大学招生政策的核心理念,但对于公平的理解,社会、政府、大学以及个人却不尽相同。事实上,弱势群体本质上是一个社会学概念,代表着被社会边缘化的人群,弱势群体是散落、分离与无助的,但其内部却是不同类型人群的集合。即使是同属于某一类弱势群体,不同成员对公平也有不同的理解与看法。因此,如何建立公平的大学招生政策本身是一个非常复杂的问题。对此,美国联邦最高法院首先确立了大学招生中平等的法律意义是个体平等,而不是群体平等。政府或大学为了满足国家或学校的利益,往往从某一种族或某一群体的特殊性出发,给予特殊的招生照顾政策。但美国联邦最高法院认为,招生中的种族歧视、性别歧视以及残疾人歧视等问题,都不是简单的对少数种族或女性以及弱势群体的保护问题,而是针对具体每一位公民的合法平等保护问题。[①] 只有将弱势群体的法律保护纳入每一位公民的平等保护中来,才能真正实现弱势者的法律保护,避免特殊政策的简单化与泛化。补偿正义虽然可以在一定范围内实施,但仍需兼顾个体平等。同时,美国联邦最高法院也确认大学招生政策的合法性基础只能是大学质量标准而不是其他,从而为招生的公平性确认了质量的注解。多样化是被法律认同的合法利益,但并不是单纯因为这一利益涉及种族、性别与残疾人,而在于这是一个与大学质量直接相关的因素。为了兼顾公平与质量,美国联邦最高法院运用法律判例倡导大学招生向复杂而灵活的系统转变,如果我们研究被美国联邦最高法院高度评价的哈佛大学、密歇

---

① LEVINSON R B. Gender-based Affirmative Action and Reverse Gender Bias: Beyond Gratz, Parents Involved, and Ricci[J]. Harvard Journal of Law and Gender, 2011, (1): 1-36.

根大学法学院的招生政策,可以发现其共同的特点是设计复杂而灵活的招生政策,让每个人的特点都能公平地得到尊重,种族、性别、学术、能力、背景等因素被综合考虑与使用,从而实现公平与质量的平衡,这也正是我国大学招生政策的未来取向。

第二,大学招生不是绝对的自由权的范畴。大学招生自主权往往被理解为大学自主管理与决定招生事务,被纳入大学自治的范围。但美国联邦最高法院频繁介入大学招生,表明了法院对于大学招生的基本立场,即大学招生并不是完全由大学决定的事项。早在1957年斯威茨诉新罕布什尔州案(Sweezy V.New Hampshire)中法院就确立了"谁来学"属于"四项最基本的学术自由"之一。但近30年来美国法院的判例却显示了社会对招生自主权的不同理解。在大学招生事务上,大学认为是否录取学生的要素,如申请者的学习经历、学术潜力等都必须依赖教育专家的专业判断,而不是法律判断。但在公民平等保护的宪法原则下,混合种族、性别以及残疾人保护问题的大学招生却又不是单纯的教育问题。大学招生不得不面临个人平等与特殊群体照顾、大学自治与社会需求的矛盾与冲突,并受到政治、法律与社会的压力与制衡。其结果必然是大学招生已经不是简单由大学或其招生官员所决定的事项,而是社会、政府与大学互动的产物,法院则秉持平衡的原则引导大学招生的发展与变革。正因为如此,大学需要更深刻地体验与感受大学与社会、大学与法院、大学与社区、大学与学生之间的变化及复杂的关系,反思大学自主权的含义,构建一个更包容、反映社会需求与发展、实现大学质量提升的招生机制。当然,大学招生不属于绝对自治的范畴,并不意味着法院和社会对招生事项的完全介入。恰恰相反,如何尊重大学的学术自由、尊重学术专家的意见与决定一直是法院必须秉持的基本原则,承认大学招生中的质量标准,降低种族、性别在招生因素中的地位正是这一原则的体现。

第三,法治应该成为大学招生政策的基本理念。法治的核心价值在于权力的监督与权利的保护。为平衡政府利益、学校利益与个人受教育权,美国联邦最高法院从平等保护原则出发,设置了"目的—手段"审查制度审查不同弱势群体招生政策的合宪性,即首先确定大学与政府制定招生政策的目的和利益具有正当性,以确保大学招生政策具有合法性基础,明确了招生过程中大学与政府的利益必须进行法律审查的基本原则;以此为基础,审查制度还要求政府与大学的特殊招生政策所采取的具体措施也是正当而有效的,手段与目的之间具有因果关系以确保特殊招生政策造成的差别对待是不得已的必然选择。因此法院要求大学的招生政策必须从实践和学术的角度给予合理的、原则性的解释,以确定大学招生的目标与手段都经过谨慎的考量与设计,从而保证每一位公民的合法权利。这正是招生法治的精髓所在。美国联邦最高法院拒绝简单地接受政府与大学关于补偿正义与多元标准的辩解,深入大学招生实践与大学发展中分析特殊招生政策的合法性,宣布招生中的配额制、特殊加分制违宪,倡导大学招生中的性别平等问题应具体问题具体分析,平衡大学与残疾人的合法权益,值得我们反思特殊招生和特殊照顾政策的合法性基础与限制,反思补偿正义的价值与可能的冲突,从而设计更为公平、合理、合法的招生机制与政策。同时,美国联邦最高法院对于大学招生政策的积极态度也值得我们反思。长期以来,我国高校招生纠纷案往往以不属于行政或民事的诉讼范围而被排除在外,使得招生领域的受教育权变成了无救济方式的虚幻权利。为有效维护考生的基本权利,实现对高校招生自主权的监督与发展完善,有必要在法律的框架内寻找解决高校与考生之间因招生产生的纠纷解决机制,并附带对大学招生政策的合法性进行相应的法律审查。

第四,美国的弱势群体入学政策可以成为中国考试招生制度改革的他山之石。弱势群体的招生保障政策近年来在中国日益受到关注,如 2014 年 9 月颁布的《国务院关于深化考试招生制度改革的实施意见》,就十分强调从多个方面促进教育公平。应该说,中国在优待少数民族考生、促进女性接受高等教育机会提高方面已经做得很不错,现在面临的是如何完善少数民族招生政策、维持招生性别大体平衡的新问题,美国"肯定性行动计划"实行多年之后出现的问题,值得中国研究鉴戒。比较而言,中国的残疾人平等保护还刚刚开始,有关残疾人分数上线却被大学拒绝的案例也因媒体的报道引起了社会的讨论,就此而言,美国对残疾人入学的法律保护、残疾人必须能够完成学校的核心课程体系与安全的标准更值得我们学习与借鉴。

高校招生自主权的法律阐释[*]

　　高校招生自主权不仅是高校招生考试改革的重要内容,同时也被赋予中国高等教育实现自主管理突破口的意义。因此,有研究者认为"大学最核心的自主权,就是招生自主权和授学位自主权"。[①] 但在理论研究与实践中,高校招生自主权往往被简单地定义为自主、自由招生的权力,由此带来种种理论上的冲突与实践中的困惑,因此有必要专门对此问题进行梳理,厘清高校招生自主权的法律内涵及其性质,进而探讨高校自主权的相关问题。

一、招生自主权的内涵与范围

　　对于招生自主权的界定历来就有不同的观点。一种观点认为,招生自主权属于自由权的范围,涉及高校招生的各个方面都应该由高校自主决定、处理,因此高等学校的自主招生权是根据自己的办学宗旨、办学目标和本身的办学条件,自主确定招生的范围、招生标准、招生方式的权力。[②] 根据这样的定义,研究者进而概括了招生自主权的范畴,"招生自主权的范围包括高校规划布局、专业设置及招生人数(或在校人数);招生组织,高校入学考试组织及命题;录取标准"。[③] 也有学者认为,"招生工作的自主权应包括自主决定学校招生计划和来源计划、自主决定录取方式、自主决定录取标准、自主决定收费标准"。[④] 这类观点往往从高校的法人地

---

　　*　原文发表于《江苏高教》2012 年第 6 期.

　　①　南科大校长称我国高校最大症结系自主权不足[EB/OL].(2010-12-21)[2012-08-11]. http://gaokao.eol.cn/dajiat_3201/20101221/t20101221_556685.shtml.

　　②　张维平.高校招生自主权的滥用与规约[J].现代教育管理,2009(11):41-45.

　　③　徐瑞英.试论自主招生模式[J].苏州大学学报(哲社版),1996(4):47-49.

　　④　初育国,董德刚.论扩大高校招生工作自主权与完善自我约束机制[J].中国高教研究, 2002(09):51-52.

位出发,强调"高等学校在民事活动中依法享有民事权利,承担民事责任",因此高校的招生权利(力)属于自主管理、高校负责的基本权利。但这种观点过分强调高校招生权的自由,并将国家与政府、省级招生委员会的权力与高校的招生自主权对立起来。这就必然带来实践上的困惑,而且招生活动是否属于民事活动也是值得商榷的问题。

另一种观点认为,高校招生自主权是国家教育权的组成部分,是受限制的权力,是高等学校依照法律赋予的权利,自主对学校招生规模、专业、录取标准等招生业务行使管理权,同时承担法律规定的责任和义务。[①] 从《教育法》和《高等教育法》的规定来看,高校的招生自主权仅包括:制定招生方案和调节招生比例两个方面。[②] 这种观念认为高校所拥有的招生自主权是有限的,甚至没有严格意义上的高校自主权,公立高校必须按照国家规定的录取分数线及录取名额在所有考生中公平选择,其招生行为在很大程度上代表国家意志,高校的招生权属于国家行政权力的延伸。这种观点强调法律对高校自主权的限制与规范,强调国家、政府与高校之间管理与被管理的关系,但将高校招生自主权仅限于制定招生方案和调节招生比例方面的权利,甚至否定高校招生自主权无疑不符合当前高校自主权的实际。

事实上我国高校的招生自主权既不像第一种观点所要求的那么广泛,也不像第二种观点所陈述的那么狭隘。随着"高校负责、招办监督"的招生考试模式逐渐成为社会所认同的基本形式,高校逐步扩大招生自主权已经不是一个能不能的问题,而是如何扩大、如何保障的问题。《教育法》规定学校享有招收学生或者其他受教育者的权利,《高等教育法》第三十二条到第三十八条的表述中,都出现"自主"的字样,暗示大学所拥有的自主权。其中关于招生自主权的表述为"高等学校根据社会需求、办学条件和国家核定的办学规模,制定招生方案,自主调节系科招生比例"。但法律规定的权利往往具有概括性和一般性,高校招生权的具体范围可以从教育部的行政规章《普通高等学校招生工作规定》以及高校颁布的《招生章程》来确定其具体行使的自主权限范围。一般而言,这些权利主要包括确定身体健康状况

---

① 靖国安.高校招生自主权与教育公平[J].武汉科技学院学报,2005(5):58-60.
② 许杰.对高校招生自主权性质的再认识[J].中国教师,2004(7):11-13.

的补充要求,制定本校的招生章程,分省(区、市)分专业招生计划,定向就业招生计划以及预留计划,确定调阅考生档案的比例,决定是否录取及其相关后续解释。部分高校还拥有单独招生权、自主选拔录取权。但这些自主权并不是完全的自主,对考生身体健康状况的补充要求必须合法、合理,有详细的说明和解释,并在招生章程中向社会公布;招生章程必须经高校的主管部门依据国家有关法律和招生政策规定进行审核备案;招生来源计划、定向就业招生计划必须经教育部批准,而预留计划数须报其主管部门审核,汇总后报教育部备案。

自教育部2002年规定"高等学校除了要向考生和社会公布招生计划外,还必须同时公布招生章程"以来,招生章程不仅成为高等学校向社会公布招生信息的主要形式,也成为体现高校招生自主权、开展招生工作、录取新生的重要依据与载体。一般而言招生章程最核心的内容是录取规则,考察北京大学、清华大学、浙江大学、复旦大学、上海交通大学2012年的招生章程,我们可以发现五所高校在对待专业志愿差、单科成绩要求、加分政策、语言要求、投档成绩相同时考生的处理等方面都有一定的差异。这种差异正是高校根据自身的办学宗旨、办学特色、人才培养模式所体现出的高校招生自主权的核心内容。

综上,笔者认为高校招生自主权是高校根据相关法律、法规以及高校招生章程所确定的招生权限,主要包括制定高校招生章程,编制招生来源计划,定向招生计划,预留计划以及自主招生,其核心则是高校制定招生章程,确定招生规则并按照招生章程负责录取的权利。当然,高校在实践中是否拥有自主权,在多大程度上拥有自主权,是一个具体而复杂的问题,也是需要反复实践的问题。

二、高校招生自主权的法律性质

作为招生自主权的上位概念,大学自主权的法律性质研究颇多,但关于高校招生自主权法律性质的研究则较少。事实上,大学自主权本身包含的范围广泛,笼统的讨论反而掩盖了每一项自主权的具体性与特殊性。而在招生法律实践中已经反映出不同的观点与差别,更值得专门探讨。在多数招生案例中,法院往往以招生自主权是高校的自主权为由,将考生与高校的招生争议排除在行政诉讼的受案范围。

那么,应该如何理解高校招生自主权的法律性质,招生权究竟属于自主管理权还是行政管理权呢?

一般而言,我国的大学自主权与西方的大学自治有一定的相通性。中世纪大学的自治,其实质是通过特许状的形式确立了大学的基本权利与自由,限制了教会与国王干涉大学的权力。但这些特权随着民族国家的崛起逐渐丧失,大学的内部生活也遭遇了君主的干预,传统的巴黎大学模式和博洛尼亚大学模式逐渐被各民族国家大学的自治模式所取代,德国的教授治校模式、法国的中央集权与大学自治并列的模式以及美国的董事会自治模式都印证着这样的观念:"高等教育自治现在不是,也许从来都不是绝对的。"①此外,大学的公私立性质也决定了大学自主权的范围。学者薛涌指出:看看美国的例子:高校想要自主权,那就私立好了。一旦公立,就不要想太多自主权的问题。比如,州立大学如果从州政府拿了大笔财政拨款,那么从招生到学费标准,等等,都要和州议会商量,而不能独行其是。即使是私立大学,一旦拿了联邦政府的钱,自主权就会相应减少,就必须对联邦政府履行义务。②

我国公立高等学校是事业单位法人。作为事业单位的高等学校,一般由国家举办,经费来源主要依靠国家财政拨款,高等学校并不享有完全的财产所有权,其财产权一般只包括财产的占有、使用、收益和法律规定的处分权。③ 因此,高校招生自主权作为大学自主权的一部分绝对不是完全自主的权力。许多学者倾向于把大学自治的有限性归咎于大学对公共资源的依赖,"完全的自治必然要求完全的经费独立。这种程度的独立是根本不可能的"④,这种说法从某种程度反映了公立高校事业单位法人性质的内涵,但更为重要的原因则在于任何一种权力都应该受到限制,才能有效地维护社会的公平、公正,才能保护公民的合法权益。正因为如此,

---

① 约翰·S.布鲁贝克.高等教育哲学[M].王承绪,郑继伟,张维平等译.杭州:浙江教育出版社,2002:34.

② 薛涌.联考是个好起点[EB/OL].(2010-12-12)[2012-08-11].http://xueyongblog.blog.163.com/blog/static/13252142420101181030960/.

③ 申素平.中国公立高等学校法律地位研究[D].北京:北京师范大学,2001.

④ 约翰·S.布鲁贝克.高等教育哲学[M].王承绪,郑继伟,张维平等译.杭州:浙江教育出版社,2002:34.

高校的招生自主权只能是有条件的自主,只能是有限的自由裁量权。

有研究者认为,招生自主权属于大学固有权利或天然权利:"自主招生是高校办学中一种'天赋权利'——即使在社会、学生、家长等各方对高校招生的参与程度越来越深广的当下。扩大高校招生自主权的改革,并不是破旧立新的'换权',乃是返璞归真的'还权',是由以往政府越俎代庖地办学向如今高校自主办学的理性回归。"①从历史的角度看,我国高校招生自主权的改革事实上就是按照如何实现"高校负责"的理念和逻辑展开的。1979 年苏步青、李国豪等知名人士呼吁教育部下放部分高校管理权,其中关于招生自主权只是提到了招收多少学生、研究生招生的权利问题。② 1986 年,普通高校招生考试第一批录取的学校试行"学校负责、招办监督"的录取体制,第二批录取的学校实行"根据志愿,按比例投档"的录取方法,按学校计划招生数的 120% 提供档案,由学校德智体全面考核,择优录取。③ 1987 年,国家教育委员会《关于扩大普通高等学校录取新生工作权限的规定及其实施细则》中详细而具体地规定了省、自治区、直辖市高等学校招生委员会办公室实行"学校负责、招办监督"的录取体制,并以《普通高等学校招生暂行条例》法规的形式固定下来。其后的改革,高校招生自主权的权限范围虽然有所微调,但实质并没有发生根本改变。从招生自主权的发展历程来看,初期的改革政府主动"还权"的痕迹明显,把大学应有权利还给大学,让大学自主办学的思想伴随着对"全能政府"的反思逐渐确立下来。随后政府的管理不再仅仅是"还权",而是更加主动地确定各主体的招生权限及其范围,招生权演变为政府、高校以及各省、自治区、直辖市招生委员会共同享有的权力(利)。

招生自主权属于天然权利这种观念的背后,隐含着对政府授权的担忧。如果自主权属于转让的权利而不是自然的权利,则必然面临被随意收回的风险。强调高校的自主权属于天然权利,而不是政府授权的真实想法在于确定政府不能因为

---

① 郑若玲.自主招生改革何去何从[J].华中师范大学学报(人文社会科学版),2010(4):135-142.

② 蒋后强.高等学校自主权概念研究[J].西南大学学报(社会科学版),2007(4):117-123.

③ 国家教育委员会关于发布《一九八五年普通高等学校招生规定》的通知(1986-3-21),参见杨学为.高考文献(下)[M].北京:高等教育出版社,2003:243.

高校在行使自主权过程中的"失范"而"减少"甚至"回收"相关的自主权。① 但高校招生自主权的范围并不仅仅是一个简单法律规定或者政府授权的问题，还是一个复杂的社会认同问题。高校在多大范围、多大程度上获得招生自主权与如何行使招生自主权是相互关联的问题，即高校招生自主权行使得好，得到社会的认同，则有可能在更大的范围内获得更多的自主权，相反如果自主权行使得不好，得不到社会的认同，则自主权的范围也可能相应地萎缩。② 一个很明显的例子就是招生预留计划的变动。1992 年出台的《关于国家教委直属高校深化改革，扩大办学自主权的若干意见》明文规定了高校拥有 5% 的自主招生"机动指标"。但这一政策出台以来，国家教育主管部门多次修正"机动指标"比例，总体呈下降趋势，2004 年本科预留计划不得超过本校本科计划总数的 3%，2010 年后的规定中已经缩小到1%。如果缺乏良好的监督体系与自律精神，大学招生自主权的扩大无疑只能停留在理论的探讨上。

综上所述，高校招生自主权本质上是分权基础上为实现高校选拔人才而拥有的有限的"自由裁量权"。其既属于教育行政职权的组成部分，同时在经法律授权后，又获得一定的自主性。高校招生自主权的性质决定了高校的招生行为并不是简单的自主行为，也不完全是高校自身的意思表达，而是大学与政府、社会关系的集中反映。正因为如此，高校招生自主权只是招生权的组成部分之一，其权限范围主要是高校制定招生章程，按照章程录取的权力。简单认为学校招收录取考生的行为是自主管理的行为并不完全恰当，只有在招生规则，如涉及专业级差、相同成绩下的优先录取、招生志愿不足情况下的特殊处理等问题上由学校根据招生章程决定、处理。而招生的基本标准、原则、程序等问题上，高校主要根据国家的基本政策执行。有鉴于此，高校一方面可以通过制定招生章程的方式，在一定范围内充分表达因学校、学科与专业的特殊性而产生的招生特殊原则，从而达到扩大招生自主权的目标，另一方面为了更好地行使招生自主权，明确与细化招生自主权的范围与可操作性，加强社会监督与自律制度建设也是必不可少的步骤。

---

① 许杰.对高校招生自主权性质的再认识[J].中国教师，2004(7):11-13.
② 覃红霞.高考政策三十年[J].东南学术，2007(4):16-20.

招生领域高校与学生的法律关系研究[*]

普通高校招生考试制度是我国重大的教育基本制度之一。综观这一基本制度的运行机制与流程,不仅牵涉着考生权利(特别是受教育权)的实现,也涉及教育行政部门管理权与高校招生自主权的行使。近年来,随着法治观念逐渐深入人心,以及考生及其家庭权利意识的日益高涨,我国高校招生录取工作逐渐进入社会公众的视野和司法审查领域,自 1995 年陈海云诉外交学院,开启首例考生因未被录取状告院校、提起民事诉讼的案例至今,考生因招生问题频频将高校告上法庭,如闵迪诉苏州大学案、黄某诉武汉音乐学院案、苏某诉西南财经大学案等都成为社会关注的热点问题,引起了民众广泛的猜测和争论,打破了我国招考领域历来的神秘和宁静。与此相对应的则是法院以及法学界对于不同案件的认定与争论,从第一起提起民事诉讼到行政诉讼、再到法院认定"学校录取考生的行为是自主管理的行为,不属于行政管理权的范畴",这反映出司法实践中的矛盾与反复,从而也凸现出理论界对于招考领域高校与学生法律关系研究的价值与必要。

一、民法关系论与行政法关系论

关于招考领域的高校与考生之间的法律关系一直存在不同观点。一种观点认为这是一种民事法律关系,招生实际是特殊的要约和承诺的过程,而考生的志愿填写,正是民法中的意思自愿原则的体现。"虽然意思自愿原则受到招生政策的限制,随着高校自主权的落实,意思自愿原则将会得到很好的体现"。因此,高校招收学生的行为应该遵守《合同法》和《消费者权益保护法》的规定。"学校发放录取构成要约,考生报到构成承诺。学校的录取工作表明学校和考生已经进入缔约阶段。

---

* 原文发表于《北京大学教育评论》2010 年第 2 期。

在此阶段,学校根据自身特点制定统一录取标准,从上线考生中择优录取。除此之外,学校另立标准导致某些原本应当录取的考生未能被录取,有违诚实信用原则,应当允许考生以缔约过失为由要求学校承担民事责任"。① 这一观点也得到了部分学者的赞同,"办学属民事活动范畴,招生与报考均为学校和学生的民事法律行为……从高校、学生关系形成的过程来看,从招生、报考、录取、注册,这是一个形成合意的过程,亦即订立合同的过程。这一过程充分体现了高校与学生的意思自治性",虽然高校与学生的入学合同订立的中间环节较多,周期较长,其中有些环节还有政府的介入(如招生人数、专业、条件,提档分数线的确定、调整)。学校的表意行为通常由公布招生信息,招生录取(签发录取通知书)、注册三部分组成;学生的表意行为则由报考行为和报到注册两部分组成。可见,双方达成合意的过程为:学校公布招生信息、考生报考、学校招生录取、被录取新生报到注册。至此,学校与学生合同关系依法成立,产生法律效力②;"毫无疑问,在招生录取过程中,学校和学生是两个独立的民事主体,其法律地位应是平等的。招生录取活动,完全可看作是学校和学生订立以教育和教学为内容的合同的活动"。③ 但这种招生考试法律关系合同论或契约论的观点,由于回避了高校招生过程中的政府行为及其影响力,遭遇了许多研究者的质疑。

与此相反,招生考试法律关系行政论者则认为,高等学校具有双重主体的身份,在录取过程中,高等学校是以一个行政主体的身份出现的,行使的是公共权力,高校与学生之间的关系具有不对等性,不是横向平等的教育民事关系,而是具有纵向隶属型特征的教育行政关系④,"入学关系属于行政关系。这一关系的双方主体一方是学生,另一方则包括高等学校及其相应的教育行政关系"⑤,针对合同论者

---

① 吴高程.受教育权的民事救济[C]//郑贤君.公民受教育权的法律保护.北京:人民法院出版社,2004:275.

② 白呈明.高校与学生合同关系探讨[J].复旦教育论坛,2003(6):31-34.

③ 张弛.学校法律治理研究[M].上海:上海交通大学出版社,2005:67.

④ 郭志成.普通高等学校招生录取权的司法制约问题[C]//劳凯声.中国教育法制评论(第1辑).北京:教育科学出版社,2002:130.

⑤ 申素平.中国公立高等学校法律地位研究[D].北京:北京师范大学,2001.

的契约关系,行政法论者认为,"从公立高校的招生来看,教育行政部门的强力介入,政府也历来将考试、招生作为一项行政工作,其性质是显而易见的,不能被解释为受限制的契约自由。毕竟,契约自由受限制的理念是不能包括政府权力直接参与契约签定过程的意思的"。① 在他们看来,高校所拥有的招生自主权是有限的,公立高校必须按照国家规定的录取分数线及录取名额在所有考生中公平选择,其招生行为在很大程度上代表国家意志,无法像私立学校那样自主选择学生、无权拒绝任何一个完全符合录取条件的学生,当然也就无法实现学校与学生之间的平等双向选择关系。因此,招生权属于公立学校的一项行政管理权,其在行使该项权力时与学生之间当然地形成行政法律关系,这一点应当与某些私立学校在招生过程中与学生之间形成的平等的契约关系相区别。② 由于全国统一考试的本(专)科生招生属于教育行政部门与公立高等学校分工合作的模式,在这一模式下的招生具有非常强烈的公共行政性质,教育行政部门也始终将其作为一项行政工作来抓,因此这类招生是一种公共行政活动,当公立高等学校违反国家有关规定录取学生,学生可以向教育行政部门提出进行监督的请求,或者直接以公立高等学校为被告,提起行政诉讼。③ 但行政法论也面临着挑战,有从事法律实践的论者就认为,"依据我国现行行政诉讼法,学校不符合行政诉讼被告适格主体的要求,学校行为也不是行政法、行政诉讼中法定的行政行为,准确讲,学校与学生之间不存在着行政法律意义上的行政法律关系。对于学校行使管理权所产生的不对等关系,包括其他关系,无法启动司法程序,不能提起诉讼,可通过学校管理权行使、学生参与民主管理、教育行政主管机关处理或调解的方式来分别解决"④。而且仅仅因为高校与学

---

① 冯娜.高校权力的法律规制[C]//邓正来.法律与中国.北京:中国政法大学出版社,2005:391-405.

② 王景斌,朱翠兰.论教育行政法律关系及相对人权利救济[J].东北师大学报(哲学社会科学版),2005(6):113-117.

③ 沈岿.公立高等学校如何走出法治真空[C]//郑贤君.公民受教育权的法律保护.北京:人民法院出版社,2004:204-209.

④ 何宁湘.学校与学生之间的法律关系分析[EB/OL].[2010-02-23].http://www.law-lib.com/lw/lw_view.asp? no=6052.

生的关系是不对等的,就判断高校招收学生的行为属于行政法律关系也缺乏足够的说服力。

此外,也有与以上观点完全相反的意见。有研究者认为,只要立法机关或司法机关以某种权威的形式宣告因高考招生发生的争议通过民事或行政诉讼加以解决,以保证合法权利得到有效的维护与救济不就可以了吗,没有必要严格区分招考领域的高校与学生的法律关系是民法属性还是行政法属性。但值得指出的是,行政法的理念与'有限政府'理念是彼此勾连的,民法则建立在'契约自由'、'财产权神圣'的理念基础之上。二者都出于个人主义、自由主义的关怀,但行政法为保障个人权利而对政府进行约束,民法为实现个人权利而放任平等主体基于意思自治的交往自由"。① 从这个意义而言,高考领域的行政法与民法之争,实质上在于解答这样一个问题:把高校与考生之间的关系视为行政法关系,通过相对比较严格的行政法规则对学校的招生权加以控制,或者把学校与考生之间的关系视为民法关系、在放任自由的基础上加以适度限制,哪一种更有利于保障学校和考生各自应该享有的正当权益。② 事实上,这一点正是行政法论者坚持的观点,他们认为"即使法院作为民事诉讼案件受理,学生也仅能获得金钱赔偿,却并不能获得重新入学的机会,这样的结果也许并不是每一个学生都想要的。甚至可以说,在获得金钱赔偿与入学机会之间,也许会有更多的学生选择后者。对于这样一个学生如此重要的权益,如果因为高等学校的违法或错误行为受到侵害,却并不能获得他期望获得的救济,不能不说是一个缺憾"。③ 但这样的说法虽然充满了对权利的终极关怀,似乎更倾向于从应然的目标出发试图解释实然的状态。因此,我们有必要深入到高考领域的具体过程与权力分解中,探讨与解析高校与考生之间法律关系的属性问题。

---

① 沈岿.公立高等学校如何走出法治真空[C]//郑贤君.公民受教育权的法律保护.北京:人民法院出版社,2004:214.

② 沈岿.公立高等学校如何走出法治真空[C]//郑贤君.公民受教育权的法律保护.北京:人民法院出版社,2004:215.

③ 申素平.中国公立高等学校法律地位研究[D].北京:北京师范大学,2001.

二、招生自主权、学生志愿以及招生简章的法律属性

无论是招生考试合同论还是行政法论,有几个关系到招生考试领域法律关系定性的关键性问题需要专门厘清:一是高校的招生自主权如何在法律上定性? 二是作为支持私法论的关键性指标高考志愿表在招生考试过程中的法律性质究竟如何? 三是在招生考试过程中,高校的招生简章的法律地位如何? 由于篇幅的限制,有关高校发放录取通知书以及学生报到的问题,将另行讨论。本文仅就上面三个问题分析招生考试过程中高校与学生的法律关系。

(一)高校招生自主权的法律性质

关于高校招生自主权的性质以及是否应该接受司法审查(某种意义上,我国的行政诉讼制度等同于司法审查制度),学术界一直存在不同的观点。常见的理论观点认为高等学校属于法律法规授权的组织,行使国家行政权力或公共管理职权。就招生行为而言,根据《中华人民共和国教育法》第二十八条规定:学校及其他教育机构行使按照章程自主管理、招收学生或者其他受教育者等权利;《中华人民共和国高等教育法》第三十二条规定高等学校根据社会需求、办学条件和国家核定的办学规模,制定招生方案,自主调节系科招生比例。因此,高校招生权来自于《中华人民共和国教育法》《中华人民共和国高等教育法》以及教育部颁发的有关招生相关规定的授权,高校则依据法律授权,代表国家行使招生权,从而确定了高校招生过程中高校与学生之间的法律关系事实上是"不平等的",属于行政法律关系,高校与学生之间的争议与诉讼应该属于行政诉讼的受案范围。而自治理论则认为学校招生的权力并不是来自法律、法规的授权,而是属于学校自身享有的"自治权"。从事实上来看,高校虽是按国家有关政策和基本原则招生,但每一所学校招收哪些学生却是由填报该学校考生的分数和所在省和地区的招生名额所决定的,高校应该按照学校的特色、人才培养目标、学科发展要求自主招生。就此而言,招生自主权属于高校的权利。高校按照自身的权利招生,学生则按照自身的意愿选择学校,高校与学生之间的法律关系都属于各自意思的表达,因此,高校与学生之间的法律关系是平等的,而高校的招生权也不属于司法审查的范围。特别权力关系理论认为高

校与学生之间是特别权利义务关系,不同于行政主体与一般公民之关系。基于这种特别权利义务关系,高校得以对学生的权利进行特殊的限制而不受一般法律的约束,如不必遵守法律保留原则、对学校的行为不服不能提起诉讼等。但随着法治理论的发展,特别权力关系理论也在发展之中,许多学者提出了"基础关系"理论,将特别权力关系分为"基础关系"和"管理关系"。所谓基础关系,是指有关特别权力关系的产生、变更及消灭的关系。由于基础关系与公民的基本权利相关,因此被纳入司法审查的范围。而入学关系不仅关系到考生的受教育权,而且构成了考生接受高等教育的基础与起点,因此也是基础关系的一种,接受司法的审查。

笔者认为,招生权,性质上属于教育行政职权,由国家教育行政部门、招生管理部门和高校按各自职责范围行使、在考生招录工作中各司其职。招生权力的核心是招生名额的确定与分配。在《国务院办公厅关于保留部分非行政许可审批项目的通知》中将全国普通高校本科生招生总量及分地区分部门招生计划审批、全国普通高校本科生分学校招生计划、高等学校面向全国招生和跨省招生生源计划审批定性为政府的内部管理事项,其实施机构则为国家发展改革委和教育部,再加上高校根据《中华人民共和国高等教育法》以及教育部相关政策和规定,根据国家核准的年度招生规模及有关规定编制并报送本校分省分专业招生计划,从而确立了招生权的基本构架。在招生实践中,国家教育行政部门对招生工作进行宏观管理,省级招生管理部门对招生单位的招生行为进行监督,高校则具有招生自主权。具体而言,高等学校有权根据社会需求、办学条件和国家核定的办学规模,制定招生方案,决定招生的具体数量和人员,确定招生范围和来源,自主调节系、科招生比例等方面的权力。

高校招生自主权从教育的角度而言,天然地具有存在的价值与必要,它不仅是高校自身发展的需要,也是高校实现自主办学的基础。但从历史发展的角度看,一直到 20 世纪 80 年代以后,我国才逐渐形成"学校负责、招办监督"的录取体制,高校才逐渐获得部分招生权。但由于种种原因导致的招生腐败使高校在招生自主权的扩大上存在很大的争议,赞同者从高校的利益出发,希望高校能够获得更多的自主权以实现高校选拔符合学校发展与培养的人才;而反对者则从维护社会公平、维护高考权威出发,对 5% 的招生自主权也持怀疑与不满的态度。可见,高校招生自主权本身是一个不断发展的概念,在不同社会、不同时代有不同的内涵和体现,这与不同时代的文化传统、公众的接受度、政府的管理能力以及大学自身自治传统与能力等因素相关。从权力来源看,高校招生自主权是法律赋予高校的有限权利,其有限性源于我国高考制度的重要性与复杂性,正如"战争太重要,因此不能将决定权完全交给将军"一样,我们可以说,作为对高等教育这一社会稀缺资源进行分配的选择机制,高考太重要,因此需要通过分权实现制约、监督与权利的维护,而自主权的范围则与政府的管理能力、高等学校的自治能力以及其他各种客观因素的影响和制约有关。

就此而言,高校招生自主权本质是分权基础上、为实现高校选拔人才而拥有的有限的"自由裁量权"。其既属于教育行政职权的组成部分,同时在经法律授权后,又获得一定的自主性。高校招生权的性质决定了高校的招生行为并不是简单地自主行为,也不完全是高校自身的意思表达,简单地判断高校与学生的法律关系属于平等的民事主体之间的关系是值得商榷的。

（二）志愿申请与招生简章

坚持招生考试领域的高校与考生之间的关系属于民法调整范围的观点,强调招生考试过程是高校与学生达成合意的过程,而志愿申请与招生简章则构成了高校与学生之间合同的构成部分。因此有必要对志愿申请与招生简章的性质进行探讨。

《中华人民共和国合同法》第一章第二条明确规定,"本法所称合同是平等主体的自然人、法人、其他组织之间设立、变更、终止民事权利义务关系的协议"。[①] 很显然,合同属于平等主体之间的民事法律行为,要遵从民事法律中关于民事法律行为的一般规定,在合同当事人所作的意思表示符合法律规定的前提下,合同方具有法律约束力,受到法律的保护。[②] 但高校与考生之间就录取而言,事实上是无法处于平等的法律地位。"填报高考志愿从实质上来说,就是考生与院校之间按招生规

---

① 合同法[M].北京:中国法律出版社,2003:1.
② 李开国.合同法[M].北京:法律出版社,2002:36.

则进行双向选择所签署的"大学录取协议",①但志愿申请在定性高校与学生之间的法律关系中是一个难题。从学生的角度看,学生有选择学校的自由,可以选择服从或不服从专业和学校的调配,似乎有学校和学生达成合议的空间,但在民法理论上很难将其定性,因此有研究者建议不如将尊重学生报考志愿视为学校在执行公务时必须遵循的一个规则,把由此产生的纠纷作为行政争议处理,更有利于保障考生正当权益。② 其实,志愿申请只有在考生的成绩上线的情况下,才具有意义。因此,志愿申请只是录取过程的一个组成部分和前提,它并不独立决定招生录取过程的法律性质,而是从属于招生权力下的考生的意思表达,而高校则按照教育部颁布的有关招生考试法规和本校制定的招生章程,对学生的申请进行受理和审查,对合格者给予颁发入学通知书的决定。

同样,高校的招生章程也不能简单地定义为学校表意的行为。早在国家教育部《关于做好 2002 年普通高等学校招生工作的通知》的文件中规定:"今年招生工作中,高等学校除了要向考生和社会公布招生计划外,还必须同时公布招生章程。自此高等学校的招生章程成为高等学校向社会公布招生信息的主要形式,是其开展招生工作、录取新生的重要依据。招生章程必须经高等学校的主管部门依据国家有关法律和招生政策规定进行审核备案。高等学校招生章程经审核备案后方能向社会公布,且不得擅自更改。其主要内容包括:高等学校全称、校址(分校、校区等须注明),层次(本科、高职或专科),办学类型(如普通或成人高等学校、公办或民办高等学校或独立学院、高等专科学校或高等职业技术学校等),在有关省(区、市)分专业招生人数及有关说明,专业培养对外语的要求,经批准的招收男女生比例,身体健康状况要求,录取规则(如有无相关科目成绩或加试要求、对加分或降低分数要求投档及投档成绩相同考生的处理、进档考生的专业安排办法等),学费标准,颁发学历证书的学校名称及证书种类,联系电话、网址,以及其他须知等。 由此可

---

① 2009 年高考志愿填报必知常识百问百答:招生章程篇[EB/OL].(2009-04-21)[2010-02-23].http://zs.cqit.edu.cn/ItemRead.aspx? itemNo=155509.

② 沈岿.公立高等学校如何走出法治真空[C]//郑贤君.公民受教育权的法律保护.北京:人民法院出版社,2004:208.

见,招生章程实际上是具有法律效力的章程性文件,它是高校在行使招生权的管理原则和标准,也是高校招生自主权的具体体现,其性质则由高校招生自主权的性质决定。

　　总之,高校的招生并非纯粹的市场行为,学生也不是纯商业化的消费主体,因此高校与学生之间的法律关系并非民事法律关系,考生的表意行为——志愿申请与高校的招生章程从形式上看存在达成契约自由的空间,但招生过程中所渗透的招生权力的性质决定了高考领域高校与学生的法律关系属于行政法律关系。作为权力的一种,高校招生自主权本身具有的潜在侵犯性,以及实践中出现的招生权力的异化、权力腐败的问题使得高校招生自主权的扩大步履维艰。这也为高校自主权应该接受司法审查提供了可能性。而反对者则高举自主权的合法性以及高校招生的专业性与学术性的旗帜质疑司法审查的必要性与价值。笔者认为,由于招生权本身涉及公民基本权利——受教育权,因此司法审查的介入十分必要,但出于高校的利益与选拔人才的目标,似乎有必要将招生自主权限定在一定的自由裁量范围之内。所以在考生的受教育权与高校的招生自主权之间需要取得适当的平衡,以寻找司法审查与招生自主权的临界。如某些学校出于专业的要求,在同等情况下优先录取某学科成绩更高的考生而并不严格按照总分成绩的排名录取,这是学校的招生自主权,法院不得干涉。但是,对学校是否按照规则进行招录,对相关规则的理解出现分歧如何评判,则属于司法审查范畴。

三、高考领域提起行政诉讼的可行性与路径选择

　　由于《中华人民共和国教育法》规定:"违反本法规定,侵犯教师、受教育者、学校或者其他教育机构的合法权益,造成损失、损害的,应当依法承担民事责任。"而对其他诉讼方式没有作规定,因此,最初涉及招生考试领域受教育权侵害的诉讼都是提起民事诉讼。早在1995年发生的我国首例高校招生纠纷案中,北京市西城区人民法院初审判决认为:"学生参加高考,录取与否,由学校有关政策决定,原被告之间不构成民事赔偿的权利义务关系。"终审的北京市第一中级人民法院持同样的

观点,认为上诉主张不成立,驳回上诉,维持原判。① 2004 年法院就闵迪诉苏州大学案宣读了一份行政裁定书,却以"苏大不是行政机关、苏大招生是自主管理的民事行为,不属于行政诉讼范畴"②,驳回闵笛的起诉及赔偿请求。这就造成了"在实践上看,现行司法体制虽然建立了行政诉讼制度,在一定程度上为考生告高校与招办提供了某种可能,但是行政受案范围和民事范围均不包括因受教育权受到侵害而起诉行政管理者的案件"③的现象,在某种程度上,受教育权的救济似乎变成了无救济方式的虚幻权利。

任何纠纷,如果要提起行政诉讼,都必须满足两个条件:一是被起诉的一方必须具有行政诉讼被告资格,在我国只有行政主体和法律法规授权组织具备行政诉讼被告资格;二是法律对被起诉的一方的行为是否可以提起行政诉讼做出了明确规定。④ 在我国目前情况下,高等学校虽然不具有行政机关的资格,但针对招生这一行为而言,高等学校构成法律法规授权的组织,行使国家行政权力或公共管理职权。根据《中华人民共和国行政诉讼法》的相关规定,我国对行政诉讼范围的框定是以体现为对大量可诉行为与不可诉行为列举的行为限定为主,以体现为对以明确规定保护行政相对人的人身权、财产权的权利限定为辅,导致的直接结果就是产生了法律规范列明的可诉行为与不可诉行为之间的"灰色行为",高校招生便是典型的"灰色行为"之一。2000 年最高人民法院《关于执行行政诉讼法若干问题的解释》对行政诉讼的受案范围作了概括式的规定:"公民、法人或者其他组织对具有国家行政职权的机关和组织及其工作人员的行政行为不服,依法提起诉讼的,属于人民法院行政诉讼的受案范围。"同时,也规定在国家行为、抽象行政行为、内部行政行为和行政终局行为四种不可诉行政行为的基础上增加了公安机关、国家安全机关依照刑事诉讼法的明确授权实施的行为、调解行为以及法律规定的仲裁行为、行

---

① 珊珍.全国首例高校招生纠纷案[J].法律与生活,1997(1):10-13.

② 闵笛行政诉讼案情公示[EB/OL].(2006-03-26)[2010-02-23].http://www.gznf.net/forum/thread-22309-1-1.html.

③ 张玉光.对陈某诉外交学院案的几点思考——兼议施行中的高校招生录取体制[J].高等师范教育研究,1997(6):62-66.

④ 杨威,覃红霞.高校"招博"行为的可诉性研究[J].教育与考试,2008(01):29-33.

政指导行为、重复处理行为和对公民、法人或者其他组织权利义务不产生实际影响的行为作为虽由行政主体实施但不可诉的行为。① 由于高校招生行为不属于该解释中不可诉的范围之内，因此当考生对具有法律授权的高校的招生录取决定不服时，可以提起行政诉讼，从而用推论的方式将高校招生行为纳入了行政诉讼的受案范围。但由于各法院对于法律条文的理解事实上存在着不同的逻辑和思维方式，也导致了各地法院对于招生案件可能做出完全不同的裁决。有鉴于此，期求法律的明示仍是值得期待的途径。

　　值得指出的是，通过行政诉讼的方式寻求考生受教育权的救济，往往需要花费不少的时间、金钱和精力。即使最终获得法院支持（虽然从目前的案例来看，大多为考生败诉），也会因时间的问题无法实现入学的旨求。为了更好地维护考生的权利，同时实现高校招生自主权的监督、发展与完善，有必要在相关法规的框架内寻找解决高校与考生因招生规则而产生分歧与纠纷的行政机制，加强高校与考生之间的沟通、交流，探索招生实践中高校招生自主权的内涵与边界，寻求高校与考生之间的协商解决模式。根据《关于扩大普通高等学校录取新生工作权限的规定及其实施细则》的规定，"省、自治区、直辖市招生委员会办公室要设立信访接待组，督促和协助高等学校解决好遗留问题，处理好本职范围内的善后工作"②，确立了信访的地位与价值，但通过信访寻求招生考试领域受教育权的救济，却面临现实的困境：根据法律规定，高校拥有招生自主权，并对考生的相关问题与其他遗留问题进行解释。因此信访部门往往只能起部分解释或者疏通的作用；特别对非本地区的高校往往鞭长莫及，缺乏有效的手段改变录取行为。为了更好地解决这一矛盾，在部分省市的招生考试管理机构内部，已经开始酝酿相应的改革，以便更好地维护考生的合法权益，保障考生受教育权的实现。在天津成立了招生考试仲裁委员会，聘请教育行政部门及有关部门的专家、学者和律师担任专职或兼职仲裁员，以解决高校与考生之间比较复杂和难以调和的分歧。但一般认为，"教育纠纷的仲裁一般适

---

　　① 杨威,覃红霞.高校"招博"行为的可诉性研究[J].教育与考试,2008(01):29-33.
　　② 杨学为.中国考试史文献集成(第八卷 中华人民共和国)[M].北京:高等教育出版社,2003:197.

用于教育法律关系主体在平等基础之上形成的法律关系所发生的教育纠纷的解决上,教育纠纷之仲裁不同于法庭的审判,也不同于行政机构的行政处理。适用于仲裁解决的教育纠纷,主要包括平等主体之间的财产纠纷、合同纠纷等。"①而且,根据《关于执行行政诉讼法若干问题的解释》中将法律规定的仲裁行为列入不可诉的行为,因此仲裁似乎影响了最有效、最常用的救济途径——司法救济的运用。当然,这类改革所蕴含的基本价值取向与积极的探索实践精神,是值得期许的,以高校与各省招生机构的信访部门为依托,通过授权的方式成立特别的临时委员会,吸纳包括学者、律师等专业研究与实践工作人员,建立学生群体以及附带的家长群体与高校之间沟通与交流的渠道,进而实现招生纠纷的解决将是进一步改革与试点的方向。

---

① 郝维谦,李连宁.各国教育法制比较研究[M].北京:人民教育出版社,1999:33.

普通高校招生考试法治化研究*

　　随着"依法治国"方略的提出以及社会对普通高校招生考试的普遍关注,"法治招考""依法治招""依法治考"成为当前学术研究与实践的热点。然而,与"依法治招""依法治考""法治"成为当下流行话语相对应的是,在种种法治招考观念的背后,希望通过法律来加强管理,维护管理权威的有之;希望通过法律获得更多的权力与利益的有之;希望通过建立新的招生考试法把所有问题解决的简单思维也有之。笔者认为,就普通高校招生考试而言,招考法治化与"依法治招""依法治考"是两个既有联系又有区别的概念。招考法治化更侧重目的,而"依法治招""依法治考"更侧重于过程与手段。"法治招考"意味着普通高校招生考试领域一系列思想的变革与行为模式的改变,而不是简单的"加大招生考试立法的力度"可以概括的。审视与梳理法治在普通高校招生考试领域的内涵,分析与之相适应的一系列思想与行为方式的变革,对于当前招生考试法治建设有重要意义。

一、普通高校招生考试法治化的内涵

　　"依法治招""依法治考"是我国普通高校招生考试实践的现实要求。普通高校招生考试作为分配高等教育资源的重要手段,从来都是利益冲突的焦点,尤其在优质高等教育资源有限的情况下,如何防止人情关系的困扰和权力的渗透,维护考生和高校的合法权益,维持招考过程中的公平与公正,是国家、社会、个人对招生考试制度建设最根本的要求①,"法治招考"的提出蕴涵了我国高校招生考试改革的必然,有其现实性与迫切性。事实上,随着高考舞弊事件以及招生事件日益成为高考的热点话题,早在 2001 年全国普通高校招生工作总结研讨会上,就已经提出了"依

---

　　* 原文发表于《教育研究》2006 年第 4 期。
　　① 覃红霞.法治招考的内涵与意义[J].考试研究,2006(02):19-28.

法治招""依法治考"的理念①,其内涵也逐步得到确定与丰富,"'依法治招'就是要依法规范、管理和引导招生考试工作,包括提出招生考试工作的实体性要求和程序性要求,把招生考试工作纳入法制化的轨道".② 笔者认为,"依法治招""依法治考""法治招考"作为治理招生考试的一种理论或理念、一种思维方式,是随着市场经济体制改革及其公平竞争观念日益深入教育管理、招生考试管理中的必然趋势;是随着考生及其家庭和社会维权意识的增强,社会民主意识、追求公平公正的意识日益彰显的必然要求;是高等院校自主意识日渐觉醒、要求实现自我治理、自我发展的必然选择,同时,也是"使学校、考生等各方面权利得到切实保障,维护高考声誉、使高考改革步入新境界的重要工作".③

对"依法治招""依法治考"的理解,人们往往简单地理解为"以法治招""以法治考"。实际上,两者是既有联系又有区别的不同概念。相通之处在于都重视法律在招考过程中的作用意义,不同之处在于两者对行政管理者与法律之间的关系有不同的处理。"以法治招""以法治考"往往意味着法律仅仅只是治理招生考试的一种手段,在法的地位之上还有以法律为手段的管理者的权威,这就先决地赋予了政府、教育行政管理部门绝对的主导地位。在这种理念的指导下,法律必然成为管理的手段和工具,而管理者本身却无需受法律的约束。"依法治招""依法治考"并不排除政府与教育行政管理部门以法律作为治理招生考试的重要手段。但在管理者与法律的关系问题上,强调的是法律的主导地位,强调法律是一种超越于任何当事人之上的普遍化的规则。因此,法治并不仅仅针对考生群体,对高校、各级招办及其工作人员、教育行政管理部门以及其他社会成员而言,无论是身居高位或者是平民百姓都共同承担普遍化的平等守法义务,合法享有法律所规定的权利。这样,在"法律面前人人平等"的原则下,管理者及其权力也被纳入法治的范围。从这个角度而言,普通高校招生考试法治化是一个长期的过程。从"以法治招""以法治考"

① 加强监督 依法治招 把招生管理工作推向新台阶[J].湖南教育,2001(23).

② 瞿振元.深化改革依法治招——高考改革暨2002年普通高校招生工作思路[N].中国教育报,2002-4-17.

③ 教育部关于做好2002年普通高等学校招生工作的通知[EB/OL].(2004-11-06)[2006-03-23].http://www.hazcj.cn/CMS/Article/OldData/1704/index.htm,2004-11-6.

到"依法治招""依法治考"的转变是一个长期的过程,从理念到贯彻实施,也是一个长期的过程,呈现出从人治为主到人治、法治并行,再到法治为主、人治为次,最后全面实施法治的漫长转变。因此,从理论与实践上厘清两种思维的区别,并加强有关的宣传工作仍然任重而道远。

二、法治的目的与意义：坚守公共利益，
并在多元利益间寻求平衡

高校招生考试改革作为一个利益重新分配的过程,最重要的还是来自于既有的和未来的利益关系方面的制约。高校招生考试改革的难与易,往往与此有关,也正是人们对各自利益的追求构成了改革的动力、压力和阻力。就高考改革而言,如何进行改革永远是一个大众话题,同时也是一个涉及社会稳定与发展的社会问题和政治问题。高考的复杂性、牵涉利益的广泛性,特别是在中国社会转型、利益多元的背景下,决定了高考改革何去何从事关重大。

法治的目的与意义就在于通过对利益关系的调整来实现考生及其家庭、管理部门、高校以及社会之间的相互关系,从而实现高校招生考试系统的和谐、秩序与发展。高校招生考试法治化本身就是一个利益选择、协调与平衡的过程。这个过程的平衡点与关键就是维护社会公共利益,反映社会公共意志。这要求法治主体摆脱狭隘的地方主义、部门利益与个人私利,主动对各种利益进行协调与平衡观念为前提和基础,处理好改革、发展与稳定,公平、效率与秩序,权力与权利等相互关系。普通高校招生考试法治化所追求的社会公共利益就在于追求社会平等和社会正义,维护招生考试的公平与秩序,要求每个参与者在平等竞争的招考规则下,实现个人的受教育权与社会选才的目的。① 从价值追求来看,"自然的正义和法律的正义不同。自然的正义是强者比弱者应得到更多的利益,而法律的正义是一种约定,是为了维护弱者的利益"。② 因此,招生考试法治化也必然偏重于对弱势群体

---

① 覃红霞.法治招考的内涵与意义[J].考试研究,2006(02):19-28.
② 周辅成.西方伦理学名著选辑[Z].北京:商务印书馆,1981:30.

的特殊保护,在实现机会平等的基础上,实现实质的公平与平等,也不可避免地会牺牲或抑制社会中一部分人群的特殊利益,换取社会整体利益的发展。

"社会公共利益与个人利益并不是位于同一水平上的,公共利益优于个人利益。"①但是,社会公共利益的实现并不是虚幻地存在于文字的表达与口号中。社会公共利益与个人利益在本质上虽然是一致的,但毕竟存在着差别,其冲突就不可避免,冲突的解决不是简单地以消灭个人利益来实现。在各种利益之间实现社会公共利益,普通高校招生考试法治化要求各主体在现代民主和文明的基础上,实现充分地理解与相互尊重,在寻找利益一致的目标上,通过听证会、程序公开、信息公开、参与监督等方式,沟通与吸收各方面的意见与建议,明确各成员的权利与义务、权力与责任,明确当公共利益与私人利益发生冲突时,提供相应的补偿措施与权利救济模式,从而实现社会公共利益、集体利益与个人利益的兼顾与平衡,而不是以牺牲个人利益为代价,追求社会公共利益。

三、法治招考的合力: 凸显社会与考生监督与参与的价值

各级行政机关,即各级人民政府及其教育管理部门和招生考试管理部门,也包括各级权力机关、审判机关和检察机关,还包括新闻媒体及其社会大众等都在法治招考中扮演重要的角色,只是不同的主体在不同层面、通过不同的途径和方式实现对普通高校招生考试的监督与管理而已。

根据《中华人民共和国中华人民共和国高等教育法》以及相关普通高校招生考试条例规定,普通高等学校享有招生自主权。高校依法颁布该校招生简章,按照相关法律以及招生简章的规定,实现招生录取的自主,并对招生过程与结果负责。虽然在实践中,高校的招生自主权还存在扩展的空间,高校在承担起对考生解释以及其他相关遗留问题的责任上也才刚刚开始,但随着普通高校招生考试改革的发展,高校的主体地位将得到认同与加强。

从传统的观点来看,考生属于被管理的对象,只能服从相关部门的管理与命

---

① 埃德加·博登海默.法理学:法哲学及其方法[M].北京:华夏出版社,1987:384-385.

令,似乎不属于治理的主体。但随着社会权利意识的复苏,考生及其家庭维护自身合法权利的意识日益高涨,要求增强招生考试的透明度、实现自身的知情权和参与权成为招生考试领域的新气象。同时,这也成为监督高校与相关管理部门合法使用权力,揭露与惩治权力腐败,维护招生考试正义与秩序的生力军。考生不仅是整个招生考试过程中的参与者,而且是招生考试进程的监督者。考生的法律意识,特别是权利意识、维权意识是普通高校招生考试法治进程中不可或缺的内在驱动力。只有考生真正意识到自身的权利,并积极主动地去寻找合理的途径实现正义的诉求,才能真正实现对权力腐败的监督与制约。

四、模式的转变:从管理到合作、服务

随着社会对招考的关注逐渐理性化、考生维权意识以及高校自律意识的增强,政府及其教育行政管理部门应逐渐从管理者向服务者转变。这不仅仅是名称上的变化,更是精神上的再造。服务意味着传统单纯的以层级节制的权力体系和严格缜密的规章制度约束为显著特点的管理不是管理的全部,而是在民主和法制的制度框架内,管理行为更多地强调社会公共利益,强调满足考生与社会大众的信息需求、发展需求与合法利益,保障考生与高校具有相应的知情权、选择权与参与权;服务意味着管理公开、信息公开,管理机构不是管理行为的权威与主宰,必须正视考生、高校、社会在招考过程中的主体地位。因此,招考管理的基点不应是管理者内部一厢情愿确定的、仅仅用来反映管理者的要求和意图,而应是充分听取与吸纳招生考试过程中最大的相关者——高校、考生及其家长的建议;同时,服务还意味着积极地管理,意味着在法律的职责范围内积极主动地提供公共服务。

与服务相一致的是各主体间的合作和参与。各主体全方位的、多层次的合作,构成了尊重与平等对话的基础。管理机关与考生、高校、社会之间的合作以提供服务来实现,而考生、高校、社会与管理机关的合作则表现为配合、监督、参与。"关于合作的观念远比我们用以衡量事物的竞争性的自由自我主张的观念,更接近于今

天的城市生活的现实情况。"①合作事实上已经成为社会发展的主流与共识。"人们之间具有共同的利益关系,因而要求在行动上必须共同协作;人们之间具有不同但却一致的利益关系,因而要求在行动上必须相互合作。"②由此可见,管理机关、高校、考生与社会之间的合作源于法治的根本目的,即维护社会公共利益、维护招生考试改革的公平与秩序;源于社会公共利益一致基础上的各种利益的冲突与平衡。合作不仅是考生与管理者、管理机构的合作,而且包括考生与高校、高校与管理机构、高校与各级招生办、社会之间的普遍的合作。合作不是单纯地配合、服从管理部门的工作,不仅仅是考生在诚信的基础上参与招生考试,高校在遵守法律的前提下履行招生自主权,更为重要的是,各主体合法地享有参与和监督的权利,防止权力对考生合法受教育权的伤害;监督权力积极履行相应的职责,利用权力更好地为社会、高校和考生服务,维护整个招考过程的秩序与和谐;并以主体的身份对招生考试流程提出合理的意见与建议。参与是合作的本质内容,只有积极的参与,才能保证人民的意愿能不断传递给领导者。③ 只有在真正的合作、参与的基础上,考生、考生的受教育权、高校的招生自主权以及社会公共利益才能真正成为管理行为的关注点,而不是被边缘化的管理对象。各级招生办也就不是单纯的管理机构,而是在积极介入招生考试过程的前提下,构成了考生与高校之间的中介、沟通者与协调者;不仅是考生利益的代言人,同样也是高校利益的表达者,为满足双方的共同利益和社会公共利益搭起合作与沟通的桥梁。因此,从根本上说,普通高校招生考试法治秩序的建立是政府、管理者、考生以及社会共同合作促成的道路选择,其所倡导的服务与合作观念与模式的转变,意味着社会公共利益与个人利益的一致,意味着各主体间的尊重、信任与支持。

对普通高校招生考试法治化的理解,人们往往简单地以加强立法和法制建设代替或等同于法治化。立法是当前法治建设的重要内容,但法治化绝不仅仅是法制建设。"法学界、经济学界及其他社会科学界过去十多年的研究表明,法律的作

---

① 庞德.通过法律的社会控制[M].北京:商务印书馆,1984:67.
② 狄骥.宪法论[M].北京:商务印书馆,1962:64.
③ 阿尔孟德.比较政治学[M].上海:上海译文出版社,1987:183.

用被人们大大高估了;社会规范,而非法律规则,才是社会秩序的主要支撑力量。特别是,如果法律与人们普遍认可的社会规范不一致的话,法律能起的作用是非常有限的。"①因此,虽然通过法律的手段调节招生考试中的行为关系十分重要,但并不是所有的行为关系都能够用法律来调节。法律控制不可能是全方位的,而是有条件的、部分的。如果缺乏良好法律意识和职业道德,缺乏必要的物质条件,法制也不可能充分发挥其应有的作用。没有法治的文化环境,法律的作用必然受到限制。招生考试活动本身是一个政策性很强、十分复杂的活动,解决高等教育资源有限与广大人民群众需求日益旺盛的矛盾,处理好情、理、法的冲突,维护大多数人的正当利益,保证招生考试活动的公平、公正、公开,必须综合运用多种手段。

当然,强调法治化与立法和法制建设的区别,并不是否定法制建设的重要性。如果说法治化的实现需要一个漫长的累积与沉淀的过程,那么从我国普通高校招生考试法治化建设的现实来看,建立新的《普通高校招生考试法》是当前的重要任务之一。现阶段加强招生考试立法工作是必然的选择,但仅局限于修改《中华人民共和国高等教育法》是远远不够的,因为它一般主要针对进入高等教育阶段后的规范,较少涉及招生考试,即使在其中也有部分涉及招生考试,也主要是原则性的,缺乏操作性,难以指导高考实践中的法律纠纷和问题的解决。如何建立一部统筹整个普通高校招生考试过程的,兼顾国家、社会、教育行政管理部门及高校、考生等多方面的利益的,并将法治的基本精神(如权利保障、权力制约、程序公正)蕴涵于其中的,具有可操作性、高质量的《普通高校招生考试法》是实现普通高校招生考试法治化的必然途径和现实选择。

---

① 张维迎.法律与社会规范[N].文汇报,2004-4-25.

第四编

高考与科举研究

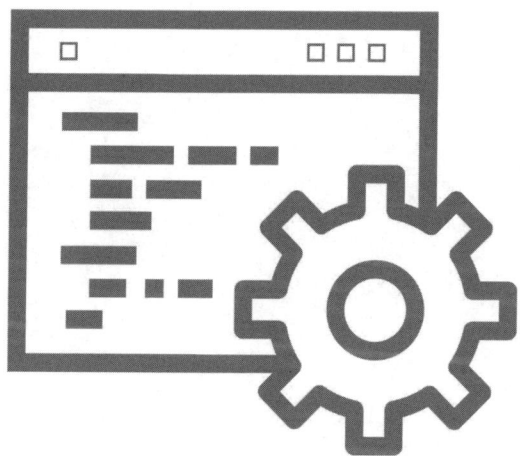

高考政策三十年 *

1977 年冬,全国约 570 万考生参加高考,成为普通高校招生考试的重要转折。三十年来,高考经历了从"欢呼雀跃""奔走相告"到"利弊共存"、甚至被人批评为"人神共愤"的演变,如何对高考三十年进行总体评价与反思成为当前高考进一步改革的基础。本文以高考政策为切入点,试图分析高考政策演变的基本历程与特征,并对高考政策的进一步发展提供理论上的反思与支持。

一、高考政策演变的简要回顾

高考政策自 1977 年恢复高考以来,大致可以分为两个阶段。第一阶段从 1977 年至 1992 年,这一阶段在经历了不断的尝试与探索之后,最终以 1987 年《普通高等学校招生暂行条例》等一系列法令将高考政策固定下来,并基本保持到 1992 年。1977 年,刚刚复出的邓小平主持召开了科学与教育工作座谈会,重新确立了"统一考试、择优录取"的原则,结束了"文革"时期"自愿报名、群众推荐、领导批准、学校复审"的办法,实行"自愿报名,统一考试,地区初选,学校录取,省市自治区批准"的办法,[1]并在以后的发展中,逐渐进行了许多改革尝试,初步形成了"学校负责、招办监督"的录取体制以及学校实行"根据志愿,按比例投档"的录取方法,逐步明确了政府、招生办以及高校在高考管理中的职责;并在实践中形成了定向生制度、少数民族等特殊群体的特殊招生制度、保送生制度等等。考试科目也在 1977 年确定文科考试科目为政治、语文、数学、史地;理科考试科目为政治、语文、数学、理化,1978 年增加了外语,1981 年理工科增加生物并最终固定下来。这一阶

---

* 原文发表于《东南学术》2007 年第 4 期。

① 杨学为.中国考试史文献集成(第八卷 中华人民共和国)[M].北京:高等教育出版社,2003:54-55.

段,针对以前长期强调的历史审查等问题,相关政策摆脱了过去以政治挂帅、以阶级为划分标准的做法,指出只要政治历史清楚,拥护中国共产党,热爱社会主义,热爱劳动;具有高中毕业生或相当于高中毕业的文化水平;身体健康,考试成绩合格即可录取的规定,淡化了政治因素,而代之以个人的思想品德,这对于更大范围扩大招生范围、实现入学机会均等具有重要意义。

第二阶段从 1993 年至今,这一阶段普通高校招生考试制度一直处于频繁的变动与改革中,年龄限制的取消、定向生的规模逐渐缩小、招生并轨收费、保送生制度的改革、自主招生的试验等新的问题与现象已经不是《普通高等学校招生暂行条例》所能够囊括与规范的,高考进入新的改革期。首先,在考试科目上,在会考的基础上,1993 年高考科目试行按招生专业的文理倾向分设两组,文科组为语文、数学、历史、政治和外语;理科组则为语文、数学、物理、化学与外语。1994 年,进行了建立标准分数制度的尝试;1999 年,教育部提出《关于进一步深化普通高等学校招生考试制度改革的意见》,开始启动新一轮高考科目设置改革。1999 年,广东开始试行"3+X"方案,2000 年推广到五个省,2001 年扩大至 13 个省,2002 年全国各省实行"3+X"方案;第二,2004 年,作为高考改革的重要组成部分——分省命题,在上海、北京试行的基础上,增加到 11 省,2005 年增加到 14 省,2006 年则扩充为 6 大区域的 16 省。至此"统一考试、分省命题"的格局已经基本形成;第三,2000 年,教育部在广西、天津、北京、上海、辽宁、四川、重庆、湖北、湖南网上录取试点的基础上公布《普通高校招生计算机网上录取工作试行办法》,2001 年全国网上录取系统基本建成,为维护高考的公平性与公正性提供了有力的保证;第四,随着高校招生自主权在法律上逐渐明确,高校如何在高校招生考试改革中实现自己的权利成为一个重点问题。高校招生简章的法律地位逐渐确定、120%的调档权、预留计划、点招制度、5%自主选拔录取等逐渐稳定。高校,特别是重点高校参与高考改革已经成为当前高考改革的重要内容,上海交大与复旦大学的自主招生改革无疑开启了新一轮改革的先声。

二、30 年高考政策的基本特征

高考政策演变 30 年,可以说改革构成了其基本内容,社会对高考公平、公正的关注则是改革的基本推动力。总的来看,高考政策具有以下基本特征:第一,坚持对弱势群体的照顾原则。对少数民族等特殊群体的特殊照顾,是我国的一贯政策与制度。在高考中,这一原则也得到了充分的体现。高考从本质上而言,在于提供一个机会和途径,让考生能够通过公平的竞争来实现高等教育的受教育权。但究竟谁能实现或者谁能更好地实现受教育权则遵循能力主义原则。但是,仅有形式上的平等,也可能导致实质上的不平等,从而与旨在反对不合理差别的形式平等的宗旨相违背。因此,为了弥补这一不足,采取某些合理差别,促使达到实质上的平等,从而在实质上提供平等发展的条件就是必然的。在高考领域,对少数民族以及残疾考生的特殊照顾一直是高考政策的一个价值取向,少数民族不仅可以在一定情况下使用本民族语答卷,而且享受降低分数投档的政策。而在残疾考生方面,《关于做好高等学校招收残疾青年和毕业分配工作的通知》(1985 年)、《关于进一步做好高等学校、中等专业学校招收残疾青年和残疾学生毕业分配工作的通知》等也为保障残疾考生的合法权益提供了法律依据。当然,随着考试竞争的加剧以及高校招生自主权的扩大,特殊照顾政策也越来越严格,但保护弱势群体的基本受教育权始终是高考政策的理念之一。

第二,从权力集中走向权力分散是高考政策演变的一个典型特征。这主要表现在考试命题权与科目设置权的下放与招生录取权的下放两方面。在考试方面,从 1978 年开始实行全国统一命题,自治区组织考试、评卷的基本模式,而从 1979 年开始,边疆民族自治区用本民族语言授课的高等学校和专业,可不参加全国统一招生,由自治区单独命题、考试、录取;随后 1985 年上海首先获得自主命题权,而 2007 年随着广东、山东、海南、宁夏四省区新课程高考改革方案的出台,自主命题的省区数量将进一步扩大,而且其程度也将进一步加深,并对招生产生了重大影响力。

在招生方面,1977 年实行学校录取,省、市、自治区批准的办法,直到 1980 年才规定"在政审、体检合格的前提下,从高分到低分,参照考生所填志愿顺序,注意相关科目成绩,分段择优录取。在一个分数段内要给学校一定的选择余地"①;1983年则指出各省、市、自治区应给录取院校一定的选择余地,一般应按多于20%的比例提供考生的档案材料;从1984年开始,第一批录取的学校实行"根据志愿,按比例投档"的录取方法,学校则可以在控制分数线内的120%档案数中,择优录取;而从1985年开始,第一批录取学校开始试行"学校负责、招办监督"的录取体制,即在第一批录取学校控制分数线内,调阅考生档案数、录取与否由学校决定,遗留问题由学校负责处理;第二批录取的学校实行"根据志愿,按比例投档"的录取方法②;从2002年开始,高校招生章程的地位与作用在教育部招生考试工作规定中得到确认;2003年北京大学、清华大学等22所高校实行了部分招生计划自主招生,2007年增加到59所,虽然人数不超过学校年度本科招生计划总数的5%,但这也标志着高校自主录取权迈出了重要一步;2006年被称为"破冰之旅"的复旦大学、上海交通大学标榜"高考成绩只作为参考"的完全自主招生模式,虽然引来一些非议,但改革仍在继续,自主招生成为了高考改革的热点问题。

第三,标准上的从宽到严与从严到宽。具体而言,从宽到严体现在高校招生的机动指标、保送生制度以及对特殊人群的优惠政策与优先录取政策方面的变革,反映出高校招生考试改革在社会与法律的监督下逐渐规范化与制度化;而从严到宽则体现在报名资格与体检标准上,从中折射出高考政策以人为本的基本关怀。1984年,教育部发布《关于改革招生来源计划试点工作的通知》,确定南京大学、武汉大学、上海交大等六所院校作为试点,给各校来源计划留了5%~10%的机动指标;1999年教育部在《关于做好1999年普通高校招生工作的通知》规定,具有2%招生计划调节权的78所高校,其2%招生计划调节数,原则上只用于该校在有关省(区、市)按生源计划数的120%调档内的考生;2005年,教育部要求安排跨省招生的本科高校,所预留计划不得超过本校本科计划总数的1%。保送生的政策也反映出这一点。1985年,国家教委决定在北京大学等43所高等学校进行招收保

---

① 杨学为.高考文献(下)[M].北京:高等教育出版社,2003:128.
② 杨学为.高考文献(下)[M].北京:高等教育出版社,2003:227.

送生的试点工作；1988 年，国家教委颁布《普通高等学校招收保送生的暂行规定》，对推荐保送生的中等学校的条件、保送生的条件、高等学校招收保送生的程序作了明确的规定。① 但保送生制度由于缺乏有效的监督，其带来的不良社会影响，也引起了社会的极度不满，要求废除保送生制度的呼声也有相当的市场。1999 年，教育部发出《关于 1999 年普通高校招收保送生的通知》，明确规定除获全国中学生学科奥林匹克竞赛省级赛区一等奖的保送生外，必须参加由教育部统一命题的综合能力测试，并以此成绩作为录取的重要依据。2001 年，教育部对保送生工作做出了"压缩规模、严格标准，严格管理"的规定，保送生制度逐渐规范化。

而在报名资格上，教育部《关于 1964 年高等学校招生工作的通知》规定，一般不再录取已婚学生，此规定一直延续到 2000 年。对此，有人评价说，"当今中国普通高等学校中完全实行的考生年龄限制，在世界上是很少见的"。② 但从 2001 年起，高考取消了原有的年龄（25 岁以下）限制和婚否限制，允许各个年龄阶段的人自由报名参加高考。在 2001 年夏季高考中，有 16265 位 25 岁以上的考生参加了高考，其中 1924 人被高校录取。尽管这与 260 万的招生总规模相比，微不足道，但意义深远。放宽高考年龄限制，使公民平等接受高等教育的权利能够得以实现，同时，也为构建终身教育体系提供了一个制度上的保证。③ 同样，在体检标准上，最初的体检标准对此作了十分严格而详细的规定。从总的发展趋势来看，对考生的体检标准越来越人性化，除了特殊院校、特殊专业有特殊的身体要求外，对考生的身体标准，主要以不影响正常学习、没有传染性疾病为原则。近年来，《体检办法》转型成《体检指导性意见》，反映出教育部希望进一步扩大高校招生自主权的意图，也为进一步扩大受教育权的范围提供了可能。

---

① 刘海峰.中国考试发展史[M].武汉：华中师范大学出版社，2002：355.

② 大塚丰.现代中国高等教育的形成[M].黄福涛，译.北京：北京师范大学出版社，1998：256.

③ 胡甲刚.高考改革的五年回顾与前瞻[J].教学与管理，2003(1)：72-75.

三、关于高考政策的几点反思

政策在宏观上体现着国家的战略目标与意志,在微观层面则体现着规范、引导以及资源分配的重任。高考在 30 年的改革中不断遭人诟病,但也在不断的质疑中不断改革与发展,高考政策在其中扮演了重要的角色。正是在这一系列政策的引导下,高考逐渐形成了基本的制度,如统一考试制度,高校录取、招办监督的招生体制,网上录取制度,对少数民族以及残疾考生、华侨考生等特殊群体的照顾制度,保送生制度,体检制度,建立学生档案制度,信访制度,开展招生工作的科学研究制度,此外,考生年龄限制的取消、体检标准的规范化、考试时间的提前,都反映出政策制定过程中逐步确立了公平、公正与以人为本的基本价值追求。当然,高考改革中的基本问题与两难问题也不断对政策制定提出新的要求,高考移民、高考分数线不统一始终困扰着政策的基本取向;高考的指挥棒作用以及与之相伴随的应试教育和压力问题则呼吁有效的政策进行引导。从高考改革的基本问题出发、反思高考政策 30 年的演变,为完善当前的高考政策及其研究、引导高考进一步改革提供了可供思考与研究的理论问题。

（一）权力分配是高考改革的基本问题，也是高考政策制定的核心问题

自改革开放以来,政府下放权力与转变政府职能成为中国行政改革的一个重点。在高考领域,高校自主权的明确、分省命题的推广都体现了权力下放与重新分配的意图。但一个基本的事实是,高校招生自主权仍然十分有限。如何明确政府、各省考试管理机构以及高校的权力与界线仍是一个需要不断探索的问题。一般而言,宏观方面的管理职能或全局性的关键事务的管理,主要由政府来承担,政府以行政指导和行政服务为主要特征,通过政策制定与推行对高考进行宏观管理;而省级招生委员会及其管理机构主要行使监督权,组织考试实施以及根据招生计划数和考生的考试成绩,综合考虑并确定各批次录取控制分数线的权力,而高校则本着"学校负责,招办监督"的原则,履行招生自主权。但高校在多大范围、多大程度获得招生自主权,以及如何行使招生自主权仍是一个需要不断探索与试验的问题,而这两个问题又是相互关联的,即高校招生自主权行使得好,得到社会的认同,则有

可能在更大的范围内获得更多的自主权,相反如果自主权行使得不好,得不到社会的认同,则自主权的范围也可能相应地萎缩。在实践中,高等学校的招生自主权犹如一把双刃剑,在一定程度上甚至影响了高校参与高考改革的热情,而监督权与录取自主权也往往难以清晰地规定。笔者认为,招生自主权不仅是高校提高竞争力、形成自身特色的重要手段,也是实现政府职能转变与高等学校自治与成熟的表征。但政府职能的转变与高等学校的自治与成熟都是长期的,操之过急与徘徊观望的态度都不利于高等学校与政府良性关系的发展,因此如何引导高校在信息公开与法律监督的前提下,逐渐实现高校招生自主权将是高考政策的一个重要内容。

(二)改革是30年高考政策的基本主题

1990年代以来高考政策频繁变动,一方面反映出随着个体利益意识的觉醒以及利益要求的多元化,社会大众对高考日益关注。但是,另一方面也隐含着政府对改革的方向与目标,还缺乏深思熟虑的考量与计划。政府如何制定相应的政策以指导高考改革走向深入,如何推动高校自主权的扩大,其具体的目标究竟应该是什么,政府、各省考试管理机构、高校之间的权力边界应该如何合理划分,高考与素质教育的症结应该如何有效地逐步解决,政策如何在个人利益、政府利益与公共利益,长远利益与短期利益,经济目标与政治目标之间取得平衡,这些基本理论问题都需要政府根据社会发展的要求以及考试发展的内在规律进行权衡,确定长远目标与计划。否则,政策必然左右摇摆或者被特定的利益阶层左右,无法兼顾不同社会群体的利益,最终也失去了其对高考改革的指引意义。

此外,政策频繁变动也影响了政策的权威与严肃性,影响政策的执行。对于高考而言,频繁的政策变动将带来不良的后果。以科目设置为例,高考科目既要克服偏科导致的知识结构不完整的现象,考虑大学不同专业对新生的基本要求,也要处理好中学生负担过重的问题,因此,科目设置对中学教育、对人才的质量都将产生重大的影响。高考科目一旦确定下来,应保持一定的周期,以免影响中学的正常教学秩序。当然,政策的稳定总是相对的,强调高考政策应在一定周期内保持不变,并不意味着反对政策,应根据具体的情况适时调整与改变。需要反思的是在坚持改革的同时,如何避免为改革而改革的简单逻辑。改革总是需要付出一定成本与代价的,为改革而改革往往造成极大的浪费。因此,采取慎重的态度稳步推行改革应是高考政策的基本取向。

（三）加强高考政策研究

开展对高考政策制定、执行与评估等方面的研究对于指导我国高考改革的推进与创新、提高高考政策的科学性与有效性具有重要意义。实事求是地说，当前关于高考政策的研究才刚刚起步，如何通过科学的研究，确定高考改革的基本价值与方向，制定合理的政策，帮助高考政策的推行，决定政策的延续、革新或终结，并对高考政策过程的各个阶段进行全面的考察和分析，总结教训，吸取经验，为以后的政策实践提供良好的基础，不仅有助于管理部门制定、补充、推进、修正和完善高考改革的具体步骤、程序以及方向，而且有助于建立政府与公众之间良好的合作关系，为高考改革和政策的制定与推行提供良好的社会环境。研究意味着理性而客观的建设性态度，意味着开放的、接纳的、民主的态度，它要求研究者既要摆脱仅仅为政府的决策提供智力支持的研究途径与模式，又要避免情绪性的批评与偏激的言论。中国的高考改革不仅是一个理论问题，更重要的是一个实践问题，因此，理想化的改革固然为高考改革提供了可供畅想的远景，但根植于国情的稳健才是现实的选择。如何在吸收公共政策学的研究成果的基础上，结合高考研究的特殊性，把高考政策研究作为一项经常性的制度纳入主管部门与决策部门的工作日程将是十分有意义的。

高考改革反思录[*]

高考改革,永远是一个大众话题,同时也是一个涉及社会稳定与发展的社会问题和政治问题。高考的复杂性,牵涉利益的广泛性,在中国社会转型、利益多元的背景下,高考改革何去何从的问题尤显突出。[①] 从这一角度而言,我们必须站在中国社会发展的时代特点上重新反思高考改革的去向,对改革的基本理论问题进行理性、客观、建设性的判断与选择。

一、通过不断的反思推进高考改革

事实上,高考在近 30 年的改革中不断遭人诟病,在不断的质疑中不断改革。我们对此应该有客观的认识。高校招生考试改革作为一个利益重新分配的过程,最重要的还是来自于既有的和未来的利益关系方面的制约。高校招生考试改革的难与易的问题,都往往与此有关,而正是人们对各自利益的追求构成了改革的动力、压力和阻力。社会上的每个人可能都认为高校招生考试制度应该进行改革,每个人都可能称自己为改革派,但每个人都可能根据自己的特殊利益或从自己所处的特殊地位出发,提出符合各自需要的改革方案——每个人都希望改革能变得对自己更为有利,并用制度的方式把自己的愿望和要求固定下来。结果人人都要求加快改革,但各有各的含义。[②] 从这一角度而言,能满足所有人愿望的理想的高考改革并不存在。

当前,高考的关键不是存废的问题,而是如何改革的问题。要探讨如何改革,就必须在改革的基础上不断反思,从历史的角度审视、总结恢复高考以来,高考改

———————————

[*] 原文发表于《江苏高教》2006 年第 4 期。

[①] 覃红霞.法治招考的内涵与意义[J].考试研究,2006(02):19-28.

[②] 覃红霞.法治招考的内涵与意义[J].考试研究,2006(02):19-28.

革近30年的得与失。近30年高考进行了不懈的改革与努力:考生年龄限制的取消,体检标准的规范化,保证了绝大多数考生平等的受教育机会权;考试时间的提前从考生的角度出发,体现了高考改革以人为本的基本关怀;"3＋X"的改革虽历经坎坷,却已基本取得共识,为纠正偏科,推行素质教育打下了一定的基础;网上录取的基本普及,不仅节约了录取成本,而且净化了高考录取环境,维护了社会的公平与正义;自主招生与自主命题改革也未尝不是高考体制改革、实现考试录取多样化的先声;即使春季高考以失败告终,却也为二次高考、推行分类考试打下了实践与理论研究的基础。当然,其中也存在许多不和谐的声音,高考移民、高考分数线不统一始终困扰着高考改革的进一步推进;时有发生的高考舞弊、招生舞弊事件挑战着高考的运行环境与权威性;弱势群体逐渐处于改革与竞争的不利地位,高考的公平性与社会正义不断遭到质疑;高考的指挥棒作用以及与之相伴随的应试教育和压力问题,学生个性不足、负担过重,因为学习压力过重或者高考落榜而自杀的现象屡有发生。这些直接导致了对高考改革持续性的批判,其中不乏要求废除考试的声音和情绪化的发泄,但这种批判不应该导致对30年高考改革整体成就的负面评价;漠视高考30年改革的成就与努力,并不是实事求是的、客观的、全面的评价态度。

我们反对对高考改革的简单化评价,并非漠视高考改革中的问题。高考改革必须与中国社会改革齐头并进,通过不断改革来解决改革中的问题,通过不断的反思推进改革的发展。这种反思本身就意味着理性而客观的建设性态度,意味着开放的、接纳的、民主的态度,这意味着应该允许大众参与这一改革的探讨之中,倾听他们的意见,即使是学者眼中所谓"情绪化"的而非建设性的发泄,也有其存在的价值与合理性。关键是如何从这种情绪化的背后发现改革所带来的利弊,并使之成为进一步研究高考改革应该认真总结与研究的重要问题。实事求是地说,高考改革中的很多问题,是中国当前社会转型过程中的两难问题,是考试实践千百年来的基本问题。竞争性与选拔性是高考指挥棒产生重大作用的重要根源。高考改革最终要落实到高等教育优质资源的丰富,教师素质的提高,社会观念的变革,学生及其家长理性意识、理性选择的增强等问题上,同时也离不开高考内部考试技术的不断提高,招生理念的不断进步。我们需要从社会的大环境出发,摆脱为改革而改革以及局限在高考内部谈改革的思维方式,充分考虑到社会用人环境、教育体制、教育思想观念等政治、经济、文化因素与时代的制约,在坚持社会正义与公平的原则下,两利相权取其重,两害相权取其轻。

二、借鉴国外的经验,研究中国高考改革的特殊性

我们在研究高考改革的时候,存在一种简单的习惯性的思维,即注重介绍和研究国外的经验与模式。我们在试图移植的过程中,似乎忘记了研究中国的高考改革问题需要扎根于中国自身的国情与基本特征。中国的高考改革不只是一个理论问题,更是一个实践问题,需要我们研究我们自身的问题,研究中国的高考在当前的运行中如何改革与发展的问题。毫无疑问,研究国外的招生考试制度,特别是美国的招生考试制度,对于当前的高考改革和高考研究有着重要的意义。但研究如果仅限于粉饰某国某时的招生考试模式,以从其中抽象出的一般原则作为真实的运作模式则是不足取的。研究高考改革的目的最终是为了指导我们的实践,而不是构建一个高高在上的、遥不可及的、从别的国家抽象出来的高考模式作为理想的范本。或许有人会质疑这样的研究和改革永远只能停留在当前,似乎放弃了我们高考改革的理想与追求,遗失了我们的终极目标与理性设计。我个人认为,高考改革并不存在一个先验性的范本,理想与追求本身就是由不同的研究者、不同的利益群体、不同的个体以及我们的社会、我们的政策制定者、执行者与监督者通过不同的形式参与高考改革的研究与选择共同构成的。如果我们一定要追问究竟什么是高考改革的理想与最终追求,那也绝对不是一个具体的改革方案与模式,更不是一个简单的美国抽象模式,而是永无止境的对公平、公正与有效选才的价值追求。

我们在借鉴与移植国外高考模式的过程中,需要有一定的选择标准。各国的国情和模式都不一样,这种差异根植于各国不同的传统、政治经济文化等因素,构成了我国高考改革的特殊性环境与特殊性问题。我们需要从中国高考的特殊性出发,选择适合我们的模式。正因为如此,在美国行之有效的制度在中国可能却是遭到失败的“滑铁卢”。杨福家先生在谈到中外高等教育之差异时曾指出,美国的高考自有一套运行系统,名校在招录学生时,除了表面上的参加 SAT 考试、高中实行

学分制、中学平均成绩达到 B,推荐信以及面谈之外,事实上名校自身严格的淘汰制度同样是一个很重要的保证,这意味着个人在做出选择时,必须理性地根据自己的能力选择与之相匹配的大学,否则,如果学校的水平高于自身的学习能力,即使开后门进去,也是自讨苦吃,过一年你就得自动"下岗"。① 由此可见,高考制度本身只是教育制度中的一环,如果单纯就高考来谈高考改革,往往只能追求形式上的相似,但在实质上却大相径庭。我们并不反对,中国的高考改革参照美国的高考理念,也不反对高考改革中适当加入平时成绩等多方面的内容,但需要指出的是,这样的改革必须有与之相匹配的教育、社会多方面的改革为基础,方能行之有效。单纯从形式上模仿美国高考,并不能真正实现中国高考改革的目标,抽象地大谈美国高考的推荐信制度、参考中学成绩制度不仅忽略了美国高考制度的特殊性,也忽略了中国高考的特殊性。美国的高考事实上是把走后门的问题解决移交到个人的理性判断与教育制度中严格的淘汰制度来实现的,在中国如何解决这一问题仍是在借鉴美国高考制度时需要慎重考虑的最重要的问题之一。单纯地模仿美国所谓的推荐信制度、平时成绩排名制度,而忽略了其他有效的保障制度和社会环境,在高等教育的"宽进严出"的制度无法实现,在中国人情社会的条件下,不仅无法有效推行,还可能导致高考改革的退步与失败。

三、改革的关键是制度建设

高考在坚持内容改革、形式改革的同时,加强制度建设是改革的关键。制度对于高考改革的发展与完善具有全局性的影响,起着长期的、整体的规范作用。制度理念的匮乏和制度建设的贫弱是高考改革过程中最大的风险因素。近年来,随着政府职能逐渐从全能型政府向有限型政府,从管制型政府向服务型政府转型,高校招生自主权逐渐扩大,考生及其家庭的维权意识也逐渐增强。如何在社会公共利益、高校、招办、考生的合法权益之间寻找有效的制度管理机制,如何维护高考的秩序与公正是高考改革的重要问题。作为集权力与利益诱惑于一身、承载考生命运

① 杨福家.漫谈中外高等教育之差异[J].求是,2003(11):44-46.

的高考制度而言,一旦失去制度的统制,其运作也势必会趋向无序与非正义,危害社会的稳定与发展。

首先,制度建设必须树立正确的科学理念。其一,公平性是高考得以立身与延续的重要因素。保送生制度的异化,说明缺乏公平性的改革必然被唾弃。但公平总是相对的,对公平性的追求,不能超越时代的制约,毕竟绝对的公平是不存在的。因此,我们对公平的追求也应该承认合理差异的存在与正当性。不同阶层、不同的个体在享受有限的高等教育资源上的机会必然存在差异,关键是这种差异应该保持在合理的限度内,为弱势群体提供一条能够凭借自身的天赋获得受教育机会的渠道。其二,高考作为分配高等教育机会的重要手段,事实上已经成为区分个人经济、社会地位的一道"分水岭"。综观这一基本制度的运行机制与流程,不仅牵涉着考生权利(特别是受教育权)的实现,也涉及教育行政部门管理权与高校招生自主权的行使与实现。各种利益相互交织,代表不同利益的群体相互博弈,在某种程度上促进了高校招生考试制度的不断发展与完善,同时也增加了改革的难度。因此,对高考改革应报有渐进改革、平稳过渡的理念,充分调查与论证,大面积推广须慎重,处理好公平与效率、改革与发展、统一与多样的平衡问题,综合考虑各阶层,特别是弱势群体的利益,合理取舍。

其次,制度建设应该确立权力监督与权利保护的原则。权力的存在不仅关系到整个高考过程的公平与公正,而且关系到考生受教育权利的实现。权力的公共性要求考试管理必须秉持公平、公正的原则,维持考试的秩序;但是,高考过程中权力的行使总是由国家和社会通过法律的形式委托给某个部门、某些个人来实现的,与某些部门利益、个人利益相联系。这意味着被授予考试管理权的团体或个人,总是面临着滥用权力、谋取私利的诱惑,博登海默称之为"附着在权力上的咒语——它是不可抵抗的"。[①] 因此,加强对权力的制约与监督是高考管理的必然要求。我们鼓励对高考进行尝试性的改革,但是我们在进行改革尝试的同时,必须真正保证权力始终处于监督之下,保证报名、面试、录取等诸多环节的公开、公平与公正,保

---

① 博登海默.法理学——法律哲学与法律方法[M].邓正来,译.北京:中国政法大学出版社,2004:376.

障考生与家长的参与权和监督权,保障考生的合法权利受到损害时,有相应的信访制度、仲裁制度与救济制度提供救助。

最后,制度建设要整体规划,建立新的《普通高校招生考试法》是当前的重要任务之一。有人认为,当前招生考试中的种种问题只需修改《中华人民共和国高等教育法》(以下简称《高教法》)即可,"修改《高教法》可以涵盖招生方面的,有没有必要专门制定一个《招生法》,很复杂,需要研究"。[①] 但是,《高教法》是主要针对进入高等教育阶段后的法律规范,比较少涉及招生考试,即使其中也有部分涉及招生考试,主要也是原则性的,缺乏操作性,难以指导高考实践中的法律纠纷和问题。从当前我国普通高校招生考试法制建设的现状来看,我国虽然已经制定了相当数量的有关招生考试的法律、法规和规范性文件,但还不成熟,具有暂时性的特点,可操作性较差。如何顺应社会时代的要求,针对高校招生考试的发展与需要,制定一部统筹整个招生考试过程,兼顾国家、社会、教育行政管理部门、高校、考生等多方面的利益,具有可操作性,对招考过程中体检制度、报名制度、录取制度、监督制度、公开制度、招考的基本程序与权限范围、发生纠纷时的信访或仲裁以及救济制度上升到法律层面进行规范的《普通高校招生考试法》,是当前的必然选择。[②]

---

① 郑超.委员建言立法遏止招生腐败[N].北京娱乐信报,2005-03-08.
② 覃红霞.法治招考的内涵与意义[J].考试研究,2006(02):19-28.

大众传媒与高考互动关系研究[*]

当前,高考已经成为大众传媒所关注的焦点,对高考这一重大事件进行重点解析,成为大众传媒产业的发展策略之一。每当高考来临,从考前的招生信息,高等院校的专业与学校排名,到考试的走向预测,考试的结果预测,专题新闻,专家评论,追踪报道,实地采访,所有高考对象可能关心的信息,传媒全部各显其能地展示出来。由此可见,高考制度为大众传媒提供了丰富的素材,反过来,传媒的广泛关注,也给高考带来了新的变化与发展。考察、分析传媒产业与高考之间的关系及其影响,将有利于高考与传媒之间的进一步联系,从而为高考的进一步改革提供集思广益的渠道。

一、高考与大众传媒

作为信息传送载体的大众传播媒介,通常被简称为大众传媒,它包括报纸、广播电台、电视台、计算机网络等。[①] 大众传媒与高考的结合,有其必然性。作为高校选拔合格新生的有效手段和公平尺度,高考不仅是一种大规模的教育考试制度,而且是一项具有广泛影响的社会制度。高考从其诞生之日起就与社会政治、经济制度有着千丝万缕的联系,它既受政治、经济、教育、文化等因素的制约,又能动地促进和推动社会的发展,[②]同时还与人民生活息息相关。正因为如此,作为我国社会中的一项相当重大的事件,大众不仅需要更广泛、更及时地了解有关高考的信息,而且也有权利参与高考改革中。也就是说,高考需要大众传媒为其提供信息交换的平台。

---

[*] 原文发表于《江苏高教》2005 年第 1 期。

① 刘华蓉.大众传媒与政治[M].北京:北京大学出版社,2001:1.

② 刘海峰,李立峰.高考改革与政治经济的关系[J].教育发展研究,2002(06):34-38.

而大众传媒适时把握了这一契机。首先,大众传媒在技术不断创新和发展的过程中,日益吸纳和应用高新技术,使得传播方式的交互化和互动性得到前所未有的发展。传播者对受众的需求、兴趣和反应做出回应已经逐渐实现从"非即时式"向"即时式"质变。这意味着传媒有能力适时、及时地反映受众对高考信息的各种需求。其次,针对高考这一中心事件而言,大众传媒具备了自己独有而又广泛的受众系统。这一系统包括了制定高考制度的国家教育机构,参与高考的学生群体,负责招生工作的高等院校机构,以及由考生群体附带的社会家庭群落以及热心于教育和社会事业的普通群众。可以说,几乎全体社会成员都与高考有着直接或间接的联系。大众传媒在选择高考的切入点时必然会考虑高考本身所涉及的社会群落,将之当作传媒信息发散的对象,而这些对象(包括考生、考生家庭、教育部门)就成为大众传媒所承载的高考信息的潜在消费对象。可以看出,这一对象的潜在范围是非常巨大的。而对于作为一种商业企业的大众传媒产业而言,这一巨大的市场就意味着巨大的利润。追求利润的商业本能会促使传媒产业从方方面面来接触"高考",报道"高考",从而潜在地影响着"高考"。最后,当前高考对于大多数人来说,仍然是改变命运的有效途径,大众仍然普遍存在"望子成龙"的心理,与之相对的是,我国高等教育还远远没有进入普及化阶段,高等教育仍然是相对稀缺的资源。因此,对高考各层面的关注和报道大都能迎合大众的需求,成为热点话题。所以说,无论是高考选择传媒,还是传媒对于高考的承载,是有其必然的基础与内趋要求的。

二、高考制度需要大众传媒

当代媒体具有告知、启迪、监督三大社会职能。[①] 具体针对高考而言,所谓告知,即以快速和准确有序的编播整合向受众传递密集而有效的高考信息,满足受众普遍的信息需求,如针对高考政策、高考时间、内容、形式的及时宣传;所谓启迪,即以透彻的分析对当前各种高考的现实、问题进行理性而又通俗的解释,以解受众之

---

① 展江.中国社会转型的守望者[M].北京:中国海关出版社,2002:1.

惑;所谓监督,即媒体代表公众的根本利益,以高瞻远瞩的眼光和准确、尖锐的曝光揭露唤起公众对高考中的不公平、腐败、阴暗现象的警醒与正视,净化高考社会环境,维系高考机制的正常运行。大众传媒在关注高考的同时,也积极地促进了高考的改革。以保送生制度的发展为例,1984 年,中国出台了高考保送生制度,其初衷是防止优秀的学生因为在高考中发挥欠佳而进不了大学。但高考保送生制度也为腐败"开了大口子",并有愈演愈烈之势,致使大众对保送生制度产生了不满情绪。大众通过传媒促使社会乃至国家重视高考保送生制度的改革,许多省份取消了保送生制度。部分省市虽然保留了保送生制度,但与以前的操作程序已经有了很大的改变,强化了传媒的监督作用。① 此外高考时间、高考内容、高考形式的改革几乎都与媒体的关注与推动有关联。

随着传媒产业的进一步发展,人民群众关心教育,关注教育改革的趋势也在明显增强。特别是现代信息技术的发展促进了文化、知识、信息的传播,在互联网上,大众可以用匿名方式,通过对话、协商、辩论、揭露批评等形式高效地传递有关高考的信息和建议,为政府与公众之间、公众与个人之间、有关官员与考生及其家长之间搭起了沟通的桥梁。可以说,在宣传、引导与监督方面,传媒为高考制度的改革探索,贡献了很大的力量。

传媒对高考的关注不仅适应了大众对信息的需求,更为重要的是适应了高考制度的需要。孟德斯鸠曾指出:"一切有权力的人都容易滥用权力,这是万古不易的一条经验。有权力的人们使用权力一直遇到有界限的地方才休止。"②高考作为分配高等教育资源的重要手段,与权力有不解之缘。"中国人做事向来考虑'天理、国法、人情'三个方面,人情与关系在中国社会生活中往往起着十分重要的作用,甚至出现'人情大于天'、'人情大于法'的现象,一般人办事的习惯,首先是考虑能否找找熟人走走关系。"③当某些"权力寻租"行为与中国古老的"走关系"意识相结合的时候,腐败、不公平、不公正就不可避免了。正因为如此,我们在加强法制建设的同

---

① 保送生制度讨论[EB/OL].(2001-01-01)[2004-10-22].http://www.edu.cn/20010101/2849.shtml.

② 孟德斯鸠.论法的精神(上)[M].北京:商务印书馆,1987:154.

③ 刘海峰.中国考试发展史[M].武汉:华中师范大学出版社,2002:483.

时,也需要加强监督,特别是媒体的监督。英国有句古老的法律格言:"正义不但必须伸张,而且必须以看得见的方式伸张(Justice must not only be done,but must be seen to be done)。"大众传媒正是以大众所看得见的方式将许多阴暗面曝光,在一定程度上净化了高考环境。

三、大众传媒对高考制度的影响

沃尔特·李普曼在其经典著作《舆论》一书中写道:人们对自身所处世界的认识往往不是来自直接观察和亲身体验,而是依赖他人或大众媒介提供的有关情况。因而,在个人与现实环境之间就出现了"伪环境",人类的行为通常只是对"伪环境"做出反应。这是因为媒介在展示"社会现实"的过程中,包含了主体的意志、情感、态度,因此即使主体力求对客体,亦即媒介力求对社会有一个准确客观的"展示",但因主体能动性的渗入,将对媒介所反映的"符号现实"与社会现实的一致性有所影响。这就是说,个体作为传媒受众,在一定程度上是通过传媒的"眼睛"去关注事件的发展,个体受众对传媒的依赖在相当程度上体现为对主流媒体的确信不移,往往会因媒体对事件的不同价值取向而发生转移,尽管传媒的这种取向并不一定就是完全自觉的。如关于对"高考录取分数线不统一,录取标准反差很大"的问题,许多媒体在抓住这一大众所关心的热点问题时,仅仅围绕着这一事实进行浅层次的现象报道,却忽略了对绝对公平的追求是不可能实现的这一基本事实。近20年来的普通高校招生考试制度一直处于频繁的变动中,但仍屡遭非议;废除高考的声音,从来没有停止,这与部分媒体的宣传、引导不无关系。我们承认废除高考的观点的确反映了部分民众对高考制度弊端的不满情绪,但中国从荐举制、科举考试制度、科举考试制度废除到高考制度重新确立的历史,已经证明对高考制度的"改良主义"比"激进主义"更适合中国的国情。事实上,很多媒体报道的观点并没有充分挖掘高考制度本身的复杂性,在关注高考制度的缺陷时,并没有充分考虑高考制度的优势。这显然是传媒报道的一个缺陷。

大众传媒既是社会信息的过滤器,又是信息的放大器。一定的新闻事实一经大众传媒报道,就不仅成为经过选择的有代表性的个别事实,而且经过传媒的放大成为具有普遍意义的一般事实,并在社会层面上产生广泛影响。① 这种"媒介拍一、公众拍一"的现象,成为现代舆论学的新景观。② 而为了追求利润,吸引受众目光,在对高考内容加工的过程中,传媒也存在夸大事实,猎奇追新,甚至虚构的情况。在报道中,忽略事件的全过程以及背景,忽略报道的整体性和全面性就成为媒体报道高考中常见的一种现象,也成为大众传媒自身难以克服的一大缺陷。在这种情况下,媒体对高考的有侧重的报道可能在读者或观众中形成并不准确和客观的判断,误导公众舆论。③ 少数传媒利用手中所掌握的宣传资源,在没有完全掌握事情真相的时候,就轻易下结论,使很多事情更加复杂。更有媒体为了制造新闻效应,侵犯隐私权,妨碍有关部门执行公务,致使有关部门及其人员发出"谁来监督媒体"的疑惑。而这些情况的出现,对于高考制度的负面影响,也是不言自明的。

四、大众传媒与高考的良性互动

大众传播媒介承载着现代舆论生成形态的舆论环境。④从某种意义上说,大众传媒与舆论的形成是共生的。而大众传媒与高考的互动作用,归根到底,还是在于大众传媒发现、反映、引导、组织社会舆论,从而集思广益,为高考制度的进一步发展和改革提供舆论环境和智力支持。因此,要使高考改革真正深入人心,要使大众真正参与高考改革中,要形成一个健康而积极的环境,就必须正视大众传媒的作用,利用其优势同时努力消除其存在的误区。

一方面高考改革需要大众的支持,因此需要大众传媒的宣传与监督,从而营造一个健康、积极的环境,塑造大众正确理解和面对的心态;另一方面,大众传媒自身存在的缺陷也使大众传媒在传播的过程中存在一定的偏差。这一对需要与缺失的矛盾,成为高考与大众传媒之间的基本矛盾。解决的关键在于一方面专家与学者要加入到媒体中去,引导和提升大众了解高考、关注高考、参与高考改革的热情,开

① 夏文蓉.浅谈大众传媒导向作用的发挥[J].新闻前哨,1999(4):5-7.
② 麦奎尔.大众传播模式论[M].上海:上海译文出版社,1987:23.
③ 刘华蓉.大众传媒与政治[M].北京:北京大学出版社,2001:1.
④ 胡远珍.大众传媒舆论形成分析[J].湖北大学学报(哲社版),2002,(4):95-97.

辟集思广益的渠道;另一方面传媒工作者也需要提高专业素养,拓展知识背景,真正成为大众、专家与学者以及高考的媒介。大众传媒在不断的演进中,虽然仍然有媚俗的一面,但也并不排斥高层次的知识和智慧型节目,这种趋势甚至已经成为传媒界新一类的商业模式。而就高考这一话题而言,许多大众关注的热点话题,同时也是学术界所关注和研究的热点问题。虽然从学理方面分析,许多问题不乏枯燥而深奥,但作为学术精英,他不仅需要关心高考的理论研究,还应担负起普及、交流和宣传高考改革各层面内容的任务。学术从精英走向大众是可能也是可行的,高考研究的理论专家走向大众传媒,成为"文化明星"也是可能和可行的。而对于大众传媒来说,从事学理研究的精英分子的加入,无疑在加速了自身的建设,同时也能有效地提升自己固有的审美品格。经过专家的讨论与分析,不仅可以帮助大众更好地了解事情的真相,而且使大众能正确对待和反思事件背后所隐藏的有关高考的法则和标准等问题。

如果说,对于学术精英分子走入大众传媒需要"学术下移"的转换,那么对于大众传媒工作者而言,倡导学术理性、提高学术素养、增强法律意识也是必须的。社会的进步、技术的发达以及受众品位的提高,要求传媒工作者应成为某一专业领域的内行,做一个学者型的传媒工作者,更重要的是养成学术的、理性的思维能力,用"学者化"的深邃洞察力去观察社会、提炼素材,从而使传媒传播更具理性深度,在宣传、导向以及监督的职能行使过程中把握正确的方向。大众传媒根本的目标并不是仅仅囿于闲事,讨公众的欢喜,而是要超乎其上,要为公众和社会创造一种理智的思维空间。以新闻理性来建构社会的理性。① 从有关高考的热点问题来看,其中不仅涉及公平、效率等学术问题,还关系到当前中国社会的现实,经济、政治、教育等问题紧密联系在一起,形成一个复杂交错的问题。如果媒体工作者只考虑到大众的情绪,忽略了其中高考问题背后深刻的历史和社会原因,那么必然就会放弃传媒正确引导大众舆论的职能,变得盲目而情绪化。这不仅不利于高考的改革与发展,而且不利于社会的稳定和经济的发展。

---

① 赵振祥.论在新闻界倡导学术理性的必要性[C]//满运来.传媒思考新世纪.北京:同心出版社,2000:407-408.

科举学的法律视角[*]

——以《钦定科场条例》为例

　　科举学,作为一门以中国和其他东亚国家历史上存在的科举考试制度及其运作的历史为研究对象的专学,天然地与跨学科研究紧密相连。作为科举学的倡导者与践行者,刘海峰教授曾多次专门撰文论述科举学与历史学、教育学、政治学、文学、社会学的关系,并将历史学、文学、教育学方面的科举研究作为科举学的三大支柱学科。[①] 比较而言,从法学的视角进行科举学的相关研究,无论在研究人员还是研究成果上,都稍逊风骚。值得指出的是,科举制度在一千多年的演变中,不仅为后世留下了丰富而严谨的科举法规文本与案例,而且通过这些法律文本与判例将秩序、公平、正义等法律精神深深刻入了考试治理与民族性格之中,因此,有必要将科举法纳入科举学的分支研究之中,并探讨从法律视角研究科举学的意义、内容及其价值。

一、科举法制与科举学

　　任何制度的形成与完善离不开相应的保障机制。科举制度的发展与成熟依赖于法律的完善与保障,同时,科举法规的完善与科举制度的发展也有着相同的脉络与经历。唐代,科举法规仅散见于律、令中,主要内容则涉及"贡举非其人""应贡举而不贡举""废举者"等。至宋代,皇帝颁布的有关科举诏令日益增多,形成了《天圣礼部考试进士敕》《至和贡举条制》《熙宁贡举敕式》《政和新修御试贡举敕令格式》《绍兴重修贡举敕令格式》《绍兴重修贡举敕令格式》[②]等涉及科举考试的法律法规

---

　　*　原文发表于《厦门大学学报》(哲学社会科学版)2010 年第 5 期。

　　①　刘海峰.科举文学与"科举学"[J].武汉大学学报(人文科学版),2009(2):176-182.

　　②　郭东旭.宋代法制研究[M].石家庄:河北大学出版社,2000:72.

的编敕。宋真宗景德年间连续下令,详定《考校进士程式》《亲试进士程式》等。[①]
值得一提的是,宋代在司法制度上,开始了皇帝亲自审问科举案的先例。宋太祖时
期,太祖亲审李昉一案。这是皇帝亲自处理的第一个科场案,也是殿试制度成为常
制的开始。[②] 元代,《大元通制条格》中专门收录了《学令》,包括了会试录取各省人
数、考场规则、仁宗皇庆二年颁布的关防条目和考试程序等科举法条。[③] 其中皇庆
二年(1313)诏书基本奠定元朝科举制度的原则精神和方法,对科举考试的时间、层
级、报名者年龄、道德要求等多方面做出了详细规定,并专门拟订了惩罚措施。《皇
庆诏书》颁发后,中书省根据诏书精神,对主考官的条件、规格、人数、试卷要求、弥
封制度、誊录制度、回避制度、应举人的资格与健康条件等做出了具体规定。明清
时期,科举制度逐渐稳定与成熟,而科举法规也在这一时期更加丰富而完善,并且
逐渐独立编制形成了专门的科举法规。1384 年,明太祖命礼部颁布了《科举集
成》,总结科举制度的经验,成为我国第一部最完整的考试规则,[④]至清朝终于蔚为
大观,形成了独立编撰的六十卷《钦定科场条例》以及《续增科场条例》和专门的《兵
部题准武场条例》。这些法律法规的意义不仅在于其主题本身,还向人们展示了简
明而丰富的例证,揭示了科场管理的基本构架、古代科场制度演变的基本规律和内
在逻辑,并为研究者提供了不同研究视角的可能性。

　　从当前已有的研究文献来看,从法律视角研究科举学,有两种不同的研究范
式。最常见的范式是从科举制度的视角出发,分析科举法规的制度选择与安排,探
讨防弊制度的演变与规律、考证科场案的历史真实与影响、考察科举人物在科举案
中的命运、科举法规对于科举制度的价值与意义,进而形成当前考试法制建设中的

---

① 刘虹.中国选士制度史[M].长沙:湖南教育出版社,1992:226.

② 刘海峰.中国考试发展史[M].武汉:华中师范大学出版社,2002:81.

③ 郭成伟点校.大元通制条格[M].北京:法律出版社,2000:72-81.

④ 这些规则包括:科举为国家考试,由政府承办;考试分二级进行;固定考试日期;考生资
格及其审查;考试科目、内容、标准;题型;试卷格式;考试场次及其时间;考场规则;保密措施;评
卷规则;复试;政务管理人员的设置及其职责;中举条件及其评定办法;中举者的功名、庆典、任
官以及舞弊惩治等。参见杨学为.漫谈科举考试[J].教育研究,1989(11)。

需要解决的问题与借鉴启示。① 这样的研究注重从科举这一特定的研究对象出发,关注法律文本的解读与防弊制度的变迁,从而将科举法制研究纳入科举学的研究范畴。另外一种范式则是从法学的角度出发,分析科举法规的法律特征和法律问题,探讨科举法规中体现的法律原则和法律思想、运行中的法律问题,进而形成科举法规的法律特征与法律地位。② 在这种研究范式下,科举法规作为中国古代法律的重要组成部分,充分体现和反映了古代中国法律文化的基本特色和基本规律,科举制度与法律文化的融合最终形成了中国古代法律儒家化的基本特色。也有研究者探讨明法科的历史发展、明法科与律学教育以及科举制度、法学教育与法律人才培养之间的关系,③他们认为由于科举历来重"进士"科,使主要选拔法律人才的明法科日渐式微且至元朝终被废除,加剧了古代司法实践中以儒家经义代替法律的倾向,造成了司法官员法律素质普遍低下,在清代由刑名幕友把持司法的局面。不过,也有研究者指出,虽然明法科被废除,但有关法律的考试内容仍在继续,

---

① 刘海峰.科举学导论[M].武汉:华中师范大学出版社,2005:280-307;邓嗣禹.中国考试制度史[M].上海:考选委员会商务印书馆,1936;曾绍东.法律与社会:晚清科举考试法规评析[D].南昌:江西师范大学,2003;李世愉.清代科场回避述略[J].学习与探索,2002(5):211-214;胡艳.历史的沉重:科举考试的腐败与惩治[J].中国教师,2003(1):26-27;李国荣.清代对科场关节作弊的防范与惩处[J].故宫博物院院刊,2007(2):127-136;杨随平.明清科场舞弊的防惩举措与科举制公平原则[J].历史档案,2008(2):51-54+62;谢俊美.科场整肃与晚清吏治[J].盐城师范学院学报(人文社会科学版),2007(3):115-117;周伟华.形形色色的明清科场作弊[J].文史天地,2008(4):49-52;张学立.从"枪手"看清代科场枪替活动的市场化倾向[J].史学月刊,2004(3):43-47;胡雪艳.乾隆九年顺天乡试案[J].黑龙江史志,2009(12):31-32;杨继辉.唐寅科场案详考[J].苏州教育学院学报,2007(2):30-33.

② 曾绍东.论晚清科举考试的法律特征[J].江西社会科学,2005(10):199-202;叶晓川.清代科举法律文化研究[D].北京:中国政法大学,2006;覃红霞.科举法与科举制度[J].中国地质大学学报(社会科学版),2005(5):7-10.

③ 郑显文.唐代明法考试制度初探[J].政法论坛,2000(2):147-150;彭炳金.论唐代明法考试制度的几个问题[J].政法论坛,2002(2):152-157;郑显文.再谈唐代的明法考试制度[J].政法论坛,2002(6):160-165;陈玺.唐代律学教育与明法考试[J].西南大学学报(社会科学版),2008(1):166-172;陶俊杰.论唐代明法科与律学馆[J].黑龙江史志,2009(5):29-30;陈鹏飞.儒法合流给科举制度注入的法律精神[J].广西政法管理干部学院学报,2006(5):3-7;马建红.科举制与中国古代司法[J].云南行政学院学报,2009(5):160-164 等。

明代,洪武十七年(1384年)规定,乡、会试第二场必须要考判五道(主要考法律条文)。清初科举,沿袭明代,乡、会试第二场都试判五条。到了乾隆二十一年(1756年),科举考试中与法律有关的试"判",虽然最终被废除,但策问中仍保留了一定时政与行政的相关内容,因此总体而言,还是可以说科举具有一定的政法考试的性质。^① 毫无疑问,这样的研究不仅有助于我们更加深刻地理解科举制度与文化传统、法律传统的关联,而且为我们更加客观地评价科举制度、特别是科举制度与专业人才培养之间的关系提供了丰富的材料与论证。

总之,从法律的视角出发研究科举学,不仅可以更加充分地体现科举学广博性特点,为科举研究提供新的视野、新的内容与新的研究思路,而且可以帮助我们更加深刻地理解科举制度的基本精神,实现对科举制度客观与全面的评价。事实上,正是通过科举学的法律视角研究,我们从简单地将科场法制定性为封建统治阶级腐朽的落后遗产逐渐转变为"科举法的内容虽然也充斥着封建礼法的等级制度与不公平性,但不能掩盖科举法在考试管理实践中的经验总结与价值"。^② 而对科场案的定性也从简单的"清朝统治者残酷摧折汉族士林的罪证或统治者为维护统治、借此剪除异己的手段"代之以"科场案不过是明末士风所酿成的恶果。科举制度,这一用心良苦的制度创新最终还是被中国士林固有的劣根性腐蚀了。中国人在作弊方面的想象力创造力实在是太丰富了,可谓是防不胜防。而人情观念之浓,也足以消解国家科考取士的严肃性与公正性",^③从而使得对科举法规、科场案与科举制度的评价从简单的、政治性评价转换成更加客观、实事求是的学术评价与历史评价。虽然其中也包含着等级性、严刑峻法以及冤假错案,但不可否认,科举时代,通过法规的制定、完善,宣扬与实现了科举考试管理的秩序与价值追求;通过贡院等法律物质载体彰显了科举制度的权威、尊严与公正;通过科场案等判例彰显了法律对于秩序、正义的追求,进而达到教化社会的目标,并将公平、正义的法律精神深深融入中华民族的民族精神与民族性格之中。因此,从法律的视角研究科举学具有

---

① 宋方青.科举革废与清末法政教育[J].厦门大学学报(哲学社会科学版),2009(5):38-44.
② 覃红霞.从科举法到考试法[J].中国考试,2006(6):12-16.
③ 谢谦.词中故事:明末士风与清初科场案[J].读书,2003(6):51-56.

重要的现实意义。科举法制在一千多年的发展中，充分总结了考试治理的基本问题与防止人情困扰、权力渗透的制度安排，其核心内容是如何维护考试公平的程序设计、权力、责任与义务的安排以及惩罚手段的运用，从而为当今考试治理以及考试法制建设提供了精彩而丰富的管理实践与法律文本。

二、在人治与法治之间：科举法制的基本特征

科举法作为中国法制的重要组成部分，反映了中国古代社会法律的基本特点与发展脉络，也凸显了科举法制的基本价值。本文仅以《钦定科场条例》为研究对象，分析其基本特征。

（一）**法律条文的完善与可操作性**

《钦定科场条例》每卷包括"现行事例""例案""驳案""旧例"四部分。"现行事例"是根据科举和社会的发展变化而颁发的现行法律规定；"例案"是清初至该法编纂完成之日起有关该卷事例的各地奏折，而由皇帝谕准或直接谕发的有关内容；"驳案"是清初至该法编纂完成之日起有关该卷事例的各地奏折，而被皇帝驳回的有关内容；"旧例"是该法编纂之前清朝各代有关该卷内容的法律规定。从某种程度上说，《钦定科场条例》更加类似于考试管理的工作手册，详细记载了法律条文、如何处理的基本案例以及演变的历史。从核心内容上看，《钦定科场条例》主要包括两方面：一是科举制度成式，是关于科举制度运行中基本成熟而固定下来的制度规定，如关于乡会试期、乡会试加科、宗室人员乡会试、翻译等，以及科举考试的基本程序，考官的选择、发榜完毕后的传胪谢恩、察看标识等。二是关于防弊之法，如场规、士子关防、搜检士子、搜查供应铺陈、搜检捕役、严禁夤缘诸弊、不准临场条奏、禁止刊卖删经时务策等。当然，二者并不完全分开，很多科举成式本身就是防弊之法，如设立官卷限制、回避、复试、磨勘、殿试等。这些严密而完善的设计，将考官、考生以及其他相关人员都纳入一定的程序与制度规范中，为保证科举制度的运行起到了关键性的作用。

科举法的具体性与可操作性也是重要特点之一，这不仅体现在考试操作上近乎苛刻的规定，还体现在对资格、范围以及惩罚等事项上几乎穷尽而复杂的专门列

举。如在考生的编号上,"先由至公堂承办各官先查明号座若干,再将号戳照号座数目点名。四所官戳印座号时,将号戳用绳索连珠穿起,每四十号戳为一本,仍立号簿,按依考生名次编列。将试卷亦分四十本为一束,先照号簿名次同试卷逐一复封,随手拈取号戳一串于号簿及卷面引用"。[①] 而在设立官卷限制上则规定:"在京满洲汉员文武京堂以上及翰詹科道、武官副都统以上,在外文官藩臬以上、武官将军都统提镇以上,其子孙曾孙、同胞兄弟、同胞兄弟之子,皆编入官卷。其祖父、伯叔,毋庸编入。"[②]为了明晰这一规定,《钦定科场条例》详细列出了针对官员已故、降职、丁忧候补、告病告老、休致等情况下应列入官卷以及不应列入官卷的具体规定,如专门规定"八旗参领及世职二品等官、闲散侯伯以下,并郡主额附之子,非一二品有执掌者可比,毋庸编入官卷""恩养异性之子已经出继者,俱不准入官卷。如本官出继者其本生同胞及同胞兄弟之子,亦不准入官卷"。[③] 同时也详细规定了编入官卷的审查程序与惩罚措施,"应编官卷之大臣官员原系民籍或商籍,其子孙均照原籍编为官卷,不得混淆。至同胞兄弟之子与本官商民异籍者,不得借名改归。违者照例治罪";"八旗乡试,出该旗造册。遇有应编入官卷由本家呈报佐领、由参领详加查复。造册送顺天府后其试卷应注明官字。如有混入民卷取中者,查系本家漏报,将本官革职本生黜革。查系佐领漏报,将该佐领降二级调用,并将不行详查之参领降一级调用。该都统、副都统、总管内务府大臣,失于查察,罚俸一年。如墨卷本有官字,朱卷漏印官字戳记,将承办之员降一级调用"。[④] 这样详尽而精心的规定在《钦定科场条例》中比比皆是,虽然有研究者针对此提出批评,并贯之以"法律的细则化",指出其结果是产生了极其复杂的"副法"(即附例),使得与案件具体特性相对应的副法在法律变更中起了实质性的作用;此外,由于细则化不能解决

---

① 杜受田等.钦定科场条例[C]//续修四库全书(第 830 卷).上海:上海古籍出版社,1995:215.

② 杜受田等.钦定科场条例[C]//续修四库全书(第 830 卷).上海:上海古籍出版社,1995:96-97.

③ 杜受田等.钦定科场条例[C]//续修四库全书(第 830 卷).上海:上海古籍出版社,1995:209.

④ 杜受田等.钦定科场条例[C]//续修四库全书(第 830 卷).上海:上海古籍出版社,1995:196-199.

法律疏简而又僵硬的问题,于是在运用之际只好采取重其所重、轻其所轻、小事化了的态度。① 值得指出的是,通过例的方式对现实中的具体而特殊的问题进行判断,并试图通过"穷尽"的途径来实现资格的认定与法律条文的完善,其结果是对科举考试的规定层层设防、环环相扣、烦琐而复杂,但其避免了模糊性,具体而可操作,有效防止了"钻空子",这也未尝不是科举制度被当时的人认为十分公平客观的重要原因。

(二)重刑主义与分类治理

中国古代的法律文化中,"重刑"是一个基本传统。在科举法制中,重刑主义也得到了充分的体现。科举法制中的重刑主义体现在以下两个方面:一是连坐制度,从而可能导致不相关的无辜者必须接受强制的惩罚。如在冒籍中,规定"有假冒籍者,该生及廪保一并黜革"②,而在科场案中,妻子家产没入官或者父母兄弟妻子同被流放的情形也有发生;二是科场案中体现出的"杀无赦"的指导思想,凡是较大的科场案或者牵涉到官员与士子伙同舞弊的科场案几乎都是以斩立决为结局的。在《科场条例》中,处理最重的是有关"严禁夤缘诸弊"的规定:"士子夤缘贿赂、交通关节者从重治罪。其父兄为子弟作弊及考官通同作弊者,一并治罪。"雍正元年(1723年)规定,"考官士子交通作弊,一应采名受贿听情关节中式者审实将作弊之考官并夤缘中式之举子处斩俱立决",乾隆八年(1743年)则规定,"查律载投贴匿名文书,告言人罪者,绞监候。其或系泛常骂詈之语,不坐此律。又例载凶恶之徒,不知国家事务,捏造悖谬言词,投贴匿名揭帖者,绞立决"。③《钦定科场条例》专门记载了贡生傅晋贤贿嘱科场书吏樊顺成勾串掉卷中式案,此案"樊顺成以承办科场书吏商令傅晋贤出银一千二百两,勾串役吏多人,通同舞弊。先令探得内廉取中红号,复起意私雕假印,临时换卷,致傅晋贤冒中榜首,情罪重大。樊顺成应照交通嘱托问实斩决例,拟斩立决。傅晋贤听从樊顺成出银一千二百两,买求中式,居然名列榜

---

① 季卫东.法律程序的意义——对中国法制建设的另一种思考[M].北京:中国法制出版社,2004:102-103.

② 杜受田等.钦定科场条例[C]//续修四库全书(第830卷).上海:上海古籍出版社,1995:200.

③ 杜受田等.钦定科场条例[C]//续修四库全书(第830卷).上海:上海古籍出版社,1995:196-199.

首,应依以财行求枉法赃无禄一百二十两绞监候,从重拟绞立决。罗秀听文许贿二百银两辄以内廉取中红号私行运出,制成重案,应照枉法赃满贯绞律,从重拟绞立决"。① 查阅清代科场案的处理结果,就会发现清代对于科场案的处理空前残酷,而且牵涉面广。顺治十四年(1657年)的丁酉顺天乡试案和江南乡试案中,牵连的考官与考生大都被斩首,父母、兄弟、妻子俱流放;乾隆时期辛未科会试案中,考官与考生虽暗通关节,但并未取中,但仍被一并斩决;② 而在咸丰八年(1858年)的戊午顺天乡试案中,连一品大员也被斩杀。清代统治者在涉及科场的判例中所遵循的"从重处罚"的原则不仅体现出对于科举制度的重视,而且反映了重刑主义对于中国法律文化的重大影响。

重刑主义的产生,源于人们对于刑罚预防犯罪功能的过分推崇,并将犯罪增加的原因归于刑罚不够严厉,刑罚的威慑力尚未达到"禁奸止过"。③ 对于严惩科场案,许多学者都给与肯定的评价。唐瑞裕认为"戊午顺天乡试案的严厉惩罚,确实是一件振奋人心的事,使科举考试有振衰起弊的作用";④ 刘虹则认为,"过重的刑法对于科举制度和皇权尊严的维护还是有一定意义的"。⑤ 这种思想在当今考试治理的过程中,也有充分的体现,在高考舞弊问题的探讨中,不断有人提出了"加重对高考舞弊者的惩罚"的建议,并将高考作弊猖獗的根源归因为惩罚太轻。因此,要震慑高考作弊行为,就要加大对作弊行为的打击力度和惩处措施。⑥ 如果我们

---

① 杜受田等.钦定科场条例[C]//续修四库全书(第830卷).上海:上海古籍出版社,1995:196-199.

② 李国荣.清代对科场关节作弊的防范与惩处[J].故宫博物院院刊,2007(2):127-136.

③ 游伟.重刑化的弊端与我国刑罚模式的选择[J].华东政法学院学报,2003(2):94-112.

④ 转引刘海峰.科举学导论[M].武汉:华中师范大学出版社,2005:307.

⑤ 刘虹,石焕霞.清代顺天乡试案研究[J].河北师范大学学报(哲学社会科学版),2008(2):108-114.

⑥ 高考舞弊利益纠结惩罚过轻,家长老师均欲罢不能[EB/OL].(2009-06-17)[2010-06-17].http://news.sohu.com/20090617/n264575896.shtml;高考"枪手",无罪可定的法律空白[EB/OL].(2009-08-25)[2010-06-17].http://edu.gansudaily.com.cn/system/2009/08/25/011238320_01.shtml;哪里考试不抄 清华生的担忧[EB/OL].(2009-06-24)[2010-06-17].http://www.china.com.cn/info/edu/2009-06-24/content_18004089.htm.

考察一下明清以来的科举案就会发现,事实上严刑固然能够造就"一时人心大震,科场弊端为之廓清者数十年"的局面"①,但明清时期的科举制度充满了"肃杀"的气息,政治利益与皇帝的个人风格也使得一些科场案变成了冤假错案。以鲜血与人头为祭奠,虽然短时间内强制性地压抑了科场舞弊的发生频率,但也激发舞弊手段向更隐蔽的方向发展,牵涉的官员层级也越来越高,大大增加了考试管理的难度与成本,被暂时震慑的舞弊在经历了蛰伏期过后往往死灰复燃。对此,清朝的皇帝也不能不感叹:"士子与试官勾通关节,国初年间问拟腰斩者。立法至为严峻。其后……无不即时伏法。覆辙具在,可为炯戒。朕意节经整顿之后,场屋诸弊,自必渐次廓清。乃近日乡会试种种弊端,复又渐作。"②正因为如此,马克思指出:"历史和统计科学非常清楚地证明,利用刑罚来感化或恫吓世界就从来没有成功过。"③孟德斯鸠也曾断言"法律过于严酷,反阻碍了法律的实施。如果刑罚残酷无度,则往往反而不处刑了"。④

事实上,重刑色彩并非科举法制惩治舞弊的唯一特征,相反,如果仔细考察《钦定科场条例》,我们可以发现其分类治理的思想。在相关规定中,处罚最轻的是"禁止刊卖删经时务策":"坊间刊卖经书、务用全经,其删本刻板地方官出示令其销毁。有已经刷印者,毋许存留售卖,贻误士子。删本经书,督抚等认真查禁陆续收缴,解京销毁。将缴过删本经书数目及有无传习之处,三年汇奏一次,仍不得过为烦琐以致扰及坊肆闾阎。临场习用讲章策略等项,坊间刊刻小本发卖。顺天府尹及各督抚学政一体出示严禁。"⑤虽然朝廷也采取销毁等强制措施,但再无其他处罚。而同样对于挟带,《钦定科场条例》则区分了不同的情形、不同的程度,不同动机实行了不同的处理。"士子如有怀挟,或头场挟带二三场,二场挟带三场,俱于举场钱枷号斥革。如系二场携带头场四书五经文本,三场携带头二场四书五经文本,均斥革

① 刘海峰,李兵.中国科举史[M].上海:东方出版中心,2004:401.
② 钦定大清会典事例(卷351)[M].上海:商务印书馆,1909.
③ 马克思恩格斯全集(第八卷)[M].北京:人民出版社,1974:578.
④ 孟德斯鸠.论法的精神[M].北京:商务印书馆,1961:84.
⑤ 杜受田等.钦定科场条例[C]//续修四库全书(第830卷).上海:上海古籍出版社,1995:206.

免其枷杖,不准应试。至二场误带头场自作文稿,三场误带头二场自作文稿及误用字纸包裹食物,或闲废字纸,实非场中应用者,均免其黜革治罪,仍逐出不准入场"①,同样针对官员的不同职责、不同程度也会处以不同的惩罚。无疑,如何看待重刑主义,反思重刑在考试治理中的作用与影响,进而探讨考试法制建设中对于惩罚的基本理念,确定根据不同的动机、不同的行为及其影响与后果采取不同的惩罚机制是需要慎重考虑的基本问题之一。

(三)在法意与人情之间

"道之以政,齐之以刑,民免而无耻;道之以德,齐之以礼,有耻且格",②儒家对道德与礼法的推崇,使得人情充分地体现在法律之中。在科举法制中,人情首先体现在对考生的关怀上。科举时间在清代有重大调整,原因在于乾隆皇帝亲临贡院时,"周览号舍矮屋风篷备极辛苦",于是决定"会试展限三月以待春温嗣后即以为例"③,而《钦定科场条例》中也专门设置了给发举人盘费、远省乡会试驰驿等条款,以资助贫困的士子能够参加科举考试。同样,对于落选士子相关规定也设置了相应的程序保证其权利,"各房落卷,俱令同考官批出不荐缘由,放榜后令本生领取原卷阅看,如同考官妄抹佳文,本生即赴部具呈,查明纠参",但同时也规定"若本生文本平常而不安义命,妄行呈控者,除革黜外,仍交刑部从重治罪"④,"士子于榜前抄录闱中文字,送人批点,榜后漫生怨望刊刻落卷者,将该生及加批之员交部分别议处"。⑤ 一方面给予士子相应的权利,监督官员公正判卷,以保证真才的选拔,另一方面又为防止落第举子攻奸闹事,设立更加严重的惩罚措施。在法意与人情之间,我们可以看到立法者的矛盾心态。

---

① 杜受田等.钦定科场条例[C]//续修四库全书(第 830 卷).上海:上海古籍出版社,1995:170.

② 杨伯峻.论语译注:为政[M].北京:中华书局,1980:12.

③ 杜受田等.钦定科场条例[C]//续修四库全书(第 829 卷).上海:上海古籍出版社,1995:674.

④ 杜受田等.钦定科场条例[C]//续修四库全书(第 830 卷).上海:上海古籍出版社,1995:38.

⑤ 杜受田等.钦定科场条例[C]//续修四库全书(第 830 卷).上海:上海古籍出版社,1995:196.

同样在《钦定科场条例》中曾记载这样的案例:"贵州乡试第十八名举人倪兆奎,第三场墨卷前后笔迹互异。查明倪兆奎因患病不能完场。托同号生员胡姓等写完交卷实无许给银钱带倩等情。将倪兆奎革去举人,再行彻底严查。今倪兆奎带病入场,五策草稿俱已做就。委因第一二道誊完后,寒热交作,眼花手颤,不能书写,恐致贴出,托同号之人写完,适邀中式。现遽改抚传令默写头二三场诗文策稿,均无错。又经出题面试文理也属通顺。切验得该举人病发尚在未剃,面色黄瘦可见患病属实,而代誊之同号生员,倪兆奎尚不能举出名字,是其平日未熟识,非预为雇倩可知。看来此事病无关弊实。倪兆奎尚可加恩留其举人,惟试卷托人带誊究有不合,著罚停会试一科,已足示儆。其代誊之同号生员及外廉失察各员,均从宽免其置议。"①其处理可谓充满了人情味,可按照《大清律例·断罪引律令》中规定"凡断罪,皆须具引律例,违者,笞三十"②,要求对科场案的处罚必须以相关的法律制度为执法的依据,其案虽然情有可原,但代人誊录以及外廉官失察却证据确凿,但一并从宽处理。事实上,清代的科场案也不乏冤案和错案,皇帝个人的行事风格更是决定了科场案流血的范围与程度。一方面力图将所有的科举制度的程序与可能出现的弊端纳入立法的视野中,在回避了亲属、姻亲、籍贯之后,师生之谊该如何处理也逐渐被提出,体现出科举治理过程中对法律的依赖与精巧用心,另一方面在法律运行的过程中又充斥着人情与个人特别是皇帝的主观判断与风格,这也使得科举法制始终处于一种相互矛盾的状态下,这种法意与人情之间的冲突也正是科举法制处于人治与法治之间的具体写照。

三、科举法制与科举制度的双重关系

科举法制的历史,不仅是科举考试制度的一部分,也映衬着科举考试逐渐走向规范与衰落的历史。科举法制在科举制度中,扮演着重要的角色,它不仅维护着科

---

① 杜受田等.钦定科场条例[C]//续修四库全书(第830卷).上海:上海古籍出版社,1995:133.

② 郑秦,田涛点校.大清律例[M].北京:法律出版社,1999:120.

举考试的公平与公正,也是统治阶级"牢笼志士,驱策英才",维护封建统治的必然选择。令人印象深刻的是,明清以来,科场法规不能不说极尽完备,也不能不说具有相当的可操作性,在维护科举制度的基本精神方面可谓居功至伟,但 1905 年,一纸诏书宣布了科举法规与科举制度的终结,这不能不让人深思科举法制与科举制度之间复杂而又共存的关系,进而探讨当代法制建设、考试治理与考试制度发展之间的关系。

在科举制度创立之始,统治者对防弊制度的建设还远不成系统,"唐之科举,不讳奔竞,科举之柄,专付之主司,并不糊名,若以关节为寻常之事者"。① 但从唐朝中后期开始,统治者就已经开创并逐渐形成一些具体的制度防止科场舞弊的发生,至清代更是达到无以复加的地步,并充分体现在《钦定科场条例》中,以至于有人发出这样的感叹,"世界上可曾有过比这规模更大、人数更多、地位更重要、防范也更严密的一种考试吗? 种种防弊之法实际上已到了过分繁密和严苛、相当束缚考官和士子的自主性和创造性的地步,其对考官和士子的不信任无以复加,我们在中国传统中不易发现的对人性阴暗面的认识和中国人的实用智慧,都在这里得到了淋漓尽致的表现"。② 可以说,如何保证科举制度的公平性、保障科举制度的顺利进行,从而有效地选拔人才是科举制度的初衷,是科举法制所追寻的目标。其本质在于通过一定的制度安排、程序设计以及官员、考生之间职责与权限与义务的分配实现对考试的治理,防止考生以及官员作弊、保证考试选拔的公平、维护考试的秩序。从这一角度而言,科举制度与科举法制的目标是相互协调的,科举法制是科举制度的重要组成部分。③

但当社会把大多数的注意力集中到公平、集中到防止舞弊,而放弃科举考试最根本的目的——选才的时候,科举制度的目标与科举法制的目标却又是相互冲突的。科举法是科举制度的一部分,但科举法毕竟不是科举制度,科举制度的首要目标是选才,而科举法制的目标是通过维护科举制度的秩序与公平,达到考试治理与

① 商衍鎏.清代科举考试述录及有关著作[M].天津:百花文艺出版社,2004:292.
② 何怀宏.选举社会及其终结——秦汉至晚清历史的一种社会学阐释[M].北京:生活·读书·新知三联书店,1998:118.
③ 覃红霞.科举法与科举制度[J].中国地质大学学报(社会科学版),2005(05):7-10.

公平选才的目的。当社会越来越关注科举法制的重要性,并希望借此来实现一个秩序井然、公平的科举制度,而放弃了思考如何通过改革考试内容、考试方法来选择人才的时候,科举法制的目标事实上替代了科举制度的根本目标,成为第一位的目标,即公平性与秩序性事实上取代了选才这一根本的目的。科举科目由多渐少、考试内容由繁至简、考试文体由多样变成单一,多多少少反映了公平性目标逐渐取代选才目标的历程,毕竟公平是人人可见的,内容与方法的变革则需要长时间的积淀与探索,而关于人才的定义与规格从来都缺乏统一的观点。但这样的结果却是,用严苛而详尽的法律来规制科举考试却限制了科举制度改革的基本动力、压抑了考生与官员的能动性,并导致科举制度发展的停滞与墨守成规。①

事实上这种转变本身也蕴含着自身的悖论:重刑从来没有真正解决科举舞弊的问题,许多考试程序与制度安排也没有真正实现考试秩序的井然,如考试官员数量的增加以及内外廉官的分设是为了加强考试管理,细化考官的职责,使之相互监督、各司其职,从而防止舞弊的发生,但是,官员的增加事实上扩大了利益相关者的范围,增加了舞弊的风险,这种制度设计的初衷与运行之间的冲突事实上还有很多,不胜枚举。张维迎在《法律与社会规范》一文中指出,"法律的作用被人们大大高估了;社会规范,而非法律规则,才是社会秩序的主要支撑力量"。② 这意味着尽管法律是一种必不可少的具有重要作用的社会生活制度,但是,它一样也存在一些弊端。如果我们对这些弊端不给予足够的重视或者完全视而不见,那么它们就会带来严重的困境。法律的这些缺陷,部分源于它所具有的守成取向,部分源于其形式结构中所固有的刚性因素,还有一部分则源于其控制功能相关的限度。③ 事实上,法律制度不是没有边界的,法律能解决的问题,可能在整个社会中只能占一部分。社会行为的引导,并不仅仅依赖于法律就可以解决,而是需要社会规范、道德、习惯、信仰的综合运用。认识法律法规在考试制度中的限度,对于我们重新认识和界定当代考试法的价值与功用,有着重要的意义。寻求考试制度自身的变革,特别

---

① 覃红霞.科举法与科举制度[J].中国地质大学学报(社会科学版),2005(05):7-10.

② 张维迎.法律与社会规范[N].文汇报,2004-4-25.

③ 博登海默.法理学——法律哲学与法律方法[M].北京:中国政法大学出版社,2004:419.

是考试内容与考试理论与技术的突破,而不只是限于考试立法技术与立法手段的成熟与运用;着眼于社会道德与信仰的提升以及社会系统的治理,而不只是在考试范围内寻找防弊手段的改进;处理好情、理、法的冲突,维护多数人的正当利益和社会公共利益,综合运用多种手段,而不只是追求法律文本的完善和法律手段的加强,才是当前实现考试治理的真义,也是从法律的视角研究科举学的旨趣所在。

从科举法到考试法[*]

随着普通高等院校招生考试各项改革的日益深入,招生院校要求自主招生的呼声越来越高涨,考生知情、维权意识和自主选择的要求越来越强烈,如何建构新的考试法成为当前考试研究的一个重要问题。本文拟从科举法的特点出发,厘清社会对科举制度与科举法的误解与偏见,为当前考试法制建设提供启示与借鉴。

一、科举法的特点

任何制度的形成与完善都离不开相应的保障机制。科举制正是通过法的形式加以确立的,其发展也依赖于法的完善与保障。在 1300 年的科举史上,伴随着科举制度逐渐走向成熟、规范,科举法的内容逐渐丰富、完备,涉及科举制度的方方面面;形式也日益多样,从律、行政法规到皇帝的诏书都有所涉及,在法律实践中皇帝还亲自审问科场案,构成了判例法的重要内容,从中我们也可以看出统治者对科举考试的重视以及科举考试法律的完备。科举法作为中国法制的重要组成部分,反映了中国古代社会法律的基本特点与发展脉络,也凸显了科举法的价值与特点。

(一)设计了一套考官之间、考生与考官之间相互监督的制度

维护科举选拔的公正性是科举法的目标,利用考官之间相互监督是科举法的重要内容,这不仅体现在阅卷、磨勘等具体环节上,也体现在考官之间的相互监督、相互制约等职责上。[①] 如在阅卷这一重要环节,《钦定科场条例》规定,房考阅卷时"不得丁顶别房,饮食寝宿各归房舍,不许往来私访聚谈。违者听主考及内监试题参";同考则将荐卷上呈主考,由主考进行复核,如发现"房考呈荐荒谬之卷,不将佳卷悉行呈荐者,主考会同内监试题参"。内监试对同考荐卷"验明内无私通小帖,方

---

* 原文发表于《中国考试》2006 年第 6 期。

① 覃红霞.科举法与科举制度[J].中国地质大学学报(社会科学版),2005(05):7-10.

送主考收阅,如同考内有暗通关节,而正副主考姑容取中,听内监试题参,若内监试失察,而别经发觉,将内监试一并议处";同考荐卷以外各卷,主考官进行"搜阅",如主考官搜出佳文,"至考官搜出落卷,公同研覆系应中之卷,将缘由于卷面批注。取中后听磨勘官悉心详阅。如文内有干例议专坐主考,同考无涉。倘所搜允当,当无所訾议将不行呈荐之同考官,严加议处"①。这些规定不仅设定了主考官、同考官及内监试三者各自的职责、权限与相应的惩罚措施,而且设立了三者互相制约、互相牵制、互相监督的机制,对保证阅卷过程的严密与公正起到了良好的作用。

而磨勘是对主考官出题是否符合规定,主考、同考、监试阅卷时是否尽心尽责,士子答题是否违例,受卷官、弥封官、誊录官、对读官是否存有情弊等进行全面的复核和监督。② 在磨勘程序上,分有磨勘和复勘。"磨勘官各于卷面亲书某官某人磨勘字样,以专责成"。磨勘过程中,发现"其卷内有应行指出者,务按照处分定例字样,注明粘签",发现"有违式者,该员即行夹签指出,仍由部照例题参,分别议处"③;如果磨勘官有指名索取某卷,或者自行择取情弊,则"据实查参";磨勘过后,一般派大臣复勘,以实现对磨勘官的监督。磨勘程序是对该程序以前的工作进行全面、细致的核查、监督,虽有重复之嫌,但对严格考试,防范舞弊还是具有莫大的好处。《清史稿·选举志》中认为"磨勘例行,足以纠正文体,抉剔弊窦,裨益科目,良非浅鲜。禁令之密,前代未有也"④,由此可见,磨勘对科举制度的意义。

为了保证科场的公平性,杜绝权力干扰,从唐代开始就设置了考生对考官的监督条款。唐开元二十五年规定进士科发榜后,其所录取者所试杂文,均可查看;五代时期专门规定了有关查卷与陈诉的内容:"九经、五经、明经呈帖由之时,试官书通不后,有不及格者,喝落后请置笔砚,将所纳帖由分明,欲令自阅。或是试官错书通不,当行改正。如怀疑者,便许请本经当面检对。如实是错,即便于帖由上书名

---

① 杜受田等.钦定科场条例[C]//续修四库全书(第830卷).上海:上海古籍出版社,1995:37-38.

② 覃红霞.科举法与科举制度[J].中国地质大学学报(社会科学版),2005(05):7-10.

③ 杜受田等.钦定科场条例[C]//续修四库全书(第830卷).上海:上海古籍出版社,1995:373-375.

④ 赵尔巽.清史稿(第108卷)[M].北京:中华书局,1977:3163.

而退。如考试官去留不当，许将状陈诉，再加考校。如合黜落，妄有披述，当行严断。今年举人有抱屈落第者，许将状披诉于贡院官，当与重试。如贡院不理，即诣御史台论诉。请自试举人日，令御史台差人受举人诉屈文状，并引本身勘问所论事件。或知贡举之官及考试之官已下，敢有受货赂，升擢亲朋，屈抑艺能，阴会请托，及不依格去留者，一事有违，请行朝典"①。至清代，《钦定科场条例》规定："各房落卷，俱令同考官批出不荐缘由，放榜后令本生领取原卷阅看，如同考官妄抹佳文，本生即赴部具呈，查明纠参"，但"若本生文本平常而不安义命，妄行呈控者，除革黜外，仍交刑部从重治罪"②。虽然这一制度的初衷仅为防止落第举子攻奸闹事而设立，但在实践中却为监督考官公正判卷起到了一定的作用。事实上，由于考生是科举考试中的直接利害人，因此，考生对科举过程的监督与检举，维护了科举的公平性。清朝几次科场案都是以考生的检举开始的。科举法赋予考生一定的权利，监督科举考试的运行过程，对于监督科场中的权力腐败起到了一定的作用。

（二）重视程序建设

科举制度之所以能够在中国一千年的历史中扮演重要的角色，与其崇尚"一切以程文为去留"、公开宣扬"公平""公正"密不可分。这一目标的达成是以科举制度一套完整的程序为基础的，并在科举法中得到法律的确认与保证。科举法不仅对考试时间、考试内容、考试地点进行专门规定，而且对科举制度运行的程序进行了精心设计，从投考过程中的贡监生须"取族邻甘结，加具印结。备造籍贯年貌三代清册"才可投考举人，直省举人会试须"由本籍地方官具结，申送布政使由司核明详院，请咨发司转发各州县给举人，亲赍赴部投递，仍先造册送部"③到乡会试、解卷、解送亲供、复试、殿试等，甚至对各环节的具体程序都有专门规定，如，在考生的编号的进行程序，"先由至公堂承办各官先查明号座若干，再将号戳照号座数目点名。四所官戳印座号时，将号戳用绳索连珠穿起，每四十号戳为一本，仍立号簿，按依考

---

① 王傅.五代会要（卷23）[M].上海：上海古籍出版社，1995：373-374.
② 杜受田等.钦定科场条例[C]//续修四库全书（第830卷）.上海：上海古籍出版社，1995：38.
③ 杜受田等.钦定科场条例[C]//续修四库全书（第829卷）.上海：上海古籍出版社，1995：761.

生名次编列。将试卷亦分四十本为一束,先照号簿名次同试卷逐一复封,随手拈取号戳一串于号簿及卷面引用"①。总而言之,科举法对科举考试程序的规定可谓层层设防、环环相扣、烦琐而复杂,其用心之细密、程序之严密世界仅见,这也未尝不是科举制度被当时人认为十分公平客观的重要原因。

(三)相关规定严密而具体,具有可操作性

可操作性是法律的基本要求,不具有操作性的法规难以从"文本上的法律"转变为"行动中的法律"。科举法的具体性与可操作性是科举法的重要特点之一,也是当前考试法建设中值得借鉴的取向之一。

如回避制度中关于回避人的范围,乾隆时期专门规定"入场官员之子弟及同族,除支分派远散居各省各府籍贯迥异者毋庸回避外,其在五服以内,虽分居外省、外府、外县,及服制虽远,聚族一处之各本族并外祖父,翁婿舅甥,妻子嫡兄弟,妻之姐妹夫,妻之胞侄,妻姐妹之子,嫡姐妹之夫,嫡姑之夫,嫡姑之子,舅之子,母姨之子女之子,妻之祖,孙女之夫,本身儿女姻亲,概令回避,不准入场考试"②;同样,乾隆时期对衣着鞋袜、士子入场时随身物品的规定也与之有异曲同工之妙,"士子服式,帽用单层毡,大小衫袍褂,俱用单层。皮衣去面,毡衣去里,皮裤绸布皮毡听用,止许单层。袜用单毡,鞋用薄底,坐具用毡片。其马褥厚褥概不许带入。至士子考具,卷袋不许装里,砚台不许过厚,笔管镂空,水注用磁,木炭止许长二寸,蜡台用锡,止许单盘,柱必空心通底。糕饼饽饽各要切开。此外字圈、风炉、茶挑等物,在所必需,无可疑者,俱准带入。至考篮一项,如京闱用柳筐,柄粗体实,每易藏奸,今议或竹或柳应照南式考篮,编成玲珑格眼,底面如一,以便搜检。至鞵裤既用单层,务令各士子开襟解袜,以杜亵衣怀挟之弊"③;乾隆年间颁布的关于禁止夹带的规定更是详细而复杂,"头场夹带经书文字,二场夹带表判,三场夹带策问,因有心干

---

① 杜受田等.钦定科场条例[C]//续修四库全书(第830卷).上海:上海古籍出版社,1995:215.

② 杜受田等.钦定科场条例[C]//续修四库全书(第830卷).上海:上海古籍出版社,1995:109.

③ 杜受田等.钦定科场条例[C]//续修四库全书(第830卷).上海:上海古籍出版社,1995:175.

犯科条,俱应照例治罪。即头场夹带二场,二场夹带三场者,所带虽非所用,亦应照例处治。惟二场搜出头场文字,三场搜出表判,或有误将字纸包裹事物等类,本非怀挟,无心失误,应照今科北闱督搜大臣奏明'二场误带头场文稿,讯无情弊,仍准考试'之例,准其入闱";后因考虑到"既与定例不符,且恐弊窦转由此而起",于是规定,此类情况"误带者免其黜革治罪,仍逐出不准考试"①。这些规定,也许看来未免繁琐甚至可笑,却是科举制度在实践中经验与教训的总结和概括,由于其避免了模糊性,具体而规范,有效防止了"钻空子",因此成为科举回避制度与搜检制度得以执行的重要标准。②

二、从科举法到考试法

"科举"在我国多被视为腐朽落后的标志性词语之一。但在科举制度被妖魔化的背后,不能掩盖科举制度蕴涵的公平竞争的考试精神,也不能淹没科举考试在一千多年发展的历史过程中沉淀下来的丰富遗产,以《钦定科场条例》为代表的科举法规即是其中之一。从某种程度上说,从科举法到考试法不是简单的一种新的法律制度取代旧的法律制度,两者之间存在一定的内在逻辑与传承,这是作为考试制度的科举与现代考试自身的发展规律所决定的。

首先,从科举法与考试法的发展动力来看,考试实践是主要推动力,其核心则是社会发展的需求与考生对考试秩序的基本要求。古往今来,科举以及当前的高考制度都是实现社会流动的基本途径,承担着选拔的基本功能。为了保证社会与国家的基本利益,保证整个社会发展的人力资源储备,必然要求通过法律的手段保证公平与公正的考试秩序;同样,无论古代或者现代、无论是清寒之家或者当前的社会弱势群体,要实现个人的发展,也必然对"浓缩"了人们一生的政治地位、经济地位的科举考试与高考高度关注,呼唤考试的公平。由此可见,只要还存在选拔性考试,社会与个体就必然执着于公平、正义、秩序的考试精神,并推动古代与现代考

---

① 钦定大清会典事例(卷340)[M].上海:商务印书馆,1909:5.

② 覃红霞.科举法与科举制度[J].中国地质大学学报(社会科学版),2005(05):7-10.

试法的完备与发展。

其次,如果说,考生与社会对考试公平的追求是无止境的,包含了形式上的平等与实质上的平等。那么,社会所能提供的考试,从本质上而言,无论是科举制度或当前的高考制度都在于提供一个平等的途径与机会,以实现统治者或者社会所需要的人才,而个人也通过这样的途径与平台获得发展的基础。罗尔斯认为,机会平等意味着由一系列的机构来保证具有类似动机的人都有受教育和培养的类似机会;保证在与相关的义务和任务相联系的品质和努力的基础上各种职务和地位对所有人都开放①。就此而言,无论是以受教育权为竞争目的的高考制度或者以选官为目的的科举制度都是机会平等的注解与表现形式。虽然,机会平等并不等同于实质平等,也不意味着真正的平等。但这种平等却是资源有限的社会条件下的必然选择或最好的选择。正是在这样的基础上,以维护科举考试与高考的秩序与公平的科举法与考试法必然有着相同的核心价值与理念,即公平与公正,这也构成了从科举法到考试法的基本脉络与精神。

最后,科举法与考试法在发展过程中面临着相同的文化土壤和阻力。科举,作为一种以考试为主要手段的评价制度,同当前的考试制度一样面临着对考试精神与规则的破坏与挑战。科举与高考作为对政治资源与教育资源进行分配的重要手段,从来都是利益冲突的焦点,人情关系的困扰、权力的渗透,在我国古代与现代考试管理工作面临的相同文化土壤。在此前提下,如何实现对权力的监督,防止考试舞弊的发生,也是科举法与考试法面临的共同问题与挑战。《钦定科场条例》正是古代考试防弊措施的浓缩与精华所在,对防止舞弊的规定可谓密不透风、滴水不漏。事实上,当前高考中常见的挟带、替考、贿赂等现象在科举考试中也常有发生。可以说,科举法与考试法的发展与考试舞弊的发展是相一致的。科举在科目设置上,从隋设置秀才、明经、进士科到进士科逐渐成为最为主要乃至唯一的科目;在考试内容上,从儒家经典的《九经》《十二经》到《十三经》最后以四书五经作为科考的主要内容;在考试机构上也由史部负责转移到礼部等规定都与反舞弊存在直接或间接的关联;同样当前各项考试规定的相继出台、要求建立考试法的呼声高涨也与

---

① 约翰·罗尔斯.正义论[M].北京:中国社会科学出版社,1988:268-269.

考试舞弊的肆虐有相当的联系。舞弊与反舞弊的较量，一直贯穿于科举制度的始终，而这也是考试制度必然面临的问题，如何设计反舞弊的措施与对策构成了科举法与考试法的重要问题之一。

当然，考试法在延续了科举法基本精神的同时，也需要从更高层次上超越科举法。如果说科举主要是为官吏选拔服务的工具，那么现代高考在满足选拔功能的同时，也被纳入人的全面发展的过程中来。因此，如何在人的发展与选拔功能之间寻找合理的平衡点一直是当前高考改革的前提与归宿。与此相一致，作为现代法治的组成部分，考试法必然发扬社会主义民主，体现人民的意志，维护社会公共利益和个人的合法权利，并在个人利益、高校利益、公共利益之间达到平衡，这也正是考试法与科举法的重大区别。

三、借鉴科举法，完善考试法

注重法制建设是我国高校招生考试管理的重要基础，通过立法，特别是加强行政法规的建设为保证我国高校招生考试的公平、公正与秩序发挥了重要作用。目前，我国招生考试立法已取得一定的成绩，逐渐形成了我国现行有关高校招生考试的法律法规体系和基本制度。随着依法治国、依法行政、依法治教的理念逐渐被社会所接受与认可，在招生考试体系内"依法治考""依法治招"也得到普遍的认同。考生的维权意识在不断增强，利用法律的武器保护自己的合法权益的事件时有发生，在教育行政部门、各级招生委员会及其考试院或相关部门、高校要求依法行政、依法进行招生考试的理念也正在形成。但我国的考试法制建设还处于起步阶段，立法方面尚不够完善。

1.从现有的法律体系来看，立法缺乏系统，且立法层次低。尽管《中华人民共和国教育法》《中华人民共和国高等教育法》都先后明确提出我国实行教育考试制度，并对考试组织机构和高校的招生权限、招生的法律责任等都作了相应规定；但这些规定零散而不系统，从当前招生考试法律体系来看，专门针对招生考试制度的法律法规以行政法规为主；在制定主体上，主要集中在教育部这个层次，在法律效力上属于第五层次的部门规章。一般而言，行政规章只能作为"参照"而不是办案

"依据"(《行政诉讼法》第52条、53条)①。这就意味着在法院受理招生考试这类法律纠纷时,教育部的法规只有参考价值。这也是导致许多考生权利得不到有效救济的重要原因。

2.总的来看,到目前为止,我国已经制定了相当数量的有关招生考试法规的法律、法规和规范性文件,然而由于立法者的目的主要在于应付一时的社会所需,故法律规范往往不成熟,具有暂时性和针对性的特点。从招生考试法规的名称来看,往往对有关法规加注"暂行规定"等字样(在前面列举的有关招生法规基本上是以"暂行规定"出现的),或者专门针对具体单项问题做出规定,一般以"通知""批复""指示""指导意见"等形式出现(这在前面列举的文献中也是非常常见的)。"但通知本身成为具有外部效果的法源,从依法律行政原理来看,是不能承认的"②。这就带来了两个难题:一是从名称看,分不清它是一般公文还是法规;二是难以确定它的效力大小、发布机关的级别和适用范围③。这一方面反映了招生考试法规建设的难度,另一方面也凸显了当前招生考试法规的不成熟性。

3.从具体的规定内容来看。(1)普通高校招生考试立法滞后,行政性强,整个招生考试规范是依附于教育行政而存在的。不管是招生的主要目的、招生机构及其职能,还是招生来源等方面,主要仍是教育行政部门对高校实行的自上而下的单项管理。高校自主招生权有限,且带有强烈的行政性色彩。有关招生考试规定是以政府的行政管理为出发点的,缺少对社会公众、学校尤其是受教育者权利的保障。这突出地表现在从立法的权利义务配置上,目前我国的招生考试立法存在着法律关系主体间权利义务配置失衡的现象,法律文本中充斥着对行政管理相对方的义务性规定,而对于管理者一方加以制约和限制的义务性规定却是少之又少。这种招生考试立法中的权利义务配置失衡的现象既与中国的法治化进程不符,也与我国招生考试立法的目的相左。

(2)重实体、轻程序。由于程序法治观念的缺失,我国历来存在重实体、轻程序

---

① 崔卓兰,等.行政规章研究[M].长春:吉林人民出版社,2002:33-36.
② 盐野宏.行政法[M].杨建顺,译.北京:法律出版社,1999:75.
③ 关于国务院各部门清理法规的情况和今后意见的报告[J].国务院公报,1985年第20号.

的倾向。以高校在招生中的作用来看,高校在120%的投档范围内,有权决定录取与否,地方行政部门只履行监督的职责。但对于如何监督,却缺乏有效的程序规定。虽然说明理由、听取利害关系意见等程序规范制度可以有效地制约规范行政权的运行,然而,目前有关法律规范并无具体规定,从报道的一些招生纠纷案来看,个别考生十年寒窗的努力很可能成为招生随意性的牺牲品。

(3)缺乏操作性。从立法文件的实施来看,相当数量的招生考试立法尚未走出"框架性立法""悬岩性立法"的误区,立法缺乏操作性。目前我国的许多招生考试立法只是提出了该法所规范的主题性内容,而对于这些内容却缺乏进一步的具体性规定。立法必须考虑到它的可行性和操作性,不具有操作性的法规难以从"文本上的法律"转变为"行动中的法律"。考察我国当前的招生考试立法可以发现,诸多的立法文件对于不同的主体拥有什么样的权利以及承担什么样的义务作了大量规定。然而令人遗憾的是,对于这些规定却缺少详细的、带有较强的操作性的进一步的规定。许多立法文件在赋予某一主体以一定的管理职权时,对于该主体应在多大范围内行使该项职权以及应该按照什么样的程序行使职权等更具操作性的问题却缺乏相应的具体性的规定。由于不具有法律所应具备的明确性和完整性,这样的立法只能成为一种倡议、一种宣言,而无法真正实现法律调控社会的目的。

实事求是地说,当前考试法存在的问题并不是单纯借鉴或学习科举法所能解决的,考试法所面临的问题虽然与科举法存在一定的相似性,但也存在当前时代所特有的问题,如维护考生的权利,等等。但值得指出的是,科举法不仅法律层次清楚、规定具体而明确、具有很强的操作性,而且具有相当的规范性和一定的灵活性。如果我们摈弃科举法与科举防弊措施中对考生权利的漠视以及对封建礼法的强调,科举法为考试法提供了全面的反舞弊建设的系统与严密的程序借鉴。法治与程序存在着天然的联系,法治最终表现为一种按照严格的法律程序建立起来的公正合理的秩序,任何社会关系的主体,不仅做什么都要有法律依据,而且怎么做也必须符合法律的规定,最重要的常常不是做什么,而是怎么做。强调程序建设隐含着对立法操作性原则的认同。这正是科举法的突出特点。此外科举法为我们设计了从程序、考生到考官全方位的精巧的构思,用现代的法律语言诠释即为考试领域的权力制衡提供了范本。权力制约与权利保护是当前考试法制建设中的核心问题。个人权利的最大威胁始终是权力,权力受到多大限制,权利便会得到多大实现。"在权力问题上,不要谈论对人的信任,而是要用锁链限制他们,防止他们做出伤害人的事情,因为对任何人来讲,只要有机会,就都可能滥用权力。① 因此,通过社会、考生、新闻媒体、法律等多种手段加强对权力的监督是考试实践的总结与启示。

　　虽然科举法并不能成为考试法改革的范本,却为考试法的发展提供了发展的基础与借鉴。但现代考试法制却对以《钦定科场条例》为代表的科举法鲜有研究,更毋庸说借鉴,这虽然是当前考试法制建设的一个遗憾。究其原因,在于人们对科举制度的偏见与误解,习惯性地将科举制度与科举法完全作为封建遗产,并与社会主义法制精神是相对立。而这种习惯性的以偏概全的简单思维方式正是导致科举法被束之高阁的重要原因,也是阻碍考试法借鉴科举法的主要阻碍。笔者认为,法律所采取的具体措施与法制所承载的意识形态应该是有所区分的。对科举制度与科举法的评判标准不仅应该摈弃政治标准,也应该摈弃绝对化和简单化思维方式,而只能从科举制度与科举法的价值出发。从工具价值来看,科举法所设计的许多具体的制度与措施,经历了一千多年的经验总结远比中国高考的实践成熟得多,也全面得多;从内在价值来看,科举制度与科举法所坚持的公平与公正的思想仍是今天法治精神所倡导的核心理念。我们应该抛弃极左观念,以辨证和借鉴的态度来看待科举考试法规这笔丰富的遗产,以发展与完善考试法制建设。

---

　　① 威廉·韦德.行政法[M].北京:中国大百科全书出版社,1997:26.

走向开放的科举学研究[*]

——科举学学科与专学之争辨析

一门学问的产生与成熟离不开基本理论的探讨。"科举学"自 1992 年提出以来,学术界围绕着科举学一些基本理论问题和热点问题的研究已经逐渐开展起来,科举与官僚政治、科举与社会流动、科举与中国文化、科举与教育考试、科举与古典文学等问题的讨论已经日益深入。伴随着科举学研究的不断深入和丰富,科举学的研究性质问题成为最近几年学界关注的焦点问题之一。学界对"科举学"到底是一门学科还是一门专学存在着不同的看法,本文拟对此问题做出辨析。

一、科举学:学科还是专学?

"科举学"是刘海峰教授经过长期而郑重的思考首先提出来的。在《"科举学"刍议》一文中,刘海峰教授提出了建立科举学的初步设想:"为了进一步深入研究科举这一内容广博的专门领域并使之系统化,很有必要建立一门'科举考试学',简称'科举学'。"[①]后来,他又专门界定了科举学的概念:"什么是科举学?顾名思义,科举学就是研究科举的学科或学问。这里所说的学科并非一般所指的严格意义的学科……严格地说,科举学是以中国和其他东亚国家历史上存在的科举考试制度及其运作的历史为研究对象的一个专门研究领域。"[②]至此,刘海峰教授确定了科举学作为一门专学或一个研究领域的基本想法,并在以后的文章中始终坚持这一基本思路,将科举学与朱子学、红学、敦煌学、甲骨学相提并论,列为专学或专门研究

---

* 原文发表于《厦门大学学报》(哲学社会科学版)2004 年第 3 期。

① 刘海峰."科举学"刍议[J].厦门大学学报(哲社版),1992(4):89-95.

② 刘海峰.科举学发凡[J].厦门大学学报(哲社版),1994(1):65-71.

领域中的一员。①这一观点也得到了许多科举学研究者的认同:教育部原考试中心主任杨学为研究员、厦门大学郑若玲副教授等也把科举学视为一门专学,认为:"'科举学'是以中国古代科举制度为研究对象的专门学科"②;"'科举学'作为一门研究过往考试制度及其运作历史的专学……"③

随着科举学研究的深入,对于科举学的研究性质是学科还是专学的问题,已经成为一个关系到科举研究发展的焦点问题。从科举学倡导者自身关于这一问题思维发展的脉络中,我们可以窥见一斑。在科举学创立之初,刘海峰教授把科举学的研究性质问题,表述为"古老而又全新的学科、一门专门而又综合的学科,或者说是一个内容广泛、包罗宏富的专门研究领域"④,对于科举学学科或者专学的问题,没有专门的界定。但在随后的文章中,他开始注意两者的区分:"这里所说的学科并非一般所指的严格意义的学科"⑤;并在以后的文章中,明确地坚持了这一基本想法。"世纪之交'科举学'的发展趋势……是进一步走向理论化与综合化,真正形成一门专学。"⑥但是,随着研究对象的不断扩大、研究方法和研究成果的不断丰富,科举学逐渐形成了自己独特的学术话语,科举学研究者的自主意识日见明朗,"科举学"中"学"究竟代表着"学科"还是"专学"的内涵,成为科举学研究者关心的一个热点问题。陕西师大田建荣博士等学者提出了科举学作为一门独立学科的观点,主张"'科举学'不仅是而且应该是一门独立的学科","科举学作为一门有明确研究对象的独立学科"。⑦ 华中师大廖平胜教授也认为科举学是"现代考试体系中一个

---

① 刘海峰.科举学——21世纪的显学[J].厦门大学学报(哲社版),1998(4):54-60 刘海峰."科举学"的世纪回顾[J].厦门大学学报(哲社版),1999(3):15-23,125;刘海峰."科举学":一个广阔而专门的研究领域[J].厦门大学学报(哲社版),1999(4):15-17;刘海峰.科举术语与"科举学"的概念体系[J].厦门大学学报(哲社版),2000(4):84-89,41.

② 杨学为.中国需要"科举学"[J].厦门大学学报(哲社版),1999(4):17-19.

③ 郑若玲."科举学":教育考试的现实观照[J].厦门大学学报(哲社版),2000(4):90-95.

④ 刘海峰."科举学"刍议[J].厦门大学学报(哲社版),1992(4):89-95.

⑤ 刘海峰.科举学发凡[J].厦门大学学报(哲社版),1994(1):65-71.

⑥ 刘海峰."科举学"的世纪回顾[J].厦门大学学报(哲社版),1999(3):15-23,125.

⑦ 田建荣.科举学:理论、体系与方法[J].广西大学学报(哲社版),2000(2):70-74.

相对独立的学科领域"。① 还有的研究者虽然承认目前的科举研究仍然停留在专学的阶段,但认为,"无论从科举学的演进历程和发展需要来看,还是从科举学本身的特点来看,21 世纪的科举学都应该成为一门相对独立的学科。"②另外,中国人民大学复印报刊资料《新兴学科》2000 年第 1 期,同时转载《厦门大学学报》1999 年第 4 期发表的 5 篇科举学笔谈论文和刘海峰教授的另一篇科举学论文,此举也隐含着将科举学视为"新兴学科"之意。那么,科举学究竟是专学还是一门学科呢?

二、科举学是一门专学

学科一词,从词源学角度看,中文最早见于《新唐书》中《儒学传序》,其本义为学问的科目门类。《辞海》解释为:学术的分类,即一定科学领域或一门科学的分类或教学的科目,即教学内容的基本单位。对于学科这个问题,一些研究者已进行了比较深入的研究,但众说纷纭,难以形成统一的标准。例如,有的研究者以经验分析方法分析经验学科,得出确认学科本质特征的七项标准;也有的研究者以结构分析法透视学科的本质,得出了三个标准。③ 在我国,有的研究者通过对社会科学学科的分析,提出了一门独立学科所具有的特征:(1)内容的专门性;(2)对象的成熟性;(3)研究方法的科学性;(4)从理论形态上把握认识。④有的学者认为只要是一门学科,其最根本的特征主要体现为对象与方法,以及在此基础上形成的理论体系。借助于这些研究,可以发现:事实上不同领域、不同国家的学者对学科的标准

---

① 廖平胜."科举学"研究与教育价值取向的制导[J].厦门大学学报(哲社版),1999(4):19-21.

② 李均.从专学到学科:"科举学"的应然求索[J].中国地质大学学报(哲社版),2003(3):47-50.

③ 刘仲林.跨学科导论[M].杭州:浙江教育出版社,1990:38.七项标准:(1)学科的材料域,即一组研究对象;(2)学科的"题材",即从某一角度来考察材料域所得的范围;(3)学科的"理论"一体化水平;(4)学科的独特方法;(5)学科的"分析工具";(6)学科在实验领域中的应用;(7)学科的"历史偶然性"。三个标准:(1)可观察或已形式化的客体,受方法、程序的制约;(2)现象与客体相互作用的具体化;(3)按照一组原理表达或阐述的定律。

④ 陈波.社会科学方法论[M].北京:中国人民大学出版社,1989:36-37.

存在相当的分歧,缺乏公认的标准。例如在国外,很多学者认为教育学和高等教育学只是一个研究领域,而不是一门学科。但在中国,学界还是认同高等教育作为二级学科的学科地位的。中西方对不同知识体系是否成为一门学科的分歧反映了对学科标准认同的差异,同时也反映了中国对学科体系建设的追求和对学科研究范式的认同。这其中隐含了一个基本假设,即学科是一个知识体系或理论体系的最高阶段,学科或学科体系的形成是进行知识探讨的原动力和最终目的,是比专学更高的一个研究阶段。

在有关科举学学科性质的讨论中,我们也可以清晰地看到这一假设的存在。有的学者认为,"科举学成为专学,并不意味着科举学发展的终止。21世纪的科举学还将继续发展,并最终进入科举学的第四阶段即'学科阶段'。也许,那时的科举学研究才能真正达到辉煌境界。"①从某种程度说,"学科才是知识发展的最终目的"这一隐含的假设,已经成为研究者一个无需证明的观念。果然如此吗?学科是专学发展的更高阶段吗?摆脱对这一问题的困扰似乎成为解决当前科举学研究性质纷争的一个前提。

美国著名学者华勒斯坦在《学科・知识・权力》一书中指出:"当前在社会科学领域主导着的学科划分,起始自19世纪,将社会研究划分为历史、政治、经济、社会、人类学等互相分割的学科。"②学科的分化与专业化和学术专业分工紧密结合,加速了知识的积累和对知识的掌握。同时,"学术科目建基于学院论争的方法,不同学科全赖不同的课本才能区分开来"③。学科在发展的过程中,与教育过程紧密联系起来,促进了知识与技能的进一步分化,深化了人们的认识;同时也加速了学科与职业的结合,进一步巩固了学科的制度化。就这点而言,学科的分化与制度化对19世纪以来知识和学术的发展,功不可没。但是,"偏狭的学科分类,一方面框

---

① 李均.从专学到学科:"科举学"的应然求索[J].中国地质大学学报(哲社版),2003(3):47-50.

② 华勒斯坦.学科・知识・权力[M].刘健芝,译.北京:生活・读书・新知三联书店,1999:3.

③ 华勒斯坦.学科・知识・权力[M].刘健芝,译.北京:生活・读书・新知三联书店,1999:15.

狭着知识向专业化和日益互相分割的方向发展,另一方面也可能促使接受这些学科训练的人,日益以学科内部的严格训练为借口,树立不必要的界限,以谋求巩固学科的专业地位。"①这样,学科壁垒的现象就出现了。而在各学科内部,为了追求学科的独立性,防止其他领域的扩充而影响到自身学科的利益,以学科本身的需要为出发点,关注学科体系的严谨、完整和包容性,关注概念、范畴的确定性以及概念与概念、范畴与范畴之间的逻辑关系,或者说试图建立起自己学科独有的学术话语,就成为研究工作者的重要目的。这不仅偏离了知识研究的最初轨道和目的,也使得学科在学科中心研究范式的影响下,变得封闭、静止,从而成为束缚学科本身发展的力量。

学者们在对学科的发展不断反思的过程中,对于学科壁垒现象进行了深刻的分析,对以学科和学科体系的形成作为知识探讨的动力和目的的学科中心研究范式提出了质疑。这样,不再追求严密的学科体系、结构相对松散的新的研究领域或交叉学科、边缘学科,便成为知识体系发展的新趋向;在各领域或学科内部,倡导以问题研究为中心的问题中心研究范式也提上了日程。华勒斯坦在《开放社会科学》中提出"我们并不主张废除社会科学内部的劳动分工,这种分工或许还将以学科的形式继续存在"②,而在《学科·知识·权力》中则提倡"要在制度和学术组织上有所突破,改变那种'从 19 世纪的社会科学知识论前提发展出来的大学体制'"③,对学科存在的组织基础提出了质疑。这一转变,反映了研究者对学科反思的深化。

由此可见,学科并不代表着知识发展的最终目的,更不是知识发展的最高阶段。学科只是历史的产物,它在知识的不断发展过程中形成并制度化,逐渐在人们对它的批评中减少影响。在这种条件下,跨学科研究、多学科研究以及学科内部的问题研究,便逐渐成为研究的重要范式。也是因为如此,国外除了传统保留下来的

---

① 华勒斯坦.学科·知识·权力[M].刘健芝,译.北京:生活·读书·新知三联书店,1999:9.

② 华勒斯坦,等.开放社会科学[M].刘锋,译.北京:生活·读书·新知三联书店,1997:103.

③ 华勒斯坦.学科·知识·权力[M].刘健芝,译.北京:生活·读书·新知三联书店,1999:3.

古老学科以外,新兴的研究大都承认是一个研究领域,而不追求学科中心研究范式,更不要求它必须发展成一门学科。可以说,专学或研究领域与学科之间,事实上只代表了不同学者的认同差异和学术研究发展的不同方向,而不存在研究层次的高低之别。如果我们承认这一点,我们就能以客观的态度来看待科举学研究性质的问题,从科举学自身的特点来判断科举学究竟是一门学科还是专学或者研究领域。

那么学科与专学或研究领域究竟有什么差别呢?通过学者们对学科标准的认识,我们可以看出,不管是对哪一门类的学科认识,也不管人们从各自角度提出了多少标准,事实上我们唯一可以确定的就是独特的研究对象和该学科独特的研究方法,但这两点并不足以作为区分学科和专学的标准。因为专学或研究领域事实上也包含了这两个基本要素。

值得指出的是,学科本身是一个庞大的体系。学科在发展的过程中,逐渐由单独学科不断分化,即一门学科往往不断分化成了一级学科、二级学科等,构成了一个学科群。我们往往笼统地将科举学的研究性质问题简单地概括为学科与专学之争,而忽略这一问题在中国当前的语境下实质上是二级学科与专学之间的区别。当然二者也存在一定的相似性。因此,我们要清晰地把握科举学的研究性质,就必须厘清专学与学科、二级学科之间的差别。

首先,专学或研究领域一般以某一人物、著作、文物、机构或制度为专门研究对象。如朱子学以一人名学,红学以一书名学,敦煌学以一地名学,甲骨学以一物名学,科举学以一制名学。而学科的研究对象则更为广泛,一般以某一类复杂的现象为研究对象。如经济学研究的是宏观或微观的经济现象,法学是以法或法律这一特定社会现象及其发展规律为研究对象的学问,政治学研究政治现象等。而二级学科的研究对象一般从属于一级学科领域,是学科研究领域中研究对象的一部分,如财政学作为经济学的二级学科,研究对象主要集中在经济现象中由政府主导的收支管理现象等。

其次,学科在历史的发展过程中,逐渐与学习过程和教育过程相联,与教学科目之间有着紧密的联系。因此在对学科的解释中,有教学科目这一专门解释。二级学科作为学科发展中的组成部分,与教学科目有着更为紧密的联系,因为知识的分化,或者说学科的分化正是与大学的分科教学联系在一起的,并在这一制度的保障下,不断得到巩固。而专学一般是有着共同兴趣的研究者之间的相互交流和切磋的产物。或者说,把专学研究者联系起来的更多的是研究兴趣,而不是以教学科目为中介的教与学的过程。也正因为如此,某一专学的研究者往往局限于有研究兴趣的学者,而不像某一学科的研究与专门的学位制度相联系。作为专学的科举学,由于在研究语言的特殊要求以及在研究对象上致力于科举制的研究,专门研究者仍然仅仅限于少数学者,而作为学科的经济学、法学等不仅在高等教育机构存在相应的学位,还有与二级学科联系在一起的专业,并且可以授予学士、硕士和博士学位,研究者相当广泛。

再次,学科,特别是二级学科在发展过程中逐渐与社会分工结合,形成了相对应的职业群,而专学主要是以研究为目的的。科举学的研究目的是研究过往的科举制度并提供现代考试借鉴的经验与教训,研究性质非常明显;而作为学科的法学等在发展的过程中逐渐形成了律师等专门的职业群,职业群中具体职业,则是由各个二级学科决定的,如经济领域中有财政方面的工作者、经济分析师等不同分工的职业。这也是学科的研究者一般要多于专学的研究者的重要原因之一。

最后,学科一般有自己学科内部占主导地位的研究方法,而专学一般可以借鉴任何学科的方法,与跨学科、多学科的研究范式有异曲同工之妙。如经济学占主导地位的研究方法是实证分析,政治学占主导地位的研究方法是制度研究法、历史和比较法及结构—功能研究方法。而作为专学的科举学,就这点而言,有着天然的优势,在与其他相关学科的交叉与融合的过程中,多学科、跨学科是其重要的研究范式。

通过以上分析,我们可以得出这样的结论:知识体系发展成为专学还是学科,不仅仅由知识体系内部发展所决定,如研究对象、研究方法,还与知识体系之外的外部社会条件紧密相连。作为专学的科举学要成为一门学科,不是依赖于一部具有较为完整体系的科举学专著或者将科举学作为正式课程引入大学殿堂就能解决的。事实上,科举学的研究对象的特殊性,演进与发展的历程社会对科举学研究的需求,科举学研究与社会职业的对应关系等,决定了科举学是一门专学而非学科。作为专学的科举学有着自己独特的优势。它以科举中的热点问题和公案以及现实考试中的问题为出发点,与当前学术发展的新趋向和研究范式不谋而合,显示出作为专学的发展前景。

三、走向开放的科举学

我们论证科举学是一门专学或者一个专门研究领域,而不是一门学科,只是强调要超越学科的研究范式,摆脱偏狭的学科分类,但也不是说要抛弃学科范式中对基本理论的追求。事实上,寻找科举本身发展的规律,建立以科举制为独特研究对象的系统知识体系,一直是研究科举的目的之一,但如果画地为牢、对其他学科筑起壁垒,走向封闭的学科建设,只能束缚科举学的发展。从这一点来说,作为专门研究领域的科举学研究,走向开放、走向学科融通之路是必然的选择。

首先,向各个学科开放,包括社会科学、人文科学甚至统计学等学科。这是由科举学研究对象的广博性所决定的。"科举学的研究对象十分独特,即对科举本身及直接与科举相关的问题所作的研究都属'科举学'的内容;同时,'科举学'的研究内容又非常广阔,具有巨大的时空构架和宽广的学科范围。"①这一特点,一方面反映了科举学作为专学的特性,即我们没有办法为科举学研究找到合适的、对应的"学科",它本身就是一个广阔的研究领域,涉及各个学科的研究内容,如社会学、民俗学、文学、历史学、教育学等;另一方面也凸显了科举学向各学科开放的必然性。"我们没有绝对的把握说,专业历史学家对历史的解释、社会学家对社会问题的解释、经济学家对经济波动就一定比其他社会学家知道得多。总之,我们不相信什么智慧能够被垄断,也不相信有什么知识领域是专门保留给拥有特定学位的研究者的。"②同样,我们也可以说,科举研究者对科举制度及其相关问题的研究不一定比其他学科研究者更为深入。科举研究的发展与深入,离不开各学科的介入与研究。

---

① 刘海峰."科举学":一个广阔而专门的研究领域[J].厦门大学学报(哲社版),1999(4):15-17.

② 华勒斯坦,等.开放社会科学[M].刘锋,译.北京:生活·读书·新知三联书店,1997:106.

其次，树立跨学科、多学科的研究范式与思维方式。跨学科、多学科是当前各学科研究的一个重要特征，也是一种必要的思维范式。显然，科举学自产生之日起，就高举起跨学科的标志，从研究领域、研究内容到研究方法以及提出和论证的问题，都处于已有学科的交叉或边界上，超出了学科意识上的思维范式，不是单独一门学科可以完全解答。但跨学科、多学科，不是多个相关学科的简单"叠加""集合""汇总"。华勒斯坦曾指出，超越学科性的制约不能靠简单的多学科综合研究，因为在具体的实践中，这些简单的跨学科建议其实只会强化固有学科的界限。因为它预设了原来学科分类的合法地位，不言而喻地首肯了学科知识可以个别独立地存在。① 因此，我们所说的跨学科、多学科是多学科的知识之间、方法之间的"融合"，也就是说，在一些共同关注的关键性的命题中，融合各学科的认识，创造出新的概念、术语、假设和方法，建立特有的知识系统和一整套获取知识的普遍规则，从而形成一个新的更加丰富的对学科对象解析认识的知识范畴。而对科举学研究者实施跨学科训练，有利于他们扩展视野，改变固有的思维方式，打破学科间的界限。

过去，"史学界偏重断代史研究而较少贯穿研究；教育史学界和政治学界从各自学科的角度出发，注重纵向的探讨而较少横断面的剖析；文学界侧重研究科举与诗文小说的关系，社会学界侧重研究科举与社会阶层流动的关系，地方史研究则多局限于编写当时的科名人物史实……而且有一点共同的不足，即着重于制度的考证与史实的叙述，虽有各学科的介入，但相对缺少自身理论的统摄和整体构架的分析。"②对科举学进行"各自为政"的各学科独立研究，是交叉学科的研究视角，但这种视角还远远不够，它只能使科举学研究日益割裂，变得更加"碎化"。如果我们按照多学科的理解，这时的科举学就不只是研究中国历史和传统文化的独特视角，它本身就是其中的一部分，科举学是把作为整体的科举制放在中国传统社会发展进程中去发现和揭示科举考试制度发展的规律，而不是分门别类地去认识科举制发展的规则，展现科举考试制度与政治、文化、经济之间的规则。从这个意义上说，科

---

① 华勒斯坦.学科·知识·权力[M].刘健芝，译.北京：生活·读书·新知三联书店，1999：6.

② 刘海峰."科举学"：一门古老而又全新的学问[J].高教自学考试，1998(2)：13-15.

举学研究的科举是对从各单独学科角度去考察科举与政治、经济、社会等研究范式的综合和提升,是对科举认识更集中、更系统、更具高度的抽象和理论概括,从而也区分出科举学研究的价值与其他学科研究科举之间的差异。这也是和刘海峰教授提出科举学研究的旨趣相同的:"提出'科举学'这一概念以后,更注意以整体的观点,以新的理论、新的方法、新的视角、新的高度对科举进行科学的研究。而一旦不再各学科分门别类、各自为战地研究科举,改由各学科交叉协作共同系统地研究,便会发觉一片全新的研究视野,展现出一个新奇的研究空间。"①

再次,科举学研究必须向国外开放,有效地借鉴和吸收国外研究成果。因为科举制不仅在中国历史上影响巨大,而且还影响到东亚和西方一些国家。可以说,国外科举制度的发展与演变构成科举研究的重要内容。理清这些脉络,"不仅在'科举学'研究中具有重要的学术价值,而且对全面正确评价中国传统文化及为当代考试制度改革提供历史借鉴等方面都具有重大意义。"②

最后,研究成果向各个层次普及。"'科举学'是一门雅俗共赏的学问而非少数学者的专利,尽管研究成果有深浅高下之分,但既可以作精深的学术研究,又可以作科举知识的普及介绍工作,一般文史爱好者也可涉足。因此,'科举学'是一门与普通人都可能相关的专门学问,而非那种躲在象牙塔中自成一统高深莫测的纯学术研究。"③古代科举与当今考试都是全社会普遍关注的问题,它与每个人的切身利益都有着直接或间接的联系。因此,从科举到现代考试的各种问题都极易引起社会共鸣,成为社会关注的热点问题。从这个意义上来说,科举学的研究成果向各个层次开放,也意味着社会大众能够获得更多信息,以便正确、客观地看待当前的高考改革、高考存废等重大问题,为中国考试的发展赢得大众的支持和稳定的社会环境。

总而言之,"'科举学'要改变各自为政、'述而不作'的局面,将各类研究统合到一个新的学科体系中,使科举研究出现突破和飞跃。"④一个开放的科举学,一个向国内外、向各个层次开放的、突破了学科壁垒的专门研究领域,将是必然的选择。

---

① 刘海峰."科举学":一门古老而又全新的学问[J].高教自学考试,1998(2).
② 刘海峰.科举制对西方考试影响新探[J].中国社会科学,2001(5):188-202,208.
③ 刘海峰."科举学":一门古老而又全新的学问[J].高教自学考试,1998(2).
④ 刘海峰."科举学":一门古老而又全新的学问[J].高教自学考试,1998(2).

后　记

　　写完《在教育与法律之间》，一时间百感交集。这应该是我学术生涯的一个重要节点，也是我人生的重要时刻。

　　我出生在湖北鹤峰县一个偏远的农村，父亲是一个普通的工人，招工进城。母亲读书不多，一直在家务农。后来，父亲为了我和哥哥的教育问题，强行让母亲离开土地，来到县城作一名临时工。还记得那时为了读书，父亲和母亲要在年初的时候准备好一家人的"粮票"，因此要去"黑市"兑换。为了准备足够的钱，每天父亲和母亲下班后还要去各种工地干活一直到半夜。小时候从不知道父亲和母亲是否有回家睡觉，他们似乎不需要休息，很多时候我和哥哥起床，只能看到父母留在桌子上的"早饭钱"。母亲没有城市户口，我和哥哥也没有城市户口。为了读书，父母必须向学校支付很大一笔"借读费"，但父亲一直说这很值得，他没有艰深的教育理论作为依据，只是单纯觉得城市的老师一定教得更好，也不会随便放假。后来父亲终于抓住了一次机会为母亲解决了城市户口，却对我和哥哥说："你们的城市户口，你们自己去解决。要解决这个问题，你们只有好好读书，否则就只能回到农村种地。"很多年以后，我和哥哥都通过读书解决了城市户口，成为村里"有出息"的几个人，但不可否认的事实是村民能上大学的人却越来越少。那时候，读书和受教育是父母眼中对子女转变身份的期望，是我和哥哥眼中辛苦但蕴含前途的阶梯，是村民总结为具有神秘色彩的命运使然。那么高考和教育对于个人、家庭以及城市和村庄发展到底意味着什么呢？这可能是我一直以来对高考问题和教育问题，特别是少数民族教育问题、农村教育问题、女性教育问题抱有浓厚兴趣的主要原因。

　　不过，虽然对教育和高考一直有研究兴趣，但坦率地说，作科研其实并不是一件容易的事情。在这本个人选集中收录的每一篇文章都有很多被拒稿的故事。其中一篇文章被杂志连续拒稿四次，每次被拒稿后，都重新修改一遍然后换一个题目继续投稿。现在想起来都很佩服自己的小强精神，很庆幸那时每个星期六晚上都有潘懋元先生的沙龙可以去,看着九十多高龄的潘先生,仍然兴致勃勃地讨论学术问题,启发和指导大家更深入地研究,我都感动得热泪盈眶,有了更多的勇气面对自己的学术生涯和更多的拒稿状态。

感谢我的博士生导师刘海峰教授,他不仅首创科举学,而且也是高考研究的开拓者和引领者。蒙刘老师不弃,2002年被老师收为弟子,这么多年来一直关心和帮助我的成长与发展。老师不抽烟、不喝酒,也不品茶,娱乐活动也甚少,唯一感兴趣的唯有学术研究而已,津津乐道的永远是学术上的新发现和新问题。一直记着老师的教诲:研究是学术人的立身之本。虽然总达不到老师的高度,但心向往之。

感谢我的先生陈兴德,他为文章的选编提供了很多建议和意见,虽然在学术观点上我们经常交锋、互相贬低对方,但每一篇文章写完之后,他都是第一位读者和最苛刻的批判者……感谢我的学生郭平、方芳、璐瑶等帮我校稿。研究无止境,期待下一本个人学术文集。

覃红霞

2021 年 4 月